"十四五"职业教育国家规划教材

出纳岗位实务

（第三版）

主　编　尹湘萍
副主编　保　吉

中国财经出版传媒集团
中国财政经济出版社
北京

图书在版编目（CIP）数据

出纳岗位实务 / 尹湘萍主编. --3 版. --北京：
中国财政经济出版社，2023. 12（2025.7重印）
“十四五”职业教育国家规划教材
ISBN 978-7-5223-2483-8

Ⅰ.①出… Ⅱ.①尹… Ⅲ.①出纳－会计实务－职业
教育－教材 Ⅳ.①F231.7

中国国家版本馆 CIP 数据核字（2023）第 169021 号

责任编辑：温彦君　　　　责任校对：胡永立
封面设计：育林华夏

出纳岗位实务
CHUNA GANGWEI SHIWU

中国财政经济出版社 出版
URL：http：//www.cfeph.cn
E-mail：cfeph@cfeph.cn

社址：北京市海淀区阜成路甲 28 号　邮政编码：100142
营销中心电话：010-88191522
天猫网店：中国财政经济出版社旗舰店
网址：https：//zgczjjcbs.tmall.com
北京鑫海金澳胶印有限公司印刷　各地新华书店经销
成品尺寸：185mm×260mm　16 开　14 印张　266 000 字
2023 年 12 月第 3 版　2025 年 7 月北京第 2 次印刷
定价：41.00 元
ISBN 978-7-5223-2483-8
（图书出现印装问题，本社负责调换，电话：010-88190548）
本社质量投诉电话：010-88190744
打击盗版举报热线：010-88191661　QQ：2242791300

编写说明

本书系“十四五”职业教育国家规划教材，作为全国高职高专院校财经类教材使用。

出纳工作是财务会计工作重要的组成部分，工作内容虽然较为单一，但却十分繁杂，涉及面较广。为了帮助初入职场者摆脱缺乏实务操作经验的困境，《出纳岗位实务（第三版）》从读者角度出发，力求在理论和实践之间为初入职场的新人建立一个高效学习的通道。编者在设计教材体例时，主要突出以下几个特点：

第一，本教材在编写时，为了避免单一的文字叙述，尽量将业务流程及相关知识采用图、表形式呈现，以便读者清晰迅速地掌握业务重点，理顺业务思路。同时为了更加接近实务操作，我们在业务中添加了大量的真实凭证单据，结合实例仿真操作，使读者在学习后能更快地上手实务工作。

第二，教材中的内容紧跟国家税制、银行结算方式等国家相关制度的最新发展趋势，以便提高读者专业水平。同时，教材还结合全国会计技能大赛的相关要求融入相关内容，对于有参加会计技能竞赛需求的读者也大有帮助。

第三，为了有效整合教学资源，打造新型教材，本教材增加了一些辅助资源（如图片、视频等），读者通过扫描二维码，可以获得相关知识点的课外延展知识，让读者的学习基于本书却高于本书，为读者展现一个更加广阔的知识平台。

第四，本教材围绕立德树人根本任务，深化“课程思政”建设，在每个项目中都加入了思政元素，并融入党的二十大精神，将专业知识点与课程思政有机融合，坚持教书与育人并行，用习近平新时代中国特色社会主义思想铸魂育人，引导学生做有理想、敢担当、肯奋斗的新时代好青年。

本教材适用于高职高专的大数据与会计、会计信息管理、财务管理、审计等经济管理类专业学生，也可作为企业会计人员上岗前的培训用书。

本教材由尹湘萍担任主编，负责拟定编写大纲，对全书进行总纂并最终定稿。教材具体编写工作分工如下：项目一、项目三、项目五由保吉编写；项目二及各项目职业能力训练中客观题由吴娟编写；项目四由施东云和尹湘萍编写；项目六由尹湘萍编写；实训平台由厦门网中网软件有限公司杨凤坤负责。

本教材为用书学校任课老师提供了电子课件和实训教材答案，如有需要，请通过 caijingjiaocai@ 163. com 索取（请注明学校、全书名、版次），或登录中国财政经济出版社（jiaocai. cfeph. cn）下载。任课教师还可通过 service@ netinnet 邮箱向厦门网中网软件有限公司申请 EPC 理实互动实训教学平台试用账号（请注明学校、姓名、全书名）。

教材在编写过程中，得到了中国财政经济出版社、云南财经职业学院和厦门网中网软件有限公司的大力支持和帮助，在此一并致谢。限于编者水平，书中难免有疏漏及不当之处，敬请各位读者批评指正。

编者

2023 年 11 月

目　录

公司基本情况

一、公司基本情况

（一）公司注册资料

公司注册名称：北京市辰新商贸有限公司

公司注册地址、电话：北京市海淀区马神庙 231 号，010－14698375

公司注册资本：人民币 100 万元

公司法定代表人：马进

公司经营范围：计算机零配件、器材、电子产品批发零售

（二）公司账户资料

基本存款账户：工商银行北京市马神庙支行，账号：23456798731

二、公司会计工作组织及分工

公司单独设置财会部门，相关人员如下：

1. 法人代表：马进
2. 财务部经理：李密
3. 会计主管：李宏
4. 总账会计：孙娟
5. 成本会计：王丽
6. 出纳：周云
7. 实习出纳：丁海
8. 采购部：严浩（采购部主管）、张华、李佳
9. 综合管理部领导：王琴

三、公司会计核算方法及财务管理制度

1. 公司以人民币为记账本位币（核算中金额计算保留至分位），记账文字为中文。会计核算采用科目汇总表账务处理程序。

2. 公司为增值税一般纳税人，销售商品增值税税率为13%；公司当期取得的增值税专用发票，按照现行增值税制度规定当期准予抵扣的，均已认证且于当期一次性抵扣。公司适用的城市维护建设税税率为7%，教育费附加征收率为3%，地方教育附加征收率为2%。公司车船税、房产税和城镇土地使用税均按税法规定计算缴纳。公司按规定代扣代缴个人所得税。企业所得税税率为25%，并假设这一税率适用于未来可预见的期间，公司不享受其他税收优惠政策。企业所得税的核算采用资产负债表债务法。企业所得税缴纳采用按季预缴，按年汇算清缴的方式，公司以前年度的企业所得税已进行汇算清缴。

3. 公司职工福利费和职工教育经费不预提，按实际发生金额列支；工会经费按应付工资总额的2%计提。工会经费按月划拨给工会专户。

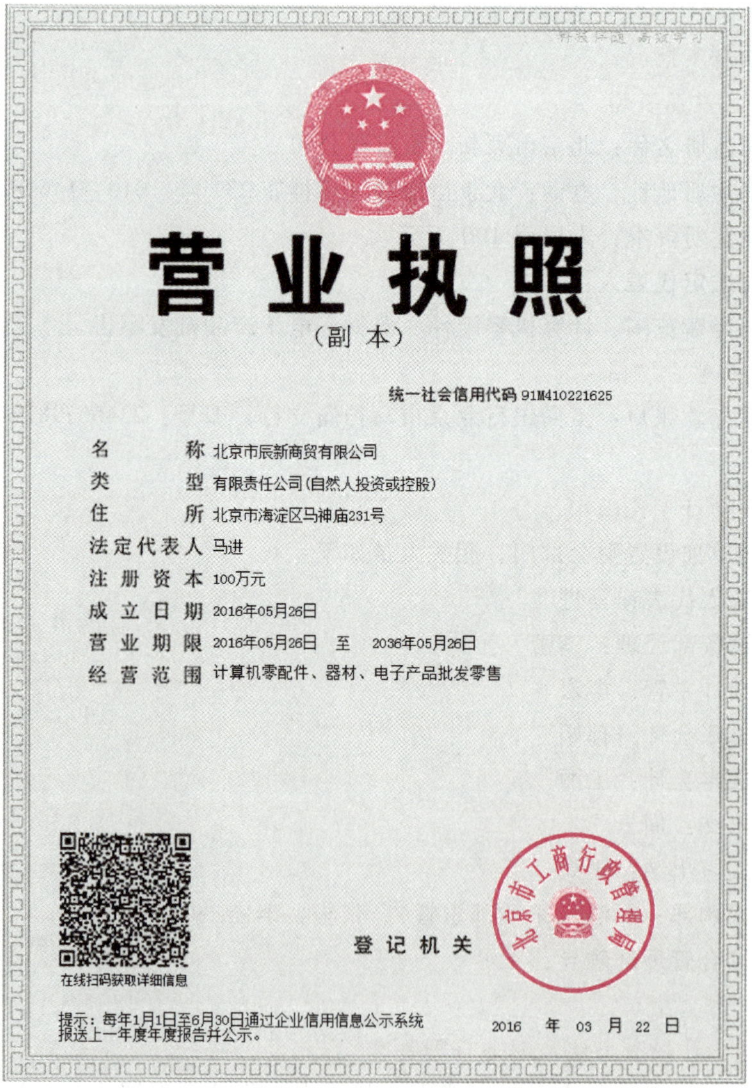
营业执照
（副本）

统一社会信用代码 91M410221625

名　　　称 北京市辰新商贸有限公司
类　　　型 有限责任公司（自然人投资或控股）
住　　　所 北京市海淀区马神庙231号
法定代表人 马进
注 册 资 本 100万元
成 立 日 期 2016年05月26日
营 业 期 限 2016年05月26日 至 2036年05月26日
经 营 范 围 计算机零配件、器材、电子产品批发零售

在线扫码获取详细信息

登记机关 北京市工商行政管理局

提示：每年1月1日至6月30日通过企业信用信息公示系统报送上一年度年度报告并公示。

2016 年 03 月 22 日

项目一

认知出纳岗位

出纳岗位作为会计工作的一个重要岗位，是每个单位经济业务和会计核算的前沿阵地。在市场经济条件下，货币资金渗透于社会经济生活的各个领域，一个单位的经济收支活动必须通过出纳人员进行现金及银行存款的收支来完成，这就要求出纳人员具备专业的操作技术并严格遵守工作规则。同时，随着财政税收体制改革的进一步深入和公共财政体系的不断完善，对出纳人员的要求将进一步提高，因此，系统学习出纳工作的相关内容，正确认知出纳岗位，对提高财务管理水平具有重要的现实意义。

项目导航

知识目标	技能目标	职业目标
➢ 理解出纳的相关概念 ➢ 熟悉出纳工作的基本内容 ➢ 理解出纳与会计工作的联系	➢ 熟悉出纳工作的流程 ➢ 熟悉成为一名合格出纳人员的基本素养	➢ 能完成出纳工作的基本任务 ➢ 加强出纳人员的素质养成

任务一 认知出纳工作的基本内容

任务导入

丁海和张琳同时来辰新商贸有限公司实习，张琳听说实习岗位是出纳岗位，就立马说道："我想参加会计岗位的实习，出纳主要就是管管现金、跑跑银行，没啥意思，学不到东西。"于是离开了；而丁海抱着出纳也是属于管理岗位，可以试试看的态度留了下来。请思考张琳说得对不对？到底什么是出纳工作？

知识准备

一、出纳工作的职能

（一）收付职能

收付职能是出纳工作最基本的职能。出纳，顾名思义，"出"就是支出，"纳"就是"收入"。每个单位的经济业务往往都是通过现金、票据和金融证券进行并完成的，而这些收付业务的办理都必须经过出纳人员之手，因此收付职能是出纳工作最基本和最重要的职能。

（二）反映职能

出纳人员除了要完成收付款业务之外，还要利用统一的货币计量单位对本单位的货币资金和有价证券进行详细记录与核算，最为常见的就是进行现金日记账和银行存款日记账的登记，以便为本单位的经济管理和投资决策提供所需的真实、完整的会计信息，因此反映职能是出纳工作的重要职能之一。

（三）监管职能

出纳工作的监管职能实际上是由监督和管理共同构成的。出纳人员要对本单位货币资金收付业务的合法性、合理性和有效性进行全程的监督；还要对货币资金与有价证券进行保管，对银行存款和各种票据进行管理，出纳工作是经济管理工作中的重要组成部分。

二、出纳工作的特点

（一）政策性

出纳工作是一项政策性很强的工作，工作中的每一环节都必须依照国家相应的法律、法规、规章制度进行。例如，我国《会计法》《票据法》《会计基础工作规范》《现金管理暂行条例》等都对出纳工作提出了具体要求。

（二）专业性

出纳岗位作为会计工作的一个重要岗位，有着专门的操作技术和工作规则及流程。例如，凭证怎样填制，日记账如何登记，保险柜怎么正确使用与管理都是有一定要求的。因此，要想胜任出纳工作，必须具备相应的专业知识和技能，同时还要在实践中不断积累经验。

（三）时效性

出纳工作具有很强的时效性，何时登记账簿，何时发放工资，何时缴纳税款、何时结算货款等，都有严格的时间要求。及时处理各项经济业务，不仅是经济活动顺利进行的有效保障，也是对出纳工作的基本要求。

三、出纳工作内容（见表1-1）

表1-1　出纳工作内容

基本工作内容	具体工作内容	
核算工作	货币资金核算	①办理现金收付，严格按规定收付款项 ②办理银行结算业务，规范使用支票，严格控制签发空白支票 ③登记日记账，保证日清月结 ④复核收款凭证，办理销售结算
	往来业务结算	办理往来结算，建立清算制度
	工资结算	①执行工资计划，监督工资使用 ②审核工资单据，发放工资奖金 ③负责工资结算，提供工资数据
管理工作	1. 保管库存现金和各种有价证券 2. 保管有关印章、空白支票和收据 3. 正确管理和使用本单位的各类银行账户	

四、出纳人员的配备和岗位的内部牵制制度

（一）出纳人员的配备

《会计法》第三十六条规定："各单位应当根据会计业务的需要，设置会计机构，或者在有关机构中设置会计人员并指定会计主管人员；不具备设置条件的，应当委托经批准设立从事会计代理记账业务的中介机构代理记账。"《会计法》对各单位出纳人员的配备没有做出硬性规定，只是要求各单位根据业务需要来设定。一般情况下，实行独立核算的企业单位，在银行开户的行政事业单位，有经常性现金收入和支出业务的企业、行政事业单位都应根据

本单位经济业务的繁简和管理的需求配备专职或兼职出纳人员。

（二）内部牵制制度

《会计法》第三十七条规定："出纳人员不得兼任稽核、会计档案保管和收入、支出、费用、债权债务账目的登记工作。"这就要求出纳岗位的设置必须遵循"管钱的不管账，管账的不管钱"原则，同时还要严格执行内部牵制制度。

1. 出纳人员不得兼管稽核、会计档案保管，以及收入、支出、费用、债权债务等账目的登记工作；而非出纳人员不得接触货币资金的收付及保管。

2. 货币资金的会计记录与审核监督职务分离，严格实施审批制度。

3. 支票与预留银行印鉴不能由同一人保管。

4. 支票签发与支票审核不得由同一人办理。

5. 企业财务专用章和法定代表人印章不得由同一人保管，不得由同一部门或同一个人办理合同业务的全过程。

（三）回避制度

《会计基础工作规范》规定："国家机关、国有企业、事业单位任用会计人员应当实行回避制度。单位领导人的直系亲属不得担任本单位的会计机构负责人、会计主管人员。会计机构负责人、会计主管人员的直系亲属不得在本单位会计机构中担任出纳工作。"其中直系亲属包括：夫妻关系、直系血亲关系、三代以内旁系血亲以及近姻亲关系。

二维码 1.1
不相容职务相分离的总结

五、出纳工作流程

1. 每天上班开始时，检查现金、有价证券及其他贵重物品。

2. 向有关领导及会计主管请示当日的资金收支安排。

3. 按顺序办理各项收付款业务。办理付款业务时，付款依据必须真实合理，手续完整，超越权限的付款业务必须要求报送相关领导审批；办理收款业务时，应当注意收入计算的准确性，明确收入来源；收到的原始凭证，务必审核无误。

4. 根据审核无误的记账凭证，逐日逐笔按顺序登记现金日记账和银行存款日记账。

5. 下班前，出纳人员应盘点库存现金实有数，做到账实相符，日清月结；收到银行对账单的当天，出纳人员需要进行核实，使银行存款日记账、总账与银行对账单在进行余额调节后相符。

6. 如有未完成的工作，应如实列明，留待第二天优先办理。

7. 根据单位需要，编制并报送资金日报表。

8. 离开单位前，出纳人员应整理好相关物品，重要物品放入保险柜并锁好，确保离开时无资料遗漏或乱放现象。

六、出纳与会计的关系

（一）分工遵循“钱账分管”原则

出纳和会计是财务工作中非常重要的两个岗位，虽然同属会计部门，但分工上有明确的区别，两者分工严格遵循“钱账分管”原则，出纳分管各类票据、货币资金，以及有价证券等的收付、保管、核算工作，会计则有很多明细分类，有总账会计、成本会计、税务会计等，简单来说，会计主要工作是进行相应业务的账务核算处理。

（二）工作流程既相互交织又相互制约

虽然出纳和会计分工很明确，但是在工作过程中出纳工作和会计工作之间有着很多交织，这源于它们的核算依据是相同的，即相关经济业务的原始凭证和记账凭证。同时，平行登记法使得出纳负责的库存现金和银行存款日记账与会计负责的库存现金和银行存款总分类账，以及总分类账与其所属的明细分类账均要做到账账相符，出纳和会计之间就构成了相互制约的关系，两者金额必须相互核对，保持一致。

（三）参与经济活动的程度不同

出纳需要直接参与经济活动的过程，例如，在购销业务当中，业务的结算环节就离不开出纳。此外，往来款项的收付、票据业务的办理等都需要出纳的直接参与。而会计一般不需要直接参与经济活动过程，只需对其进行反映和监督。

任务二　认知出纳人员的素质养成

任务导入

实习出纳丁海入职后，对待工作认真负责，但是还是担心自己不能成为一名合格的出纳人员，请问合格的出纳人员要满足什么样的要求，有哪些职责呢？

知识准备

一、出纳人员的岗位要求

1. 出纳人员应坚持原则，具备良好的职业道德品质和工作作风。

2. 出纳人员应熟悉各项会计政策、法律、法规，并能认真执行《中华人民共和国会计法》和国家统一的会计制度以及有关财经法律、法规、规章制度。

3. 出纳人员应具备一定的专业技能，具有相应的职业素养。

4. 出纳人员应具备较强的安全意识，防患于未然。

5. 熟练使用各种现代化财务工具和办公软件，电脑操作娴熟。

二、出纳人员的职责

1. 按照国家有关现金管理和银行结算制度的规定，办理现金支付和银行结算业务。

2. 按照国家外汇管理和结汇、购汇制度的规定及有关批件，办理外汇出纳业务。

3. 按照国家现金管理规定和银行账户管理规定，管理本单位的库存现金和银行账户。

4. 保管现金和各种有价证券（例如：国库券、债券等），保证印章、空白票据的安全与完整。

三、出纳人员的权限

（一）维护财经纪律，执行财会制度，抵制不合法的收支和弄虚作假行为

依法办事的出纳人员应受到法律的保护，《会计法》第四十六条规定："单位负责人对依法履行职责、抵制违反本法规定行为的会计人员以降级、撤职、调离工作岗位、解聘或者开除等方式实行打击报复，构成犯罪的，依法追究刑事责任；尚不构成犯罪的，由其所在单位或者有关单位依法给予行政处分。对受打击报复的会计人员，应当恢复其名誉和原有职务、级别。"

（二）管理好货币资金，参与货币资金计划管理

出纳作为单位财务工作的管理人员之一，对本单位的货币资金、有价证券、银行存款和各种票据具有管理职责；此外，还要参与对单位资金使用效益分析的研究，为单位的投资决策提供经济信息，甚至还要直接参与单位的方案评估、投资效益预测分析等管理活动。

四、出纳人员职业道德规范

1. 敬业爱岗。应当热爱本职工作，努力钻研业务，使知识和技能适应所从事工作的要求。

2. 诚实守信。做老实人，说老实话，办老实事，不搞虚假；保守秘密，不为利益所诱惑，执业谨慎，信誉至上。

3. 廉洁自律。树立正确的人生观和价值观；公私分明，不贪不占；遵纪守法，一身正气。

4. 客观公正。出纳人员在办理业务中，应当实事求是，客观公正。

5. 坚持准则。熟悉准则，遵循准则，敢于同违法行为作斗争。

6. 提高技能。要有不断提高专业技能的意识和愿望，要有勤学苦练的精神和科学的学习方法。

7. 参与管理。熟悉服务对象的经营活动和业务流程，积极参与到企业管理当中。

8. 强化服务。强化服务意识，提高服务质量，尽其所能，为改善单位的内部管理、提高经济效益服务。

五、出纳人员的职业发展与从业准备

随着会计智能化的发展，以及网银与资金结算方式的变化，出纳工作也发生了重大变化，出纳人员将面对更多的挑战与转型。但无论如何变化，出纳工作资金结算的内核不会变，对出纳工作严格内控监管的要求不会变。面对未来的挑战，只有做好充足的准备，才能有条不紊地应战。

（一）树立信心，保持乐观的心态

从业者要树立信心，以积极的心态，勇于迎接未来的挑战。科学技术的进步给出纳的工作带来了更多的便利，我们应该以乐观的态度去面对新技术、新科学、新发展。

二维码 1.2
会计改革与发展——“十四五”时期推动我国会计人才队伍建设的总体思路和主要任务

（二）努力学习，不断更新专业知识

会计、税务等相关政策在不断变化，出纳人员需要不断更新相关的财税知识，才能保证工作的顺利完成。尽管会计从业资格证已经取消，但是会计人员的继续教育依旧存在，《会计法》第三十九条规定：“会计人员应当遵守职业道德，提高业务素质。对会计人员的教育和培训工作应当加强。”

（三）坚持原则、守住本心，依法办理业务

出纳人员应熟悉财经法律、法规和国家统一的会计制度，在处理经济业务过程中，不为主观或他人意志左右，始终坚持按照会计法律、法规和国家统一的会计制度的要求完成工作，确保所提供的会计信息真实、完整、维护国家利益、社会公众利益和正常的经济秩序。

（四）要培养良好的人际交往能力

和谐的人际关系是一种人际交往的润滑剂，有助于减少摩擦，有利于人与人之间和谐、友好的交往，有利于个人和集体健康的发展，对自己的工作有很大的帮助。特别是出纳工作中需要和不同的人员打交道，培养良好的人际交往能力尤为重要。

二维码 1.3
财务人员如何增强“四个意识”

职业能力训练

一、单项选择题

1. 以下不属于出纳工作的是（　　）。

A. 登记日记账　　B. 办理现金收付

C. 保管库存现金和各种有价证券　　D. 登记债权债务明细账

2. 出纳人员可以兼任以下（　　）工作。

A. 稽核　　B. 银行日记账的登记

C. 会计档案的保管　　D. 收入、支出、费用账目的登记

3. 以下不属于出纳人员岗位要求的是（　　）。

A. 应熟悉各项会计政策、法律、法规

B. 应具有3年以上企业财务工作经验，具有中级会计师以上职称

C. 应具备较强的安全意识，防患于未然

D. 应具备一定的专业技能，具有相应的职业素养

4. 以下说法错误的是（　　）。

A. 会计与出纳工作具有相互交织的地方

B. 会计和出纳的核算依据是一致的

C. 出纳工作不需要直接参与经济活动

D. 出纳和会计要遵循“钱账分管”原则

二、多项选择题

1. 出纳工作的职能有（　　）。

A. 收付职能　　B. 反映职能

C. 监管职能　　D. 服务职能

2. 出纳工作的特点包括（　　）。

A. 政策性　　B. 专业性

C. 灵活性　　D. 时效性

3. 以下属于出纳工作的有（　　）。

A. 办理银行结算业务　　B. 登记现金日记账

C. 审批付款业务　　D. 保管空白支票

4. 以下说法正确的有（　　）。

A. 货币资金的会计记录与审核监督职务分离，严格实施审批制度

B. 支票与预留银行印鉴不能由同一人保管

C. 支票签发与支票审核不得由同一人办理

D. 企业财务专用章和法定代表人印章不得由同一人保管

5. 以下属于出纳人员职责的有（　　）。

A. 按照国家有关规定，办理现金支付和银行结算业务

B. 按照规定，管理本单位的库存现金和银行账户

C. 审查或参与拟定经济合同或其他经济文件，保障合同符合国家法律法规

D. 保管库存现金和各种有价证券，保证印章、空白票据的安全与完整

6. 以下属于出纳人员应该具备的职业道德有（　　）。

A. 敬业爱岗　　B. 诚实守信

C. 客观公正　　D. 参与管理

7. 以下属于出纳人员保管的票据有（　　）。

A. 支票　　　　B. 汇票

C. 本票　　　　D. 股票

8. 以下属于出纳与会计关系的有（　　）。

A. 分工遵循“钱账分管”原则　　　　B. 参与经济活动的程度相同

C. 工作流程既相互交织又相互制约　　　　D. 参与经济活动的程度不同

9. 以下说法中，属于出纳人员需要具备与遵循的有（　　）。

A. 树立信心，保持乐观的心态

B. 要培养良好的人际交往能力

C. 努力学习，不断更新专业知识

D. 坚持原则、守住本心，依法办理业务

项目二

必备出纳岗位基本技能

在出纳的现实工作中，必须熟练掌握出纳的基本技能，具体包括财经数字规范书写方法、点钞的基本操作步骤和方法；同时了解人民币的基本特征，掌握第 5 套人民币的防伪特征和真假人民币的辨别方法；灵活高效地使用小键盘处理数字的计算与汇总。

项目导航

知识目标	技能目标	职业目标
➢ 熟悉大、小写金额的书写 ➢ 掌握点钞的基本方法 ➢ 掌握小键盘的指法运用	➢ 能正确规范进行大、小写金额的书写 ➢ 能精准清点各种面额钞票并规范捆扎 ➢ 能精准完成传票算、传票录的计算	➢ 各种银行结算票据金额的填写，审核收、付款凭证 ➢ 甄别真假货币 ➢ 完成账表的精准录入和计算求和

任务一　规范财经数字的书写

任务导入

丁海在出纳的岗位上很努力地学习，刚开始在填写表单的时候总被师父周云挑出错误，周云语重心长地说：“不要觉得数字的书写是小事，我们做出纳的就是与数字打交道的，一丁点儿不规范就会导致漏洞的产生从而让别人钻了空子，所以我们必须从一开始就规范正确地学习会计数字的书写与金额栏内金额的填写以及大、小写数字的转换。”丁海在师父的引导下开始虚心地学习了。

知识准备

一、财经数字书写的基本要求

财经数字书写是出纳与会计人员在完成填写票据、凭证，登记账簿和编制报表工作的时候要运用的基本技能要求。为了使资金结算和账务工作准确、防止作弊，财经数字的书写一定要严谨规范，这是会计工作的一项基本功。会计常用的财务数字有两类：阿拉伯数字（小写数字）和汉字大写数字。不论是哪一种，其基本要求都是正确、规范、整洁、清晰、美观（见表2－1、表2－2）。

表2－1

付款凭证

2020年 05 月 05 日　　　　付字 02 号

摘要	科目		√	借方余额									贷方余额								
	总账科目	明细科目		百	十	万	千	百	十	元	角	分	百	十	万	千	百	十	元	角	分
支付运费	在途物资	乙材料						9	0	0	0	0									
	库存现金																9	0	0	0	0
合计							¥	9	0	0	0	0				¥	9	0	0	0	0

（附件 1 张）

会计主管 李宏　记账 周云　出纳 周云　稽核 李宏　填制 孙娟

表2－2

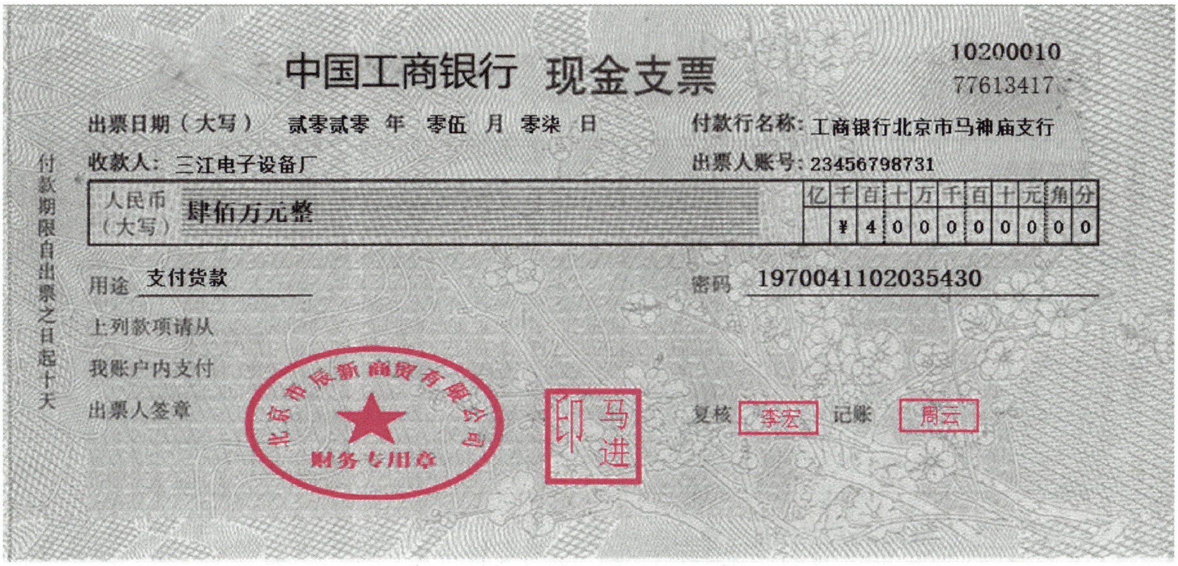
中国工商银行　现金支票

10200010
77613417

出票日期（大写）　贰零贰零 年　零伍 月　零柒 日　　付款行名称：工商银行北京市马神庙支行

收款人：三江电子设备厂　　出票人账号：23456798731

人民币（大写）	肆佰万元整	亿	千	百	十	万	千	百	十	元	角	分
			¥	4	0	0	0	0	0	0	0	0

用途　支付货款　　密码　1970041102035430

上列款项请从

我账户内支付

出票人签章　北京市辰新商贸有限公司 财务专用章　马进印　复核 李宏　记账 周云

付款期限自出票之日起十天

二、阿拉伯数字书写规范

（一）阿拉伯数字书写要求

1. 每个数字要大小一致，距离相等，笔画流畅。数字独立有形，使人一目了然，不能连笔或带笔书写。

2. 书写的每个数字必须要靠底线书写，只占格子的1/2位置，要为更正错误数字留有余地。

3. 数字的书写要适当倾斜45°，字迹要一气呵成，不要画蛇添足。

4. 数字“2”的书写，必须写成手写财经体：

5. 数字“6”的书写要长于所有数字，“7”“9”两字的落笔要延伸到底线下面。

6. 数字“6”“8”“9”“0”书写时圆必须封口（见图2－1）。

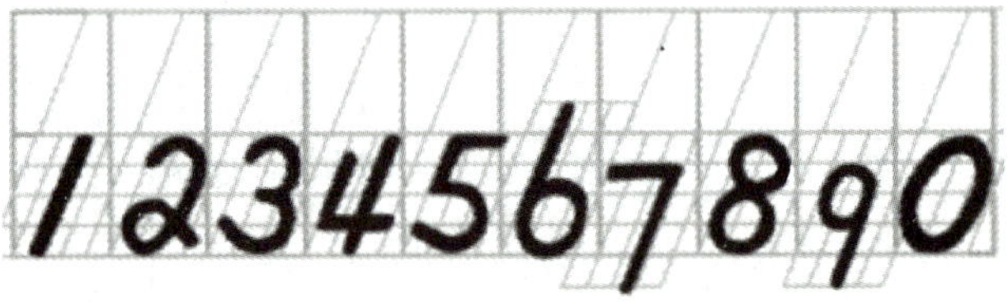

图2－1 阿拉伯数字书写规范

（二）金额栏内小写数字的书写要求

阿拉伯数字小写金额在会计上的应用主要涉及各种原始凭证、记账凭证、日记账、总账金额栏内的数字填写。为了规范财经制度，避免错账、乱账，在填写阿拉伯数字时应符合以下要求：

1. 小写金额前面应当填写币种符号，如人民币符号“￥”等；小写金额前的币种符号与金额数字之间不得留有空白；凡金额数字前写有币种符号的，金额数字后面不再写货币单位，如“元”“美元”等字。

2. 凭证、账簿上的金额栏印有数位分隔线，所写金额需对准相应位置，必须逐格顺序书写，“角”“分”栏金额齐全。

3. 如果“角”“分”栏无金额，应该以“0”补位；有角无分的，分位写“0”补位。

（三）数位分节

对于没有金额栏的小写数字，为了使之更好地认清与读准数位，需要对数字进行数位的节点划分。不论是整数或是带小数，划分节点上要遵循以下几点：

1. 数字的划分只以整数部分为准，即“元”以上的数字开始每隔三位数空1/4隔开或是用“分节号”分开。分节号为“,”。

2. 数字分节之后可根据节点的位置快速认读出金额数字，但必须是从前往后地认读。

分节号：整数部分，从后往前，三位一节。

十亿　　　百万　　　千
↑　　　　↑　　　　↑
3 5 ,26 8 ,97 2 ,143.00

，　　第三节，　　第二节，　　第一节。

认读金额顺序为：◆首先确定小数点前整数部分；

◆根据三位一节从后往前，打好分节号；

◆根据打好的分节号认读金额：

第一个分节号前第一个数是：千位；

第二个分节号前第一个数是：百万位；

第三个分节号前第一个数是：十亿位。

（四）错误数字的更正方法

在实际工作中，尽管会计、出纳人员十分小心地避免出错，但还是会因为各种原因产生一些错误。如果财经数字书写错误，按照会计法规的规定是可以进行更正修改的，但是必须采用正确的更正方法，严禁三种行为：涂改、刮擦、挖补，必须确保数字的真实性并明确责任。

在小写数字的更正上我们主要采用划线更正法，即不论是数字写错还是位置登错，不论写错的是一个数字还是一笔数字，一律用红线全部划掉，在错误数字的上方空白部分用蓝色或蓝黑色的笔写上正确的数字，并由更改人员在更正处签章，以示负责。注意：原始凭证上的金额写错要重新开据。

例：（1）无金额栏小写数字的修正：

正确数：674. 53　　错误数：764. 53　　更正方法：674. 53
~~764. 53~~

（2）有金额栏小写数字的修正（见表 2－3）。

表 2－3

正确修改：

千	百	十	万	千	百	十	元	角	分
			7 ~~4~~	4 ~~7~~	3 ~~3~~	8 ~~8~~	1 ~~1~~	0 ~~0~~	9 ~~9~~

错误修改：

千	百	十	万	千	百	十	元	角	分
			7 ~~4~~	4 ~~7~~	3	8 [redacted]	1	0	9

三、中文汉字大写金额数字的规范书写

各种银行结算凭证，如支票、本票、汇票、托收凭证、汇兑凭证等，以

及对外开出的原始凭证，如销货发票、借款单等，必须同时具备大小写金额。而银行结算票据（包括支票、本票、汇票）的出票日期必须使用中文大写，如果使用小写，银行不予受理。大写日期须符合规范，未按要求填写的银行可予受理，但由此造成的损失由出票人自行承担。

汉字数字（10个）如表2－4所示。

表2－4

0	1	2	3	4	5	6	7	8	9
零	壹	贰	叁	肆	伍	陆	柒	捌	玖

数位量词（9个）如表2－5所示。

表2－5

整	亿	万	仟	佰	拾	元	角	分

1. 文字书写的基本要求。

（1）克服常见书写不良习惯。

第一，字迹潦草。

第二，字体过大，字体大小要适当，书写时不宜用浓墨粗笔，不宜“顶天立地”。

第三，字形欠佳。

第四，文字不规范，书写文字时，不能用谐音字、错别字、简化字。

（2）正确掌握文字书写技术。

第一，端正书写态度。

第二，字迹工整清晰。

第三，位置适当，汉字占格距的1/2较为适宜，落笔在底线上。

第四，摘要简明，要用简短的文字把经济业务发生的内容记述清楚，尤其要以写满不超出该栏格为限。

第五，会计科目准确，要写全称，不能简化。

2. 财经中文大写数字的书写要求。

（1）中文大写数字是用于填写防止涂改的销货发票、银行结算凭证等，不能写错。一旦写错，则该凭证作废，需要重新填写凭证。

（2）中文大写金额数字前应标明“人民币”字样，且其与首个金额数字之间不留空白。不得用0、一、二、三、四、五、六、七、八、九、十、百、千等相应代替零、壹、贰、叁、肆、伍、陆、柒、捌、玖、拾、佰、仟。要用正楷或行书书写，不得任意自造简化字。

（3）中文大写数字金额一律用正楷或行书书写。不得用“廿”代替贰拾，用“卅”代替叁拾，用“毛”代替角，用“另（或0）”代替“零”；也不得任意自造简化字。表示数位的文字（拾、佰、仟、万、亿）前必须有数字，如“拾元整”应该写成“壹拾元整”，因为这里的“拾”应看作数位文字。

（4）正确运用“整”或“正”，凡是大写金额有角无分或没有角分的，一律在金额后面加上“整”或“正”字。如￥45.60，大写应为人民币肆拾伍元陆角整，￥230.00，大写应为人民币贰佰叁拾元整。正确写“零”，凡金额中间带有“0”的，一律写“零”，不允许用“0”代替。如￥508.00，应写为人民币伍佰零捌元整。

（5）中文大写票据日期的书写要求。为防止编造票据的出票日期，票据的出票日期必须使用中文大写。年份所对应的日期按正常汉字大写书写，如贰零贰壹年；月份的书写需遵循1月、2月、10月前加“零”，即零壹月、零贰月、零壹拾月。3月至9月前的“零”可写可不写。11月、12月须写成壹拾壹月、壹拾贰月（前面如果加上零也认可，如零壹拾壹月）；日期的书写需遵循1~9日、10日、20日、30日前应加“零”，11~19日之间写成壹拾×日，21~29日之间写成贰拾×日，31日写成叁拾壹日。

任务实施

任务实施一　把小写金额转换成汉字大写金额（见表2-6）

表2-6

千	百	十	万	千	百	十	元	角	分	大写金额
			￥	6	3	0	0	5	0	人民币陆仟叁佰元零伍角整
￥	7	4	1	6	0	0	9	0	0	人民币柒佰肆拾壹万陆仟零玖元整
					￥	1	8	0	3	人民币壹拾捌元零叁分

任务实施二　把小写日期转换成汉字大写日期（见表2-7）

表2-7

小写日期	大写日期
2021年02月05日	贰零贰壹年零贰月零伍日
2024年10月17日	贰零贰肆年零壹拾月壹拾柒日

任务二 点钞技能要求及辨识真假货币

任务导入

实习出纳丁海入职后，对待工作认真负责，但是在日常的工作中他发现自己清点钞票的指法不太标准，导致与其他同事一起参加考核的时候总是落在最后，周云告诉他，一名合格的出纳是必须要掌握好几种点钞方法的，同时还要清点准确并能及时发现假币。丁海决定好好跟师父学习点钞指法与真假货币的辨识。

知识准备

一、货币知识概述

人民币的单位是元，辅币是角和分。1 元为 10 角，1 角为 10 分。元和角有纸币，元、角及分也有铸币。元的票面有 1 元、5 元、10 元、20 元、50 元、100 元，角的票面有 1 角、5 角，分的面额有 1 分、5 分。人民币元的缩写符号是 CNY。现在中国有人民币、港币、澳币、台币几个币种。人民币的主要特征主要从纸质、水印、制版、油墨、印刷、安全线等方面识别。

（一）纸币特征

2019 年版第五套人民币 50 元、20 元、10 元、1 元纸币分别保持 2005 年版第五套人民币 50 元、20 元、10 元纸币和 1999 年版第五套人民币 1 元纸币规格、主图案、主色调、“中国人民银行”行名、国徽、盲文面额标记、汉语拼音行名、民族文字等要素不变，提高了票面色彩鲜亮度，优化了票面结构层次与效果，提升了整体防伪性能。

2019 年版第五套人民币 50 元、20 元、10 元、1 元纸币调整正面毛泽东头像、装饰团花、横号码、背面主景和正背面面额数字的样式，增加正面左侧装饰纹样，取消正面右侧凹印手感线和背面右下角局部图案，票面年号改为“2019 年”。

1. 50 元纸币。正面中部面额数字调整为光彩光变面额数字“50”，左下角光变油墨面额数字调整为胶印对印图案，右侧增加动感光变镂空开窗安全线和竖号码。背面取消全息磁性开窗安全线（见图 2－2）。2019 年版第五套人民币 50 元、20 元、10 元纸币票面中部印有光彩光变面额数字，改变钞票观察角度，面额数字颜色出现变化，并可见一条亮光带上下滚动。以新版 50 元为例，随着观察角度的改变，面额数字“50”的颜色会在绿、蓝之间交替变化。

图 2－2　2019 年版第五套人民币 50 元纸币

2. 20 元、10 元纸币。正面中部面额数字分别调整为光彩光变面额数字“20”“10”，取消全息磁性开窗安全线，调整左侧胶印对印图案，右侧增加光变镂空开窗安全线和竖号码（见图 2－3）。

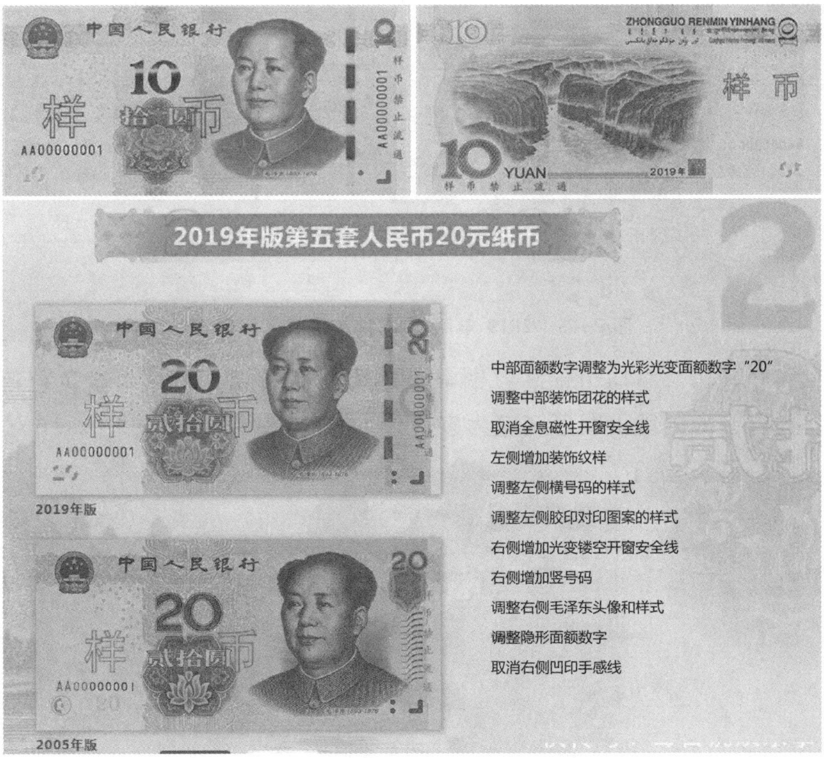

图 2－3　2019 年版第五套人民币 10 元、20 元纸币

3. 1元纸币。正面左侧增加面额数字白水印，取消左下角装饰纹样（见图2-4）。

图2-4　2019年版第五套人民币1元纸币

（二）硬币特征

2019年版第五套人民币1元、5角、1角硬币分别保持1999年版第五套人民币1元、5角硬币和2005年版第五套人民币1角硬币外形、外缘特征、“中国人民银行”行名、汉语拼音面额、人民币单位、花卉图案、汉语拼音行名等要素不变，调整了正面面额数字的造型，背面花卉图案适当收缩。

1. 1元硬币。直径由25毫米调整为22.25毫米。正面面额数字“1”轮廓线内增加隐形图文“¥”和“1”，边部增加圆点（见图2-5）。材质保持不变。

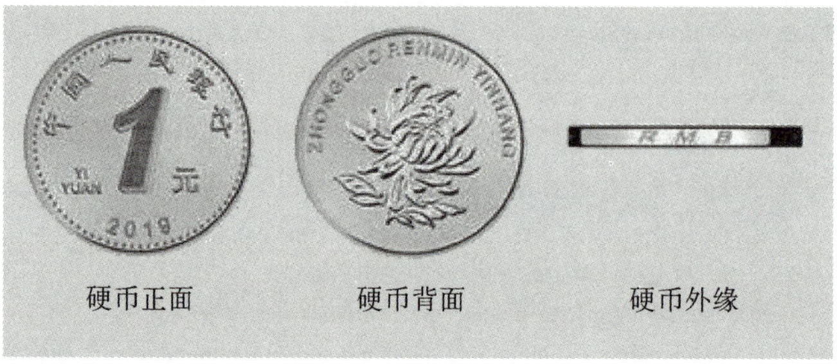

图2-5　2019年版第五套人民币1元硬币

2. 5角硬币。材质由钢芯镀铜合金改为钢芯镀镍，色泽由金黄色改为镍白色。正背面内周缘由圆形调整为多边形。直径保持不变（见图2-6）。

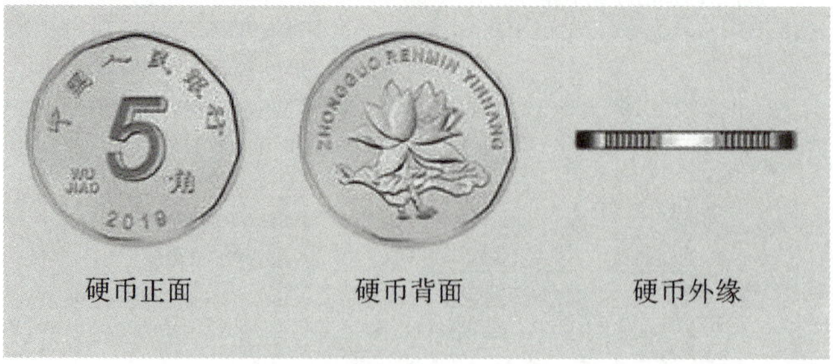

图2-6　2019年版第五套人民币5角硬币

3. 1 角硬币。正面边部增加圆点。直径和材质保持不变（见图 2－7）。

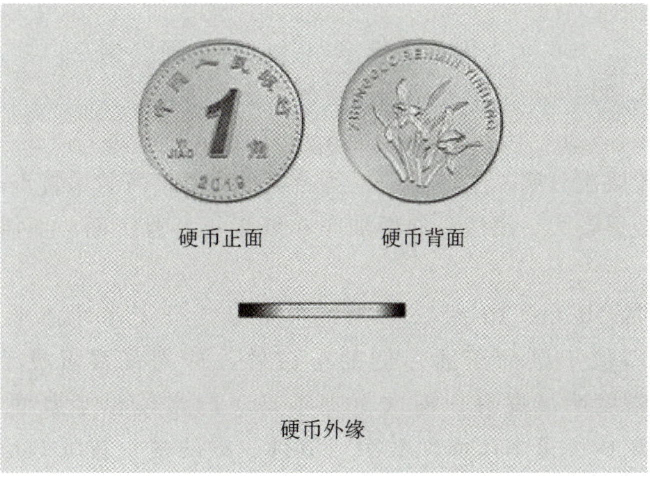

图 2－7　2019 年版第五套人民币 1 角硬币

二、如何鉴别人民币

识别假币是找收伪钞和打击伪钞犯罪活动的前提条件。近年来，随着经济的发展，假币在市场上出现频率大大增加，假币泛滥直接危害人民群众的利益，影响社会稳定，并扰乱金融秩序，严重危害金融安全。出纳人员如果不具备识别伪钞的能力，在收支现金时，就难免上当受骗。下面介绍几种简单的人民币鉴定方法。

（一）人民币鉴定方法

1. 对纸张进行识别。印制人民币用的纸张，是特制的纸张，一般叫作钞票用纸。钞票用纸的制作原材料主要是棉短绒，比一般的造纸原料贵重得多，这使得纸的质地光洁细腻，坚韧耐折，挺括平整。如果用手拿着钞票在空中抖动，或者两手拿着钞票的两端一松一紧地拉动，或者用手指轻弹纸的表面，都会发出清脆的声音来；而假币纸张绵软，抖动时声音发闷，对比之下有明显的区别。

2. 观察光彩光变面额数字。在现行第五套人民币纸币防伪技术的基础上，新版 50 元、20 元、10 元纸币增加了光彩光变面额数字。光彩光变技术是国际印钞领域公认的先进防伪技术，易于公众识别。

3. 安全线。2019 年版纸币采用动感光变镂空开窗安全线，光变镂空开窗安全线具有颜色变化和镂空文字特征，易于公众识别，是一项常用的公众防伪特征。

2019 年版 50 元改变钞票观察角度，安全线颜色在蓝色和绿色之间变化，亮光带上下滚动；透光观察可见“50”。20 元、10 元纸币采用光变镂空开窗安全线，与 2015 年版 100 元纸币类似，改变钞票观察角度，安全线颜色在红色和绿色之间变化；透光观察，20 元纸币可见“20”，10 元纸币可见“10”。

4. 对水印的识别。人民币的水印是在钞纸的时候印上的。第五套人民币的水印如下：

（1）50 元、100 元为固定人像水印：位于正面左侧空白处，迎光透视，可见与主景人像相同、立体感很强的毛泽东头像水印。

（2）1 元、5 元、10 元、20 元为花卉固定水印。

真币水印层次分明、立体感强，透光观察清晰；而假币特点是水印模糊，无立体感，变形较大，用浅色油墨加印在纸张正、背字面，不需迎光透视就能看到。

2019 年版 50 元、20 元、10 元纸币明显提升了水印清晰度和层次效果。人像水印位于票面正面左侧的空白处，透光观察可见毛泽东头像。人像水印清晰度明显提升，层次更加丰富。白水印位于票面正面横号码下方，透光观察可见水印面额数字。值得一提的是，新版 1 元纸币增加了白水印。

5. 对凹印技术的识别。第五套人民币中国人民银行行名、面额数字、盲文面额标记、凹印手感线等均采用雕刻凹版印刷，图像层次清晰，色泽鲜艳、浓郁，立体感强，用手指触摸有明显凹凸感；而假币图案平淡，手感光滑，花纹图案较模糊，并由网点组成。

6. 其他防伪特征。2019 年版第五套人民币调整了左侧横号码式样，增添了竖号码，可以有效防范变造纸币。左侧横号码的冠字和前两位数字为暗红色，后六位数字为黑色。右侧竖号码冠字和数字均为蓝色。

（二）假币的处理

单位的出纳人员，在日常收付现金时发现假币，应当场予以没收，没收的假币一律上缴银行。如一时难以确定真假，应向持币人说明情况，开具临时收据，连同可疑币及时报送当地人民银行鉴定。假币决不允许继续流通，如发现假钞仍有意继续使用，则属于违法行为，将依法追究刑事责任。如发现有人倒卖假币或用假币套取真钞，应随时向公安机关报告。

（三）残缺、污损人民币的处理

残缺、污损人民币是指票面撕裂、损缺，或因自然磨损、侵蚀，外观、质地受损，颜色变化，图案不清晰，防伪特征受损，不宜再继续流通使用的人民币。人民币在商品交换中，有的纸质松软，有的票面脏污，有的磨损或残缺，群众习惯称之为“破钱”，银行术语为“损伤券”。为了提高人民币的整洁度，银行出纳部门按照中国人民银行的有关规定，在收取现金过程中，应积极主动办理损伤人民币的挑剔、兑换和回收工作。单位的财会人员（主要是出纳人员）在办理现金收付、整点票币时，应随时把损伤票币挑选出来，以配合银行出纳部门的工作。

三、点钞基本要求

点钞是出纳人员的必备技能，按持钞的方式不同可以分为手持式点钞与按压式点钞两种，学习点钞必须做到又快又准。“准”就是钞票的清点不错不乱，准确无误；“快”就是在准的基础上加快速度，提高工作效率。点准，是做好现金收付工作与清点工作的基础和前提，点好点快是提高服务质量、增加观赏度的必要条件。

学习点钞首先要掌握基本要领，要做到“点准、挑净、墩齐、捆紧、盖章清楚”，基本要领针对任何一种点钞方法都适用，大致可概括为：平铺整齐，边角无折；同券一起，不能混淆；券面同向，不能颠倒；验查真伪，去伪存真；剔除残币，完残分放；百张一把，十把一捆；扎把捆捆，经办盖章；清点结账，复核入库。

具体步骤如下：

（一）点钞前准备工作

1. 坐姿。直腰挺胸，两肩要平，两臂肘关节放在桌面上，全身自然，肌肉放松，双肘自然放在桌上，持币的左手手腕贴桌面，手心朝内，右手手腕抬起，两臂角度约为120°，眼睛距离票面20厘米左右，做好点钞的准备。

2. 用具准备。点钞时用的计算器（算盘）、印泥、名章、海绵壶（点钞蜡或沾水盒）、捆钱条等要按使用顺序固定位置放好，以便点钞时使用顺手。

3. 点钞时一要精神集中，二要定型操作，三要手点、脑记，手、眼、脑紧密配合。

（二）点钞顺序

1. 拆把整理。钞票放于清点者正胸前，把待点钞票按照不同点钞方法的要求拿在手中，然后脱去扎钞纸带，要把混乱不齐、折损不一的钞票进行整理，使之整齐美观，为准确点数做好准备。

2. 点数。左手持钞，右手点钞，眼睛紧盯过数的钞票，同时记数。

3. 扎把。把整点准确的百张钞票用扎把纸带捆扎牢固，码放在右侧墩齐。

4. 盖章。在捆扎钞票的纸带上加盖点钞人员的名章，以明确责任。

四、点钞方法

点钞指的是整点纸币和清点硬币。概括而言，点钞可以划分为手工点钞和机器点钞两大类。

二维码 2.1
验钞机的使用

（一）机器点钞

机器点钞就是使用点钞机整点钞票以代替手工整点。机器点钞代替手工点钞，对提高工作效率，减轻出纳人员劳动强度，改善临柜服务态度，加速资金周转都有积极的作用。随着金融事业的不断发展，出纳的收付业务量也日益增加，机器点钞已成为银行出纳点钞的主要方法。

机器点钞虽然可以减轻出纳人员的劳动强度，提高工作效率，但由于点钞机有时会出现“吃钞”、记数误差等方面的差错，目前情况下，机器点钞还不能完全取代手工点钞。只有两者相互配合，交替使用，才能达到既快又准，不错不乱的点钞效果。

（二）手工点钞

手工点钞的指法一共分为4种，每种指法都有其特点和优缺点（见表2-8）。

表2-8

名称	指法	优点	缺点
单指单张点钞法	点钞时用一个手指一次点一张的方法叫单指单张点钞法	这种点钞方法由于持票面小，能看到票面的3/4，容易发现假钞票及残破票，是点钞中最基本也是最常用的一种方法，使用范围较广，频率较高	点一张记一个数，比较费力
单指多张点钞法	点钞时，一指同时点两张或两张以上的方法叫单指多张点钞法	计数比单张省力、方便、效率高；这种方法适用于收款、付款和整点各种券别的整点工作	在一指捻几张时，从第二张以后能看到的钞票面积小，假钞和残破票不易发现
多指多张点钞法	点钞时用多个手指一次点多张的方法叫多指多张点钞法	多指多张点钞时，一次最多可以点四张。虽然点钞频率稍低于单指单张，但最终清点速度会略高于后者；计数次数的减少，大大降低了技术错误的几率	多指多张点钞法适合较新票币的清点，对于旧钞等则不易操作
扇面点钞法	点钞时把钞票捻成扇面状进行清点的方法叫扇面点钞法	扇面点钞法是一种速度最快的点钞方法，最适合用于整点新券及复点工作	票面可视面极小，不便挑剔残破券和鉴别假票，不适用整点新旧币混合的钞券

知识扩展

残币的处理

出纳在日常工作中可能会碰到票面残缺受损的纸币，这类纸币按照央行公布的《中国人民银行残缺污损人民币兑换办法》规定可以进行兑换，主要有三种兑换标准：

1. 全额兑换

能辨别面额，票面剩余3/4（含3/4）以上，其图案、文字能按原样连接的残缺、污损人民币，金融机构应向持有人按原面额全额兑换。

2. 兑换一半

能辨别面额、票面剩余1/2（含1/2）至3/4以下，其图案、文字能按原样连接的残缺、污损人民币，可按原面额的一半兑换。

3. 不予兑换

纸币呈正十字形缺少1/4的，按原面额的一半兑换；剩余部分小于1/2的，不予兑换。持10张以上的残损币前往银行兑换时，需要出示客户单位或社区开具的钱币损坏原因证明。

任务三　传票翻打

任务导入

月末进行对账、结账工作，面对一大堆的账表与凭证数字，丁海头晕脑胀，他问周云：“师父，难道就没有让数字的累加能够快速一些的方法吗?”周云回答：“当然有啊，你之所以觉得慢是因为你没有练习过小键盘数字录入，这个过关了，你就不会觉得慢了。”丁海点点头，看来需要学习的东西还有很多啊。

知识准备

二维码 2.2
“一带一路”倡议下的会计自信

一、传票知识概述

（一）什么是传票翻打

传票翻打，也称为传票算，是指在经济业务核算过程中，对各种单据、发票或凭证进行汇总计算的一种方法，一般采用加减运算。它是加减运算在实际工作中的具体应用，它可以为会计核算、财务分析、统计报表提供及时、准确、可靠的基础数字，是财经工作者必备的一项基本功，并被列入全国会计技能比赛的正式项目。因为是用键盘进行运算，所以在日常工作中我们也称之为“小键盘”运算。

（二）传票的种类

传票本分为两种：

第一种是订本式传票，是在传票的左上角装订成册，一般在比赛中使用（见图 2－8）。

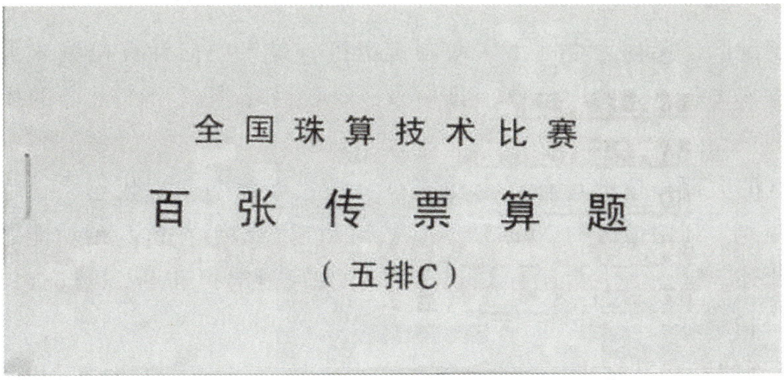

图 2－8　订本式传票

第二种是活页式传票，全国会计技能大赛采用（见图 2－9）。

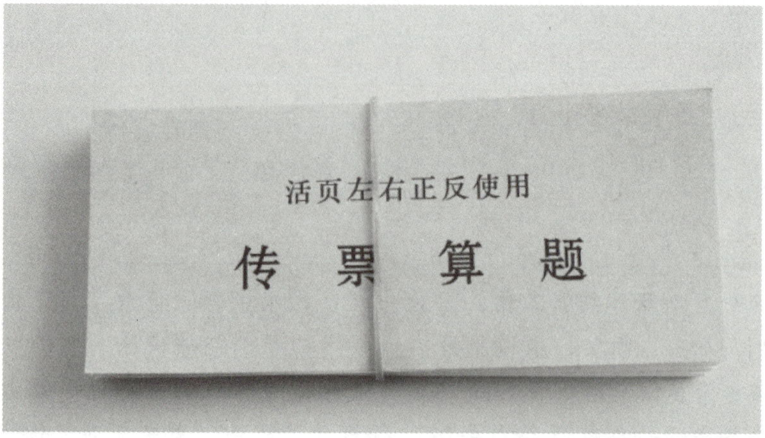

图 2-9　活页式传票

传票采用规格长约 19 厘米，宽约 8 厘米的 70g 规格书写纸，每本传票共 100 页，可分成正反四个版面，每个版面的每页五行数，由四至九位数组成。其中四位数、九位数各占 10%，五位、六位、七位、八位数各占 20%，都有两位小数；页内依次印有（一）至（五）的行次标记，设任意 20 页的 20 个数据（一组）累加为一题，0~9 十个数字均衡出现（见图 2-10）。

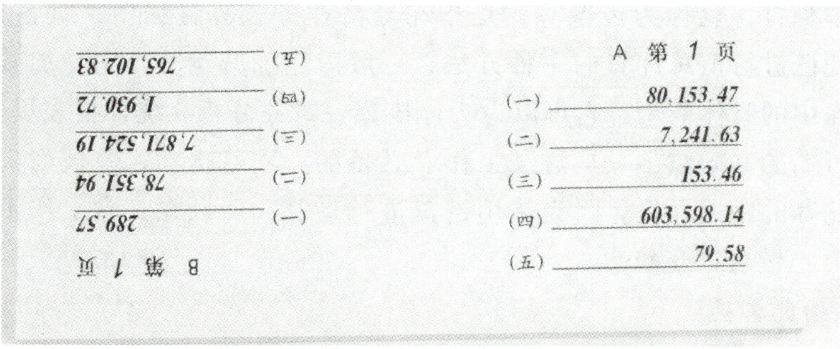

图 2-10　传票格式

二、数字小键盘

数字键区，又称为小键盘区或副键盘区，是专门向计算机输入大量数字的重要输入设备，主要用于数字集中录入。熟练掌握这个小键盘的操作是我们学习的重点。

该区的大部分按键具有双重功能：一是代表数字和小数点，二是代表某种编辑功能。利用该区的 Num Lock（数码锁定）键可在这两种功能之间进行转换。此外，键盘右上角还有 Caps Lock（大写锁定）和 Scroll Lock（滚动锁定）两个指示灯。

（一）正确的姿势及指法

要想熟练运用键盘来打字，姿势非常重要。有了正确的姿势，不仅可减轻人的疲劳感，对于提高速度也会起到事半功倍的效果。

1. 身体要保持平直，肩部放松，腰背不要弯曲。小臂与手腕略向上倾斜，手腕平直，两肘微垂，轻轻贴于腋下，手指弯曲自然适度，轻放在屏幕显示区域位于视线以下10°～20°，身体与键盘的距离因人而异。

2. 手掌以手腕为轴略向上抬起，手指略弯曲，自然下垂，形成空拳状。击键盘前各手指要放在基准键上，各个手指只负责相应的几个键，不要混淆。

3. 输入时，手稍微抬起，手腕要悬空，只有要击键的手指才伸出击键，击完后立即收回，停留在基准键上。

4. 击键的力度要适中。各手指分工明确，各司其职。击键时主要靠手指和手腕的灵活运动，不要靠整个手臂的运动来找键位。

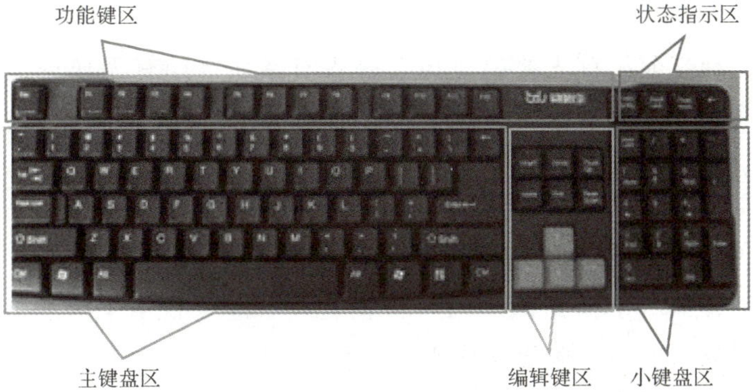

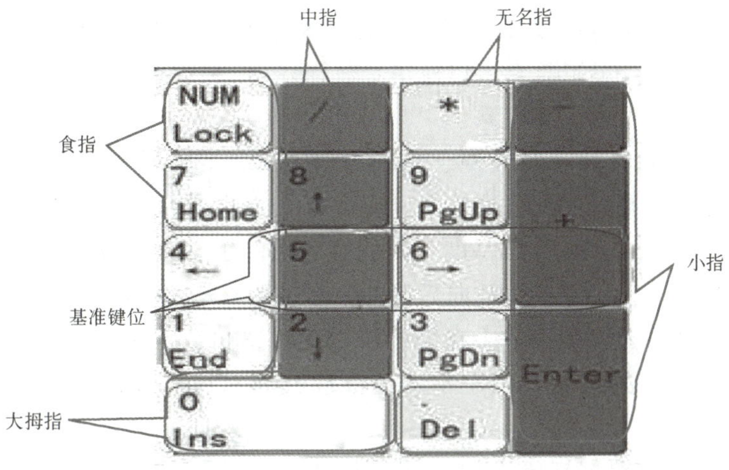

图2－11　认知小键盘

（二）认知小键盘及指法（见图2－11）

小键盘是向计算机输入数字、发出命令的重要设备，是财务人员必不可少的操作。日常的工作中我们还会使用到计算器，计算器的指法使用也是我们练习的路径，所以掌握好小键盘的使用方法非常重要。

使用小键盘只能用右手操作，手指在键盘上的位置非常重要。为了便于有效地使用小键盘，提高数字的录入速度，各手指负责的按键有严格的分工。

1. 基准键。右手的食指、中指、无名指和小指依次位于第三排的“4”“5”“6”数字键上。其中“5”键上有一个小突起，是用来定位的。当准备操作小键盘时，手指应轻轻地放在相应的基准键上，按完其他键后，应再立即回到基准键上。

2. 食指。“Num Lock”“7”“4”“1”这四个键由右手食指负责。

3. 中指。“/”“8”“5”“2”这四个键由右手中指负责。

4. 无名指。“*”“9”“6”“3”“.”这五个键由右手无名指负责。

5. 小指。“-”“+”“Enter”这三个键由右手小指负责。

6. “0”键由右手大拇指负责。

三、传票翻打

（一）传票整理

传票在翻打前，首先要检查传票是否有错误，如有无缺页、重页、数码不清、错行装订方向错误等，一经发现，应及时更换传票，待检查无误后方可整理传票。

1. 墩齐。双手拿起传票侧立于桌面墩齐。

2. 开扇。左手固定传票左上角其余四指放在背面上，右手拇指放在传票封面的右下方，右手拇指向顺时针方向捻动，左手配合右手向反方向用力，轻轻捻动即成扇形，扇形角度约20°~25°。

3. 固定。右手用夹子固定左上角，防止翻打时散乱。

整理好的传票应摆放在桌面适当的位置，如果使用小键盘，可将传票放在算具的左上方，贴近算具，以便于看数翻打。

（二）练找页翻页

1. 找页。找页的动作快慢、准确与否，直接影响传票翻打的准确与速度。找页是传票翻打的基本功之一。找页的关键是练手感，即摸纸页的厚度，如10页、20页、30页等的厚度。做到仅凭手的感觉就可以一次翻到临近的页码上，然后，再用左手向前向后调整，迅速翻至要找的页码。

找页的基本要求是：右手在敲击小键盘传票的数字时，用眼睛的余光看清下一传票的起始页数，用左手迅速准确找到对应页数，做到边写答案边找页。

2. 翻页。传票翻打要求用左手翻传票，右手敲击小键盘，两手同时进行。传票翻页的方法是：

（1）“按”。左手小指、无名指和中指按住传票的左下端，食指、大拇指放在每题的起始页。

（2）“翻”。左手大拇指逐页翻起传票，并交给食指夹住，中指配合挡住已翻过的页。

提示：翻页与计算必须同时进行，票页不宜翻得过高，角度应适宜，以能看清数据为准，翻页输入时，只有左手能很准确、连贯、快速地翻开传票，才能进行传票翻打录入。

3. 记页。在传票运算时，为了避免计算过页或计算不够页，应掌握记页

（数页）的方法。

记页，就是在运算中记住终止页，当估计快要运算完该题时，用眼睛的余光扫视传票页码，以防过页。

4. 数页。数页就是边运算边默念已打过的页数，最好每打一页，默念一页。以 20 页为一组，例：打第一次默念 1，打第二次默念 2……默念到 20 时核对该题的起止页数，如无误，立即按回车键。

提示：

记页、数页看似很简单，但在实际操作过程中却很重要，练习之初就应该养成记页、数页的好习惯，避免多算或少算而影响运算速度。

四、传票算

以爱丁传票系统为例讲授传票算使用。

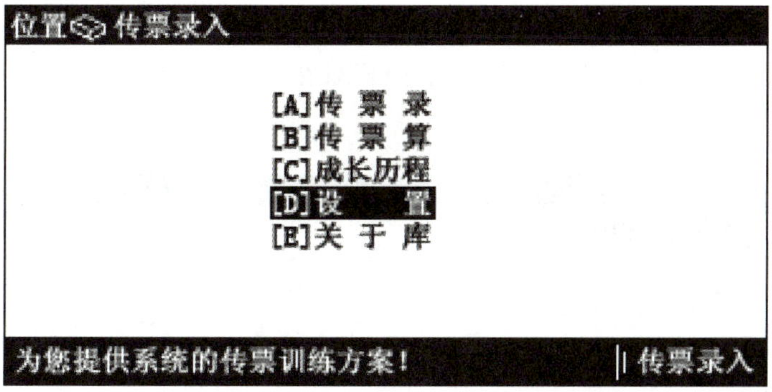

图 2－12　系统主界面

（一）从系统主界面选择【传票录入】，进入【传票录入】目录（见图 2－12）

1. 选择“［D］设置”，进行相关设置。设置完毕后按［Enter］自动保存设置（见图 2－13）。

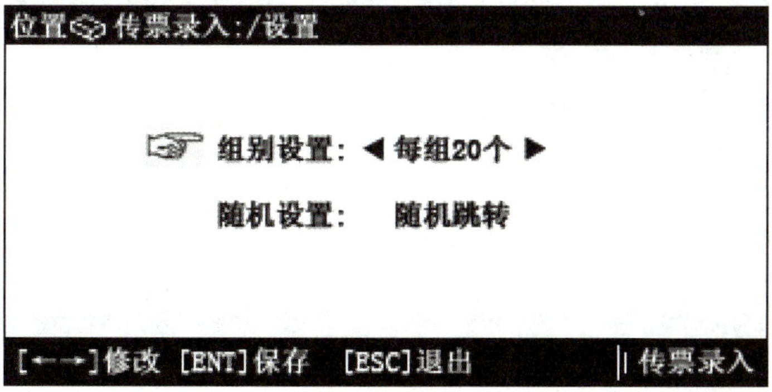

图 2－13　设置

2. 通过［↑↓］键移动光标，［←→］键调整相关设置。

说明：此步骤只需在第一次使用时设置，或需要更改训练方式时设置。

在【传票录入】目录下选择“［B］传票算测试”，进入【传票算】功能菜单（见图2-14）。

图2-14

3. 选择“［B］传票算测试”或者“［A］传票算练习”，二者的区别在于：

测试模式下，系统可以保存最后成绩，并且可以通过无线模块发送测试成绩，该模式可以在比赛时使用。练习模式下，系统不保存成绩，也不能发送成绩，但是可以保存成长历程，该模式只在练习时使用。

（二）以传票算测试为例介绍（见图2-15）

图2-15

1. 选择［爱丁传票］，下一步选择所要录入的传票页A～D（见图2-16）。

图2-16

2. 选择［爱丁传票 A］，开始设置：测试时间、起始页、行次（见图 2－17）。

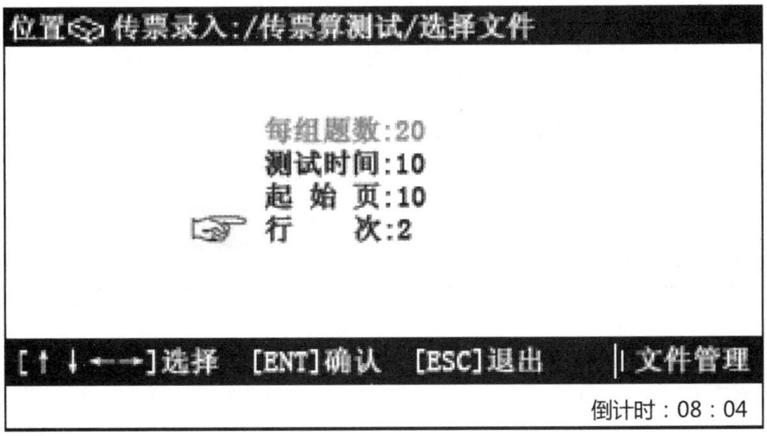

图 2－17

3. 设置完毕后，按［Enter］键即可开始录入，录入界面如图 2－18 所示。

说明： 图 2－18 录入界面中：

上面部分内容为：当前输入的组别、当前组的起止页、输入的行序号；

中间部分内容为：上一组数据的最终结果；

下面部分内容为：当前组数据的计算区域，学生可以任意 +／－计算。

用户退出或者倒计时结束时，系统会自动计算成绩，并且显示在屏幕上。

传票算计分规则：

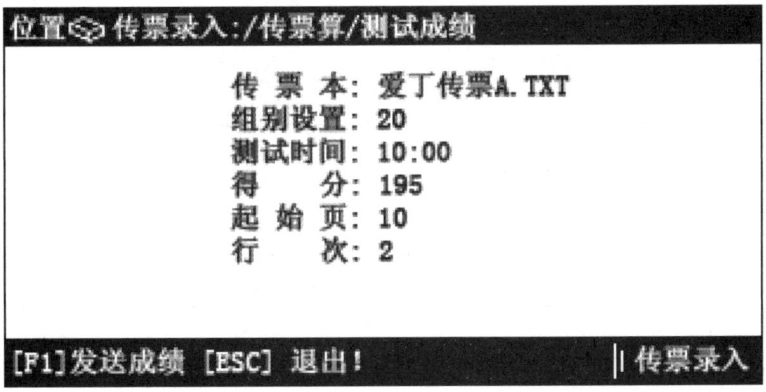

图 2－18

按照录入界面提示页码和行次进行累加，每组 20 题以“回车键”提交得到结果作为评断得分标准，即每一组为 20 分或 0 分，最后一组以时间到后的结果评定小分。

例如图 2－18 中显示，时间 10 分钟截止时，共完整计算 9 组，最后一组结果计算到前 15 题并正确，合计 195 分。

知识扩展

金融机构行业标准：在金融系统非常重视对员工的技能考核，每年至少进行两次考核，对技能不合格的员工要进行再培训，直至考核过关。金融机构数字录入技能考核要求如表2－9所示。

表2－9　　数字录入考核要求

项目	优秀	良好	合格	工具
数字录入	260个数/分钟	200个数/分钟	160个数/分钟	计算器
	300个数/分钟	240个数/分钟	200个数/分钟	翰林提/小键盘

职业能力训练

一、财经数字训练

1. 人民币大写金额（见表2－10）。

表2－10

序号	小写（数码金额）	大写（文字金额）
1	¥23 960.00	
2	¥9 304.60	
3	¥619 009.41	
4	¥1 701 050.00	
5	¥864 000.29	
6	¥12.37	
7	¥1 362 509.04	

2. 中文大写票据日期实训（见表2－11）。

表2－11

序号	日　期	票据（支票）日期
1	1998年01月02日	
2	2020年02月10日	
3	2003年10月10日	
4	2015年11月22日	
5	2008年12月20日	
6	2029年12月30日	

二、技能训练题

（一）数字盲打训练

【目的】精力集中，操作过程中眼睛不看键盘，强调手、眼、脑的协调配合，做到眼到手就到。可利用工具为：爱丁数码系统或者计算器。

1. 键位基本练习。从基本键位 4、5、6 练习起，再延展到其他键位，每一次打完数字后，食指、中指、无名指都要回到 4、5、6 基本键位上。手掌上下浮动带动手指敲击键位，手指微贴键盘有节奏地敲击，指尖抬起幅度 1 厘米以内，幅度不要过大。养成良好的指法对以后各阶段大幅度提速极为重要。渐渐掌握不同键的位置，直到可以不用眼看就能准确无误地找准键位。

（1）基准键的输入练习。445445　656566　664554　544466　554446　446456　645645　445566　645564　564564　456456　665544　445566　556644　554466　654654　546546　566445

（2）大拇指、食指键的输入练习。077444　071710　741700　147147　0714147　4401007　001044　144141　141441　444770　107170　007147　001044　041000　144141　774411　000170　014717

（3）大拇指、无名指的输入练习。06960　333603　006039　606099　603366　933939　069690　306333　930600　990606　663306　939339　336699　693693　963963　0936309　063906　039063

（4）大拇指、中指的输入练习。050082　285505　080820　008582　025085　025085　225550　280050　505582　028080　285800　580028　225588　085828　085280　085202　885522　225588

2. 竖式练习。敲打 147　258　369

（1）食指练习 1、4、7 键，147 + 147 + … + 147 连加 10 次再连减 10 次最后归 0。

（2）中指练习 2、5、8 键，258 + 258 + … + 258 连加 10 次再连减 10 次最后归 0。

（3）无名指练习 3、6、9 键，369 + 369 + … + 369 连加 10 次再连减 10 次最后归 0。

（4）147 258 369 147 258 369…147 258 369 连加 10 次再连减 10 次最后归 0。

3. 横排练习。敲打 123、456、789

（1）食指练习 1 键、中指练习 2 键、无名指练习 3 键。

（2）食指练习 4 键、中指练习 5 键、无名指练习 6 键。

（3）食指练习 7 键、中指练习 8 键、无名指练习 9 键。

（4）123 456 789 + 123 456 789 + … + 123 456 789 连加 10 次再连减 10 次，最后显示为 0。

4. 混合练习。敲打 159、357、13579、24680

（1）159 指法分工。食指练习 1 键、中指练习 5 键、无名指练习 9 键。

（2）357 指法分工。无名指练习 3 键、中指练习 5 键、食指练习 7 键。

（3）159 +159 +⋯ +159 连加 10 次再连减 10 次。

（4）357 +357 +⋯ +357 连加 10 次再连减 10 次。

（5）13579 指法分工。食指练习 1 键、无名指练习 3 键、中指练习 5 键、食指练习 7 键、无名指练习 9 键。

（6）13579 +13579 +⋯ +13579 连加 10 次再连减 10 次。

（7）24680 指法分工：中指练习 2 键、食指练习 4 键、无名指练习 6 键、中指练习 8 键、大拇指练习 0 键。

（8）24680 +24680 +⋯ +24680 连加 10 次再连减 10 次。

（二）连加连减数字训练

【目的】在数字键可以盲打的基础上加快速度，提高效率。可利用工具为：爱丁数码系统或者计算器。

1. 加百子：1 +2 +3 +⋯ +99 +100 =5050。

2. 减百子：先输入数字 5050，然后依次 -1 -2 -3 -⋯ -99 -100 =0。

3. 把 123 456 789 连加 9 次，和为 1 111 111 101，随后再逐笔减去 123 456 789 直至减完为 0。

4. 把 9 876 543 210 连加 9 次，和为 88 888 888 890，随后再逐笔减去 9 876 543 210，直至减完为 0。

（三）翻页、找页训练

【目的】熟悉传票，快速准确地找到每题的起始页，提高传票翻打的准度和速度。

1. 熟悉准确把握纸页的厚度，如：10 页、20 页、30 页、50 页等的厚度。

2. 有序找页练习：5、14、21、37、42、56、68、78、85、90、……。

3. 无序找页练习：2、16、25、65、32、12、49、78、9、51、……。

项目三

办理库存现金结算业务

现金管理是出纳实务中的工作重点，也是一个单位内控管理的重要组成部分。本项目主要通过讲解现金管理的相关制度、库存现金的收付款业务以及库存现金的清查工作，帮助会计工作人员提升现金管理水平和有关现金业务的执业能力。

项目导航

知识目标	技能目标	职业目标
➢ 理解现金结算的相关概念 ➢ 熟悉现金结算的范围 ➢ 熟悉发票管理的要点 ➢ 掌握现金收支的基本要求	➢ 能按实际业务情况完成出纳现金业务资料的收集、归类、整理 ➢ 能完成原始凭证审核工作 ➢ 能按库存现金的业务工作流程完成收、付款业务的办理	➢ 掌握库存现金管理相关制度 ➢ 具备库存现金日常业务的处理能力 ➢ 巩固并加强出纳基本业务技能

任务一 掌握库存现金的管理

任务导入

辰新商贸有限公司向三江电子设备厂采购20个优盘作为职工福利，每个优盘含税单价80元，共计1 600元，取得三江电子设备厂开具的增值税普通发票，要求辰新商贸有限公司用现金支付。请问：三江电子设备厂收款人员的收款方式是否符合相关现金管理规定？

知识准备

一、现金结算的概念及特点

（一）现金结算的概念

现金结算是指在商品交易、劳务供应等经济往来中直接使用现金进行应收、应付款结算的行为。在我国主要适用于单位与个人之间的款项收付，以及单位与单位之间结算在现金结算起点金额以下的零星小额收付。

（二）现金管理的特点

1. 直接便利。在现金结算方式下，买卖双方一手交钱，一手交货，当面钱货两清，无须通过中介，因而对买卖双方来说是最为直接和便利的。同样，在劳务供应、信贷存放和资金调拨方面，现金结算也是最为直接和便利的，因而广泛地被社会大众所接受。

2. 不安全性。由于现金使用极为广泛和便利，因而成为不法分子觊觎的最主要目标，很容易被偷盗、贪污、挪用。在现实经济生活中，极大多数的经济犯罪活动都和现金有关。此外，现金还容易因火灾、虫蛀、鼠咬等发生损失。

3. 不易宏观调控和管理。由于现金结算大部分不通过银行进行，因而使国家很难对其进行控制。大量的现金结算会使流通中的现钞过多，从而容易造成通货膨胀，增大对物价的压力。

4. 费用较高。使用现金结算各单位虽然可以减少银行的手续费用，但其清点、运送、保管的费用很大。对于整个国家来说，大量的现金结算会增大整个国家印制、保管、运送现金和回收废旧现钞等工作的费用和损失，浪费人力、物力和财力，因此国家实行现金管理，限制现金结算的范围。

二、现金结算的范围

根据国务院颁布的《现金管理暂行条例》，开户单位可以在下列范围内使用现金：

（1）职工工资、津贴；

（2）个人劳务报酬；

（3）根据国家规定颁发给个人的科学技术、文化艺术、体育等各种奖金；

（4）各种劳保、福利费用以及国家规定的对个人的其他支出；

（5）向个人收购农副产品和其他物资的价款；

（6）出差人员必须随身携带的差旅费；

（7）结算起点以下的零星支出；

（8）中国人民银行确定需要支付现金的其他支出。

上述结算起点定为1 000元，结算起点的调整，由中国人民银行确定，报国务院备案；除上述（5）（6）项外，开户单位支付给个人的款项，超过使用现金限额的部分，应当以支票或者银行本票支付；确需全额支付现金的，经开户银行审核后，予以支付现金。

三、现金使用的限额

根据《现金管理暂行条例》规定，库存现金限额由开户银行根据开户单位3~5天的日常零星开支所需进行核定。边远地区和交通不便地区开户单位的库存现金限额，可以多于5天，但不得超过15天的日常零星开支。

经核定的库存现金限额，开户单位必须严格遵守。需要增加或者减少库存现金限额的，应当向开户银行提出申请，由开户银行核定。

商业和服务行业的找零备用金，也要根据营业额核定定额，但是不包括在开户单位的库存现金限额之内。

四、现金收支的基本要求

1. 开户单位现金收入应当于当日送存开户银行。当日送存确有困难的，由开户银行确定送存时间。

2. 开户单位支付现金，可以从本单位库存现金限额中支付或者从开户银行提取，不得从本单位的现金收入中直接支付（即坐支）。因特殊情况需要坐支现金的，应当事先报经开户银行审查批准，由开户银行核定坐支范围和限额。坐支单位应当定期向开户银行报送坐支金额和使用情况。

3. 开户单位从开户银行提取现金，应当写明用途，由本单位财会部门负责人签字盖章，经开户银行审核后，予以支付现金。

4. 因采购地点不固定，交通不便，生产或者市场急需，抢险救灾以及其他特殊情况必须使用现金的，开户单位应当向开户银行提出申请，由本单位财会部门负责人签字盖章，经开户银行审核后，予以支付现金。

5. 开户单位应当建立健全现金账目，逐笔记载现金支付。账目应当日清月结，账款相符。

6. 开户单位不准用不符合财务制度的凭证顶替库存现金；不准单位之间

互相借用现金；不准谎报用途套取现金；不准利用银行账户代其他单位和个人存入或支取现金；不准将单位收入的现金以个人名义存入；不准保留账外公款；不准发行变相货币；不准以任何票券代替人民币在市场上流通。

五、现金核算的内部控制

（一）钱账分管，岗位分离

根据《中华人民共和国会计法》《会计基础工作规范》的有关规定，严格遵循财务内部牵制制度，出纳人员不得兼管稽核、会计档案保管和收入、费用、债权、债务账目的登记工作；出纳人员可以兼顾固定资产明细账，低值易耗品明细账等。出纳负责登记现金日记账和银行存款日记账，现金总账则由会计登记。

（二）严格遵守库存现金日清月结制度

（1）清理、检查各种现金收付款原始凭证，做到账实相符、账证相符。

（2）登记和检查日记账，做到账账相符。

（3）定期、不定期相结合进行现金盘点工作。

（三）建立健全库存现金开支审批制度

（1）明确本单位库存现金开支范围。

（2）明确各种报销凭证，规范库存现金收支业务的办理流程。

（3）确定相关审批权限。

（4）严格遵循内部控制中的不相容职务相分离的基本要求。

二维码3.1《中华人民共和国现金管理暂行条例》

任务二　掌握发票的管理

任务导入

辰新商贸有限公司实习出纳员丁海接到师父交给的任务，专门处理发票相关事宜，在工作中，收到发票和开具发票需要注意一些什么事项，如何辨别发票真伪，如何审核整理发票呢？

知识准备

一、常见增值税发票认识（见图 3－1、表 3－1、表 3－2）

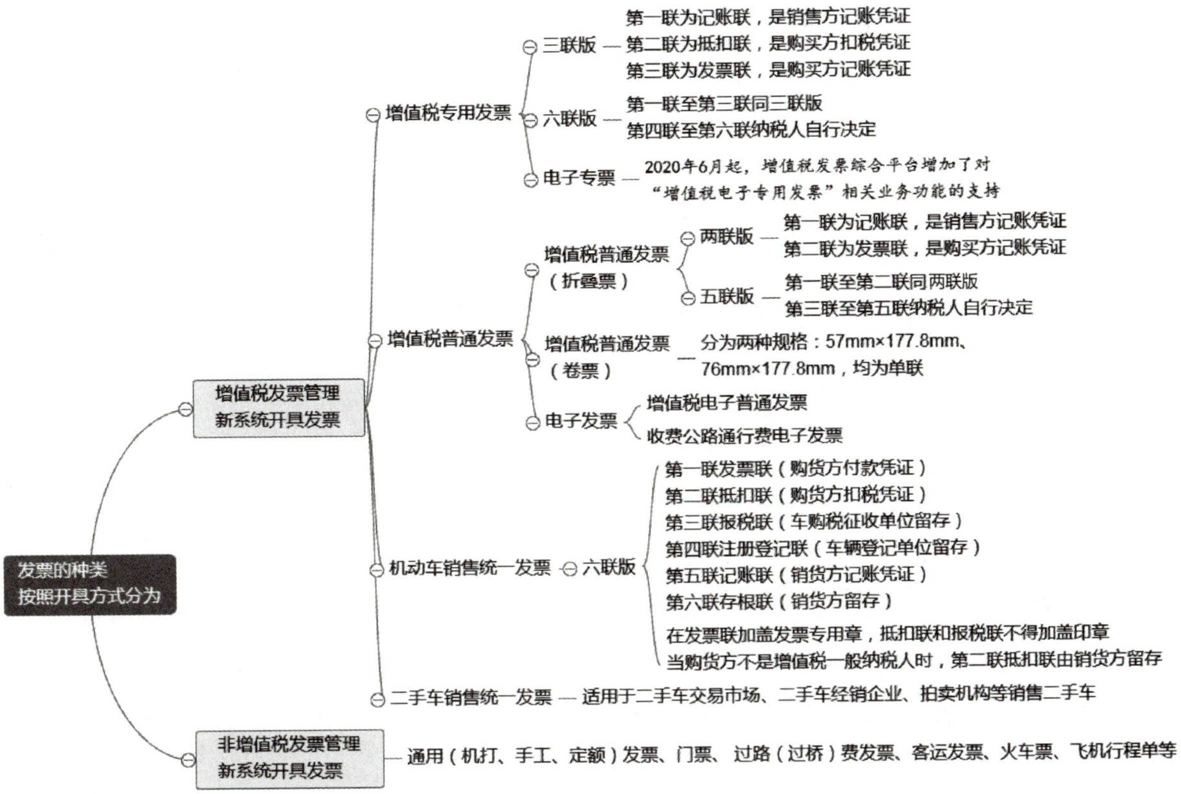

图 3－1

表 3－1

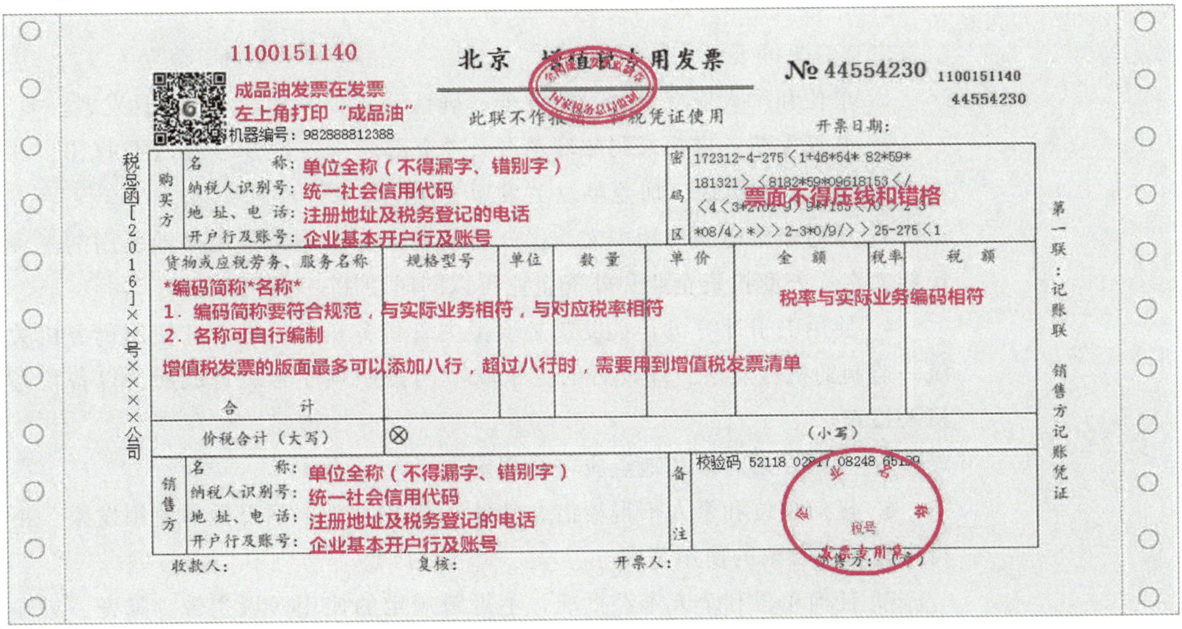

1100151140　北京增值税专用发票　№ 44554230　1100151140　44554230

成品油发票在发票左上角打印“成品油”

机器编号：982888812388　此联不作报销、扣税凭证使用　开票日期：

税总函[2016]××号××××公司

购买方	名　称：单位全称（不得漏字、错别字） 纳税人识别号：统一社会信用代码 地址、电话：注册地址及税务登记的电话 开户行及账号：企业基本开户行及账号				密码区	172312-4-275＜1+46*54* 82*59* 181321＞＜8182*59*09618153＜/ ＜4＜3*2702-9＞... *08/4＞*＞＞2-3*0/9/＞＞25-275＜1 票面不得压线和错格	
货物或应税劳务、服务名称	规格型号	单位	数量	单价	金额	税率	税额
*编码简称*名称* 1．编码简称要符合规范，与实际业务相符，与对应税率相符 2．名称可自行编制 增值税发票的版面最多可以添加八行，超过八行时，需要用到增值税发票清单					税率与实际业务编码相符		
合　计							
价税合计（大写）	⊗				（小写）		
销售方	名　称：单位全称（不得漏字、错别字） 纳税人识别号：统一社会信用代码 地址、电话：注册地址及税务登记的电话 开户行及账号：企业基本开户行及账号				备注	校验码 52118 02817 08248 65129	

收款人：　复核：　开票人：　销售方：（章）

第一联：记账联　销售方记账凭证

表 3-2

税总函[2018]××号××××公司

044002000104

广东 增值税普通发票

发票联

№ 66402282

044002000104
66402282

开票日期：2020年04月07日

购买方	名 称：北京市辰新商贸有限公司 纳税人识别号：91M410221625 地 址、电 话：北京市海淀区马神庙231号010-14698375 开户行及账号：工商银行北京市马神庙支行23456798731	密码区	172312-4-275<1+46*54* 82*59* 181321><8182*59*09618153</ <4<3*2702-9>9*+153</0 >2-3 *08/4>*>>2-3*0/9/>>25-275<1

货物或应税劳务、服务名称	规格型号	单位	数量	单价	金额	税率	税额
*餐饮服务*餐饮		次	1	600.00	600.00	6%	36.00
合 计					¥600.00		¥36.00
价税合计（大写）	⊗陆佰叁拾陆元整				（小写）¥636.00		

销售方	名 称：深圳华园餐饮有限公司 纳税人识别号：91440300M048688734 地 址、电 话：深圳市佳巨路725号09927458 开户行及账号：工行深圳市登阳路支行7759457590449457718	备注	深圳华园餐饮有限公司 91440300M048688734 发票专用章

收款人：林林　　复核：马秀　　开票人：陈帅　　销售方：（章）

第二联：发票联 购买方记账凭证

知识扩展

从2020年2月1日起，所有小规模纳税人可以申请专票自开。根据《国家税务总局关于增值税发票管理等有关事项的公告》（国家税务总局公告2019年第33号）第五条的规定："增值税小规模纳税人（其他个人除外）发生增值税应税行为，需要开具增值税专用发票的，可以自愿使用增值税发票管理系统自行开具。选择自行开具增值税专用发票的小规模纳税人，税务机关不再为其代开增值税专用发票。"

二、发票开具的要求

1. 单位和个人应在发生经营业务、确认营业收入时，才能开具发票。

2. 开具发票，应按号码顺序填开，"全部联次一次性"复写或打印，并在"发票联和抵扣联"加盖单位"发票专用章"。

3. 填写发票应当使用中文。民族自治地区可以同时使用当地通用的一种民族文字；外商投资企业和外资企业可以同时使用一种外国文字。

4. 使用电子计算机开具发票必须报主管税务机关批准，并使用税务机关统一监制的机打发票。开具后的存根联应当按照顺序号装订成册，以备税务机关检查。

5. 发票开票时限和地点应符合规定。

6. 任何单位和个人不得转借、转让、代开发票、不得拆本使用发票、不得自行扩大发票的使用范围。

7. 任何单位和个人未经批准，不得跨规定的使用区域携带、邮寄、运输空白发票。禁止携带、邮寄或者运输空白发票出入境。

8. 任何单位和个人不得有下列虚开发票行为：

（1）为他人、为自己开具与实际经营业务情况不符的发票；

（2）让他人为自己开具与实际经营业务情况不符的发票；

（3）介绍他人开具与实际经营业务情况不符的发票。

知识扩展

不得开具增值税专用发票的情形

1. 向消费者个人销售货物、提供应税劳务或发生应税行为；

2. 销售货物、劳务、服务、无形资产或不动产适用免税规定的（法律、法规及国家税务总局另有规定除外）；

3. 销售报关出口的货物、在境外销售应税劳务；

4. 商业企业一般纳税人零售烟、酒、食品、服装、鞋帽（不含劳保用品）、化妆品等消费品；

5. 法律规定的其他情形。

三、发票的审核

发票的审核是会计工作的基础环节，也是原始凭证审核中最重要的项目之一，发票的真实性、完整性、合法合规性直接影响到会计信息的质量和企业财务信息的真实性，所以学会审核发票是每个会计人员必备的业务技能（见表3－3）。

表3－3

审核的项目	审核的内容	注意事项
1. 对取得票据填制的各项内容信息及加盖的印章进行审核	①查看发票的种类和日期 ②查看发票的购买方单位信息 ③查看发票的销售方单位名称是否与发票专用章一致 ④查看发票的大小写金额是否一致 ⑤查看发票专用章、发票的监制章 ⑥查看发票代码、号码、备注栏 ⑦查看文字内容，密码区是否出格、清晰	普通发票注意查看有没有填写购买方“纳税人识别号” 发票盖章不规范，不清晰的一律不行
2. 对取得票据内容所附清单及有关审批手续进行审核	①查看货物或应税劳务、服务名称 ②查看规格型号、单位、数量、单价及税率 ③对发票所附清单进行审核 ④对审批流程手续进行审核	会议费的明细清单，须注明住宿费、餐费、场地使用费等，必须由酒店系统或销售系统开具，并加盖发票专用章，其他途径开具的清单无效 汽车维修费注明修车单位、车牌号、维修零配件、维修工时等内容。如果零配件更换较多，也要附上明细清单

续表

审核的项目	审核的内容	注意事项
3. 对取得票据内容所附其他相关证据链及合理性进行审核	① 查看发票内容及所附清单的其他证据链 ② 查看发票内容、金额是否合理 在审核发票的内容时不仅仅审核一张正规的发票，更需要通过取得多个证据链来共同佐证该项业务的真实性、合理性、合法性	会议费除了发票和明细清单外，还需要其他相关的证据链，包括：会议审批单、会议合同、会议签到表、会议纪要等 劳保费除了发票和明细清单外，还需要其他相关的证据链，包括：采购合同、公司管理制度以证明购买的商品属于劳保用品

知识扩展

这样的费用发票不能再报销

1. 收到增值税普通发票，发现没有纳税人识别号，不能报销！
2. 收到发票，品名是办公用品等笼统的名称，没有具体明细不能报销！
3. 收到发票带的清单，是自行用 A4 纸打印的不能报销！
4. 发票与实际业务不吻合，比如买的是化妆品，开的却是办公用品不能报销！
5. 收到发票备注栏填写项目不全的费用发票，不能报销！
6. 收到发票章盖的不规范的发票，不能报销！
7. 成品油发票没有这三个字不能报销！“单位”栏“数量”栏填错不能报销！
8. 成品油发票不是通过增值税发票管理新系统中成品油发票开具模块开具的不能报销！
9. 没有购物，直接虚开发票不能报销！（完全虚开发票）
10. 发票税率选择错误的不能报销！
11. 没有编码简称的发票不能报销！
12. 向甲方购物，通过甲方介绍或同意甲方的安排，接受乙方开具发票（接受第三方开发票）。

四、发票真伪识别方法

在发票管理越来越严格的大背景下，若纳税人善意取得虚开的增值税专用发票，如能重新取得合法、有效的专用发票，准许其抵扣进项税款；如不能重新取得合法、有效的专用发票，不准其抵扣进项税款或追缴其已抵扣的进项税款。如果是恶意取得，将会受到相关法律、法规处罚，情节严重的，要追究刑事责任。因此，企业在收到发票时，一定要先进行严格审核。

假发票不容易辨别，为了有效查处、杜绝利用假发票作为报销凭证的行为，可以通过以下方法进行查询。

1. 人工识别。收到票据的人员可以借助紫光灯来鉴别发票真伪；正规发票通过光线照射，里面会出现水印、不规则发光短线、特制花纹等图案。假发票通过光线照射没有这些防伪标记或者防伪标记模糊不清。

2. 官网查询。登录全国增值税发票查验平台（https://inv-veri.chinatax.gov.cn/index.html），录入增值税发票的相关信息（见图 3-3）。

图 3－3

3. 电话查询。12366 是纳税服务热线，是国家税务总局为适应加强和改进纳税服务工作的需要，于 2001 年向国家信息产业部申请核批的全国税务机关客服电话。如果财务人员对所拿到的发票真假有怀疑，可拨打 12366 进行人工查询。此外，12366 纳税服务热线还可以进行纳税咨询服务、办税指南服务、投诉监督服务。“12366 纳税服务热线”已成为税务机关向纳税人提供纳税服务的重要手段，也是税务局与纳税人、社会各界相互沟通的桥梁。

二维码 3.5 发展全过程人民民主，推进法治中国建设——四论学习贯彻党的二十大精神

任务三　办理库存现金的收款业务

任务导入

辰新商贸有限公司实习出纳员丁海收到三笔现金，一笔来源于零星的销售，一笔来源于往来款现金收入，一笔是银行提取的现金，看着一堆单据，他的思绪有点儿凌乱。

请问他的师父出纳周云应该怎样帮助他厘清思路？

知识准备

一、常见现金收入来源

各单位在办理经济业务时，现金收入的主要来源有：

（1）单位或职工交回差旅费剩余款、因公临时借款结算余额、赔偿款、罚款等。

（2）收取不能转账的单位或个人的销售收入以及符合现金结算范围的销售款。

（3）不足转账起点（起点为 1 000 元）的小额零星收入等。

（4）从银行提取现金等。

二、现金收款业务常见表单认识

> **小贴士：**
>
> 为了防止现金收付款时出现混乱，出纳人员收付款时可以形成一定的工作流程习惯：
>
> 收款时：先收款，再盖章“现金收讫”；
>
> 付款时：先盖章“现金付讫”，再付款。

收款收据是企事业单位在经济活动中使用的原始凭证，一般没有使用发票的场合，都应该使用收据。收据与我们日常所说的“白条”不能画等号，是重要的原始凭证。

收据可以分为内部收据和外部收据。外部收据包括税务、财政等部门监制的。内部收据是单位内部的自制凭据，如收取押金、退还多余出差借款等，这时的内部自制收据是合法的凭据。

收据一般为三联，第一联为存根联，开具人自己留存；第二联为收据联，加盖财务专用章或者单位公章交由交款人保管，作为收款证明；第三联为记账联，作为本单位记账的依据（见表 3－4）。

收据要连续使用，不得隔本、跳号、断号使用，误填作废要收齐三联并加盖作废戳记一式三联粘贴原号位一并保存。

表 3－4

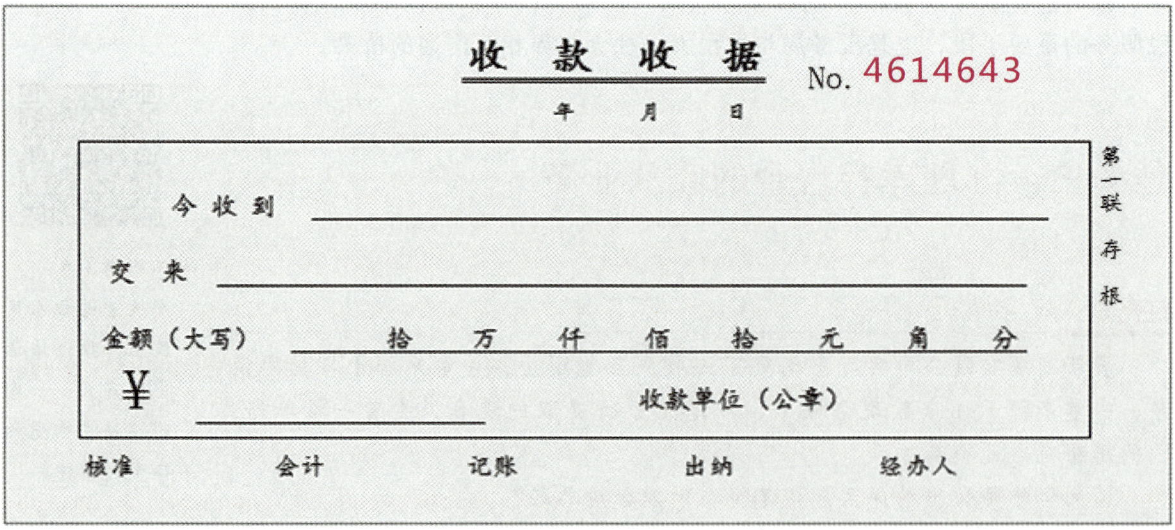
收款收据　No. 4614643

年　月　日

今收到

交来

金额（大写）　拾　万　仟　佰　拾　元　角　分

¥　　　　收款单位（公章）

核准　会计　记账　出纳　经办人

第一联　存根

三、业务处理流程图

1. 一般零星销售取得现金（见图 3－4）。

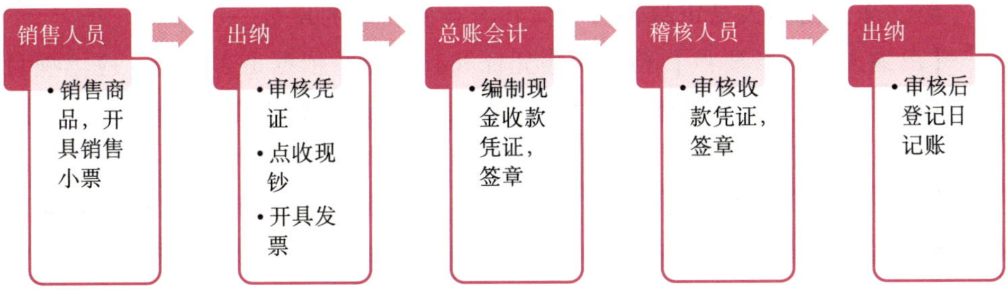

图 3－4

2. 现金收取押金（见图 3－5）。

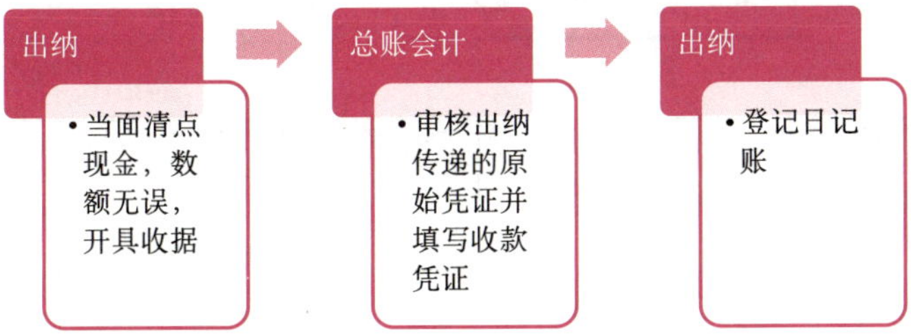

图 3－5

3. 提现业务（见图 3－6）。

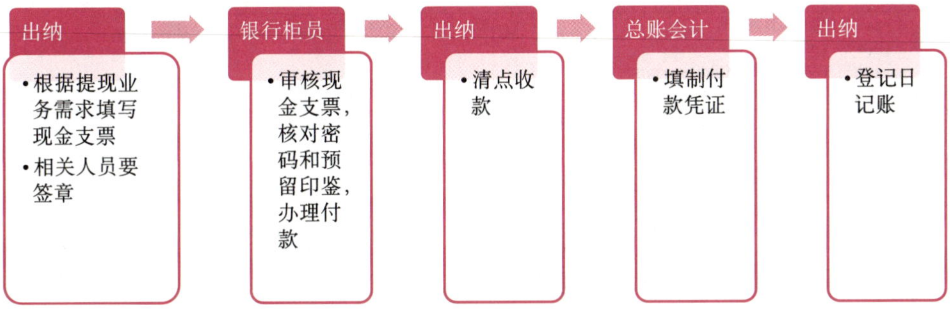

图 3－6

任务实施

任务实施一　一般零星销售取得现金

2020 年 5 月 7 日，辰新商贸有限公司向北京市青云四季旅行社销售鼠标，销售部门出售鼠标 5 个，含税单价 67.80 元，应收货款 339 元，作为零星收入以现金收取。

实施步骤：

第一步：销售业务发生，销售部门销售人员开具销售凭证（销售小票），以此为收款和提货凭据，开具好之后由销售经理审核后，交给购买方。

第二步：出纳人员审核销售凭证并清点所收取的现金。

【出纳人员审核要点】检查销售凭证和其他收款依据是否齐全，应填项目是否填齐全，字迹是否清晰，大小写金额是否一致，签章是否齐全。

【出纳人员清点要点】注意收取现金的真假辨别。

【出纳人员签章要点】审核无误并收取现金后，要在收款通知上加盖“现金收讫”章。

二维码 3.2 出纳验钞时应注意的问题以及基本技能项目

第三步：出纳人员开具普通发票，并将普通发票的发票联交付给购买方，将记账联交给本单位总账会计（见表 3－5）。

表 3－5

011002000104　　北京增值税普通发票　　№ 76972546

011002000104
76972546

记账联

机器编号：982888812388　　开票日期：2020年05月07日

税总函[2018]××号××××公司

购买方	名　　称：北京市青云四季旅行社 纳税人识别号：91M619872033 地 址、电 话：北京市海淀区五道口309号66046979 开户行及账号：中国建设银行五道口支行56323368712			密码区	172312-4-275<1+46*54* 82*59* 181321><8182*59*09618153</ <4<3*2702-9>9*+153</0 >2-3 *08/4>*>>2-3*0/9/>>25-275<1		
货物或应税劳务、服务名称	规格型号	单位	数量	单价	金额	税率	税额
*电子产品*鼠标	A6100	个	5	60.00	300.00	13%	39.00
合　计					¥300.00		¥39.00
价税合计（大写）	⊗ 叁佰叁拾玖元整				（小写）¥339.00		
销售方	名　　称：北京市辰新商贸有限公司 纳税人识别号：91M410221625 地 址、电 话：北京市海淀区马神庙231号010-14698375 开户行及账号：工商银行北京市马神庙支行23456798731			备注	校验码 52118 02817 08248 65199		

收款人：周云　　复核：李宏　　开票人：周云　　销售方：（章）

第一联：记账联　销售方记账凭证

第四步：会计制单人员核对发票和收款通知（销售小票）等相关原始凭证资料，审核无误后编制收款凭证（见表 3－6）。

表 3－6

收　款　凭　证

2020年 05 月 07 日　　　　收字 06 号

摘要	科目		√	借方余额									贷方余额								
	总账科目	明细科目		百	十	万	千	百	十	元	角	分	百	十	万	千	百	十	元	角	分
零售鼠标	库存现金							3	3	9	0	0									
	主营业务收入																3	0	0	0	0
	应交税费	应交增值税（销项税额）																3	9	0	0
合计							¥	3	3	9	0	0				¥	3	3	9	0	0

（附件 2 张）

会计主管 李宏　记账 周云　出纳 周云　稽核 李宏　填制 孙娟

第五步：出纳人员根据审核无误的记账凭证逐日逐笔填写现金日记账，并做到日清月结，账实相符，认真核对现金日记账余额与库存现金实有数额。

第六步：会计登账人员根据该记账凭证登记总账。

任务实施二　现金收回押金

2020 年 5 月 8 日，北京市恒宇科技信息有限公司在辰新商贸有限公司购买一批电脑，为了能收回更多的包装盒，辰新商贸有限公司决定收取 800 元的包装物押金，该笔押金由恒宇科技信息有限公司的采购人员苏秦单独支付给辰新商贸有限公司的财务部门。

二维码 3.3
日记账的登账规则和登好的样表

实施步骤：

第一步：出纳当面清点现金，数额无误，妥善保管好收取的现金。

第二步：出纳根据收取的现金数额开具收据，并在收据第二联、第三联上加盖“财务专用章”和“现金收讫”章（见表 3 – 7）。

表 3 – 7

收　款　收　据　　No. 0698786

2020 年 05 月 08 日

今收到　北京市恒宇科技信息有限公司 苏秦

交来　包装物押金　［现金收讫］

金额（大写）　零 拾 零 万 零 仟 捌 佰 零 拾 零 元 零 角 零 分

¥ 800.00　　收款单位（公章）［北京市辰新商贸有限公司 财务专用章］

核准 李宏　会计 孙娟　记账 孙娟　出纳 周云　经办人

第二联 收据

第三步：将第二联交给北京市恒宇科技信息有限公司采购人员，第三联交给总账会计作为填制收款凭证的原始凭证（见表 3 – 8）。

表 3－8

收 款 凭 证

2020年 05 月 08 日　　　　收字 07 号

摘要	科目		√	借方余额									贷方余额								
	总账科目	明细科目		百	十	万	千	百	十	元	角	分	百	十	万	千	百	十	元	角	分
收取押金	库存现金							8	0	0	0	0									
	其他应付款	恒宇科技有限公司															8	0	0	0	0
合计							¥	8	0	0	0	0				¥	8	0	0	0	0

（附件 1 张）

会计主管 李宏　记账 周云　出纳 周云　稽核 李宏　填制 孙娟

第四步：出纳根据会计主管审核无误的记账凭证，复核后登记现金日记账。

小贴士：

该流程适合很多现金收回往来款业务，例如，收回员工预借差旅费长款、收回本单位职工借款等，收取其他往来款等。

二维码 3.4
保险柜的使用

任务实施三　提现业务

2020 年 5 月 11 日，辰新商贸有限公司因为日常业务的零星支出等现金需求，到银行提取备用金 5 000 元。

实施步骤：

第一步：出纳人员填写“支票领用登记簿”交给会计主管审核签字，并按要求填写“现金支票及存根”。

第二步：会计主管在“现金支票”的正面加盖公司财务专用章及法人印章（如果该章在其他工作人员处，还需另外找相关人员加盖此章），在支票背面加盖公司财务专用章。

第三步：出纳将现金支票正联剪下，交由开户银行，办理提现业务，回单位后及时将提取的现金放入保险柜。

第四步：出纳将“现金支票存根”交给总账会计填制记账凭证（付款凭证）（见表 3－9、表 3－10）。

表 3－9

中国工商银行
现金支票存根
10201110
29587392

××印务有限公司·××年印制

附加信息

出票日期　2020 年 05 月 11 日

收款人：	北京市辰新商贸有限公司
金　额：	¥5,000.00
用　途：	备用金

单位主管 马进　会计 孙娟

表 3－10

付款凭证

2020年 05 月 11 日　　付字 06 号

摘要	科目		√	借方余额									贷方余额								
	总账科目	明细科目		百	十	万	千	百	十	元	角	分	百	十	万	千	百	十	元	角	分
提取备用金	库存现金						5	0	0	0	0	0									
	银行存款	工行账户														5	0	0	0	0	0
合计						¥	5	0	0	0	0	0			¥	5	0	0	0	0	0

（附件 1 张）

会计主管 李宏　记账 周云　出纳 周云　稽核 李宏　填制 孙娟

第五步：出纳根据会计主管审核无误的记账凭证，复核后登记现金日记账和银行存款日记账。

小贴士：

为了加强提现过程的安全性，出纳在取款过程中应有专人陪同前往银行，不得一人办理现金提取。

任务拓展

1. 2020 年 5 月 1 日，辰新商贸有限公司向李某销售优盘 3 个，收取现金 440. 70 元，请思考出纳需要完成什么任务？

2. 2020 年 5 月 6 日，收到综合管理部张菲菲归还出差借款 2 000 元，请出纳人员完成相关单据处理和签章（见表 3－11）。

表 3－11

收款收据 No. 6495679

年 月 日

今收到

交来

金额（大写） 拾 万 仟 佰 拾 元 角 分

¥ 收款单位（公章）

第一联 存根

核准 会计 记账 出纳 经办人

任务四 办理库存现金的付款业务

任务导入

采购部严浩准备去外地出差，来财务部预借差旅费，实习生丁海根据严浩在财务部填写的借款申请书，直接将预借差旅费支付给他。请问：丁海的做法有什么问题？

知识准备

一、现金付款业务常见表单认识

（一）费用报销单

在经济业务中，如果用现金支付费用就需要使用费用报销单，报销单据没有统一的格式，可根据本单位的实际需要进行设计。填写报销单时应注意：根据费用性质填写对应单据；严格按单据要求项目认真填写，注明附件张数；金额大小写须完全一致，不得涂改；简述费用内容或事由（见表 3－12）。

表 3－12

费用报销单

报销部门：　　　　　　年　月　日填　　　　单据及附件共＿＿页

用途	金额（元）	备注		
		部门审核		领导审批
合计				
金额大写：　拾　万　仟　佰　拾　元　角　分		原借款：　　元	应退余款：　　元	

会计主管　　会计　　出纳　　报销人　　领款人

（二）差旅费报销单

出差报销需要使用专门的差旅费报销单，因为出差要审批，要计算行程，有的单位有交通补贴和伙食补贴，等等，所以不能使用通用的费用报销单，要使用专用的差旅费报销单，一般每个单位都有自己的格式（见表 3－13）。

表 3－13

差旅费报销单

部门＿＿＿＿　　年　月　日

出差人									出差事由						
出发				到达				交通工具	交通费		出差补贴		其他费用		
月	日	时	地点	月	日	时	地点		单据张数	金额	天数	金额	项目	单据张数	金额
													住宿费		
													市内车费		
													邮电费		
													办公用品费		
													不买卧铺补贴		
													其他		
合计															
报销总额	人民币（大写）								预借金额				补领金额		
													退还金额		

附件　张

主管　　审核　　出纳　　领款人

（三）报销单据粘贴单

各种费用报销时，如果所需报销的原始凭证过多，需要将一系列原始凭证整理并粘贴在原始单据粘贴单上（见表 3－14）。

表 3－14

原始单据粘贴单

说明：

1. 粘贴原始单据时从右至左、先粘贴小张的后粘贴大张的。
2. 把原始单据大小相同、票面金额相同的粘贴在一起。
3. 薄纸型原始单据只粘贴左方的票头，以粘贴牢固为妥。
4. 本粘贴单中说明文字处可以被原始单据粘贴覆盖。
5. 本粘贴单的右侧具有分票据类型进行统计的功能，方便粘贴人及审核人。

单据类别	
单据张数	
单据金额	

单据类别	
单据张数	
单据金额	

单据类别	
单据张数	
单据金额	

单据类别	
单据张数	
单据金额	

单据类别	
单据张数	
单据金额	

（四）现金存款凭条

现金存款凭条是单位去银行存现金时需要填写的凭证，一般分为两联，第一联银行加盖“现金收讫”章后退给单位作为回单，第二联加盖相关印章作为银行的记账凭证，装订入册。

此处要注意：现金存款凭条和银行进账单在用途上是不同的，银行进账单是持票人或者收款人在收到支票、汇票等票据款项时存入其开户银行账户的凭证，而现金存款凭条是单位去银行存现金时填写的凭证（见表 3－15）。

表 3－15

中国工商银行 现金存款凭条

日期： 年 月 日

存款人	全称			
	账号		款项来源	
	开户行		交款人	
金额	人民币（大写）		金额（小写）	亿 千 百 十 万 千 百 十 元 角 分

券面	张数	十	万	千	百	十	元	券面	张数	千	百	十	元	角	分	备注
壹佰元								伍角								
伍拾元								贰角								
贰拾元								壹角								
拾元								伍分								
伍元								贰分								
贰元								壹分								
壹圆								其他								

第一联 银行核对联

201508 190*100mm

（五）借据

借款单一般用于这些方面：（1）本单位员工从单位借款自用，以后要归还的情况；（2）根据单位的业务需要，借款办完业务后拿开具的发票回财务部门报销的情况；（3）外单位借款，以后到期归还的情况（见表3－16）。

表3－16

借　款　单

申请日期：　　年　月　日

借款人部门		借款人	
借款金额	（大写）		（小写）
借款用途			
借款方式	汇款（　）　现金（　）　其他（　）		
备注			
部门负责人：	总经理：		财务审核：

二、业务处理流程图

1. 一般支付现金业务（见图3－7）。

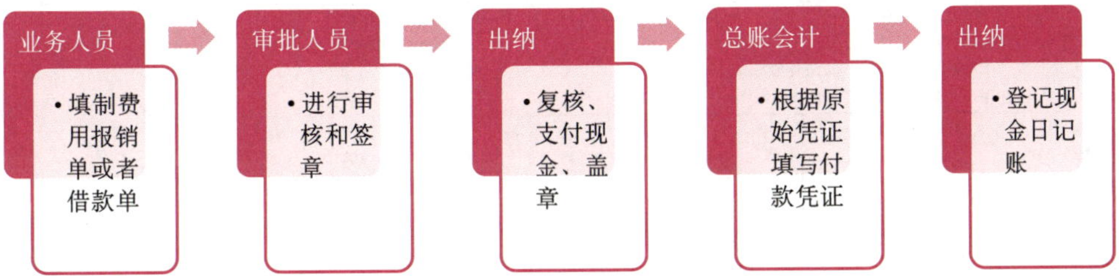

图3－7

2. 报销各种费用通用流程图（见图3－8）。

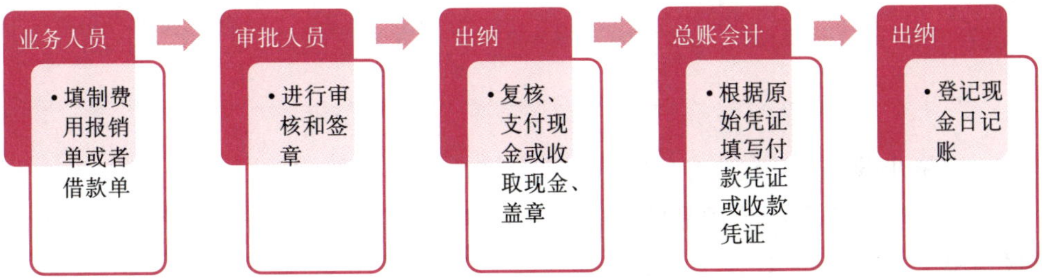

图3－8

3. 缴存现金业务（见图 3－9）。

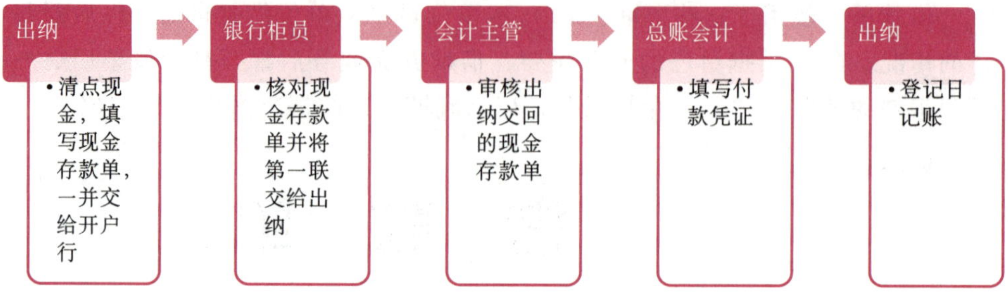

图 3－9

任务实施

任务实施一　零星采购业务支付现金

2020 年 5 月 19 日，综合管理部张路采购办公用品一批，合计 560 元，已经取得普通发票，用现金支付（见表 3－17）。

表 3－17

011002000104　　北京增值税普通发票　　№ 50313474　011002000104　50313474

发票联

开票日期：2020年05月19日

税总函[2018]××号××××公司

购买方	名　称：北京市辰新商贸有限公司 纳税人识别号：91M410221625 地址、电话：北京市海淀区马神庙231号010-14698375 开户行及账号：工商银行北京市马神庙支行23456798731			密码区	172312-4-275 <1+46*54* 82*59* 181321> <8182*59*09618153 </ <4 <3*2702-9> 9*+153 </0 > 2-3 *08/4> *> > 2-3*0/9/> > 25-275 <1		
货物或应税劳务、服务名称	规格型号	单位	数量	单价	金额	税率	税额
*纸制品*A4纸		箱	3	165.19	495.58	13%	64.42
合　计					¥495.58		¥64.42
价税合计（大写）	⊗ 伍佰陆拾元整				（小写）¥560.00		
销售方	名　称：北京斯景文化用品有限公司 纳税人识别号：91M029356549 地址、电话：略泓路344号34619309 开户行及账号：工行亚和路支行5008952238578677778			备注			

收款人：林秀梅　　复核：杨秀　　开票人：杨华　　销售方：（章）

第二联：发票联　购买方记账凭证

实施步骤：

第一步：购买办公用品的业务员持购买办公用品取得的发票填写“费用报销单”（见表 3－18）。

表 3－18

费用报销单

报销部门：综合管理部　　2020 年 05 月 19 日填　　单据及附件共 1 页

用途	金额（元）	备注			
购买办公用品	560.00				
		部门审核	同意 李琴	领导审批	批准 马进
合计	¥560.00				
金额大写：零拾零万零仟伍佰陆拾零元零角零分		原借款：　元		应退余款：¥-560.00 元	

会计主管 李宏　　会计 孙娟　　出纳 周云　　报销人 张路　　领款人 张路

第二步：找相关人员办理审批手续。

第三步：出纳复核费用报销单及发票，将现金支付给报销人，并在费用报销单上加盖“现金付讫”章（见表 3－19）。

表 3－19

费用报销单

报销部门：综合管理部　　2020 年 05 月 19 日填　　单据及附件共 1 页

用途	金额（元）	备注			
购买办公用品　现金付讫	560.00				
		部门审核	同意 李琴	领导审批	批准 马进
合计	¥560.00				
金额大写：零拾零万零仟伍佰陆拾零元零角零分		原借款：　元		应退余款：¥-560.00 元	

会计主管 李宏　　会计 孙娟　　出纳 周云　　报销人 张路　　领款人 张路

第四步：出纳将费用报销单及发票传递给总账会计填制付款凭证（见表 3－20）。

表 3－20

付　款　凭　证

2020年 05 月 19 日　　　　付字 20 号

摘要	科目		√	借方余额									贷方余额								
	总账科目	明细科目		百	十	万	千	百	十	元	角	分	百	十	万	千	百	十	元	角	分
购买办公用品报销	管理费用	办公费						5	6	0	0	0									
	库存现金																5	6	0	0	0
合计							¥	5	6	0	0	0				¥	5	6	0	0	0

（附件 2 张）

会计主管 李宏　记账 周云　出纳 周云　稽核 李宏　填制 孙娟

第五步：出纳根据会计主管审核无误的记账凭证，复核后登记现金日记账。

任务实施二　预借差旅费

2020 年 5 月 20 日，采购部李佳来财务部门预借差旅费 5 000 元。

实施步骤：

第一步：往来业务中，借款人员在申请借款前要填好借款申请书，注明借款事由、借款金额（大小写须完全一致，不得涂改），并按单位的规定办理相关的审核、审批手续。一般审批流程：主管部门经理审核签字→财务经理复核→总经理审批（见表 3－21）。

表 3－21

借　款　单

申请日期：2020 年 5 月 20 日

借款人部门	采购部	借款人	李佳
借款金额	（大写）人民币伍仟元整		（小写）￥5000.00
借款用途	差旅费		
借款方式	汇款（　）　现金（√）　其他（　）		
备注			
部门负责人：同意 严浩	总经理：批准 马进		财务审核：李宏

第二步：出纳复核借款申请书后支付现金，并在该申请书上加盖“现金付讫”章（见表 3－22）。

表 3－22

借　款　单

申请日期：2020 年 5 月 20 日

借款人部门	采购部	借款人	李佳
借款金额	（大写）人民币伍仟元整		（小写）￥5000.00
借款用途	差旅费		
借款方式	汇款（　）现金（√）其他（　）		
备注			
部门负责人：同意 严浩	总经理：批准 马进		财务审核：李宏

现金付讫

第三步：出纳将借款申请书交给总账会计填制记账凭证（见表 3－23）。

表 3－23

付　款　凭　证

2020年 05 月 20 日　　　　付字 21 号

摘要	科目 总账科目	科目 明细科目	√	借方余额 百	十	万	千	百	十	元	角	分	贷方余额 百	十	万	千	百	十	元	角	分
预借差旅费	其他应收款	应收个人款					5	0	0	0	0	0									
	库存现金															5	0	0	0	0	0
合计						¥	5	0	0	0	0	0			¥	5	0	0	0	0	0

（附件 1 张）

会计主管 李宏　记账 周云　出纳 周云　稽核 李宏　填制 孙娟

第四步：出纳根据会计主管审核无误的记账凭证，复核后登记现金日记账。

> **小贴士：**
>
> 如果借款是通过银行存款支付的，不一定非得盖“银行付讫”章，用银行存款支付有支票存根或其他相关凭证可做凭证，但是，如果有“银行付讫”章更加明确支付情况更佳，可防止混淆。

任务实施三　差旅费报销业务

2020 年 5 月 22 日，采购部张华出差回来一直未进行差旅费报销，根据本单位规定，每月截止报销日期为 25 日，故张华今天专门到财务部门进行差旅费报销，张华出差前预借差旅费 4 000 元，今带回来 3 张原始报销单据如下（本单位不单独报销出差日常餐饮，按照每天 200 元的标准给予补贴）（见图 3－10、图 3－11、表 3－24）。

图 3－10

二维码 3.6
员工出差期间产生的相关费用常规财税处理

图 3－11

表 3－24

4400151140

广东增值税专用发票

发票联

№ 72030282　4400151140　72030282

机器编号：982888812388　　开票日期：2020年05月03日

购买方	名　称：北京市辰新商贸有限公司 纳税人识别号：91M410221625 地址、电话：北京市海淀区马神庙231号010-14698375 开户行及账号：工商银行北京市马神庙支行23456798731	密码区	172312-4-275<1+46*54* 82*59* 181321><8182*59*09618153</ <4<3*2702-9>9*+153</0 >2-3 *08/4>*>>2-3*0/9/>>25-275<1

货物或应税劳务、服务名称	规格型号	单位	数量	单价	金额	税率	税额
*住宿服务*住宿费		天	3	300.00	900.00	6%	54.00
合　计					¥900.00		¥54.00
价税合计（大写）	⊗ 玖佰伍拾肆元整				（小写）¥954.00		

销售方	名　称：深圳豪丹假日酒店 纳税人识别号：91440300M675638190 地址、电话：深圳市蓝致路362号63622494 开户行及账号：工行深圳市伟易路支行31299512503293044б1	备注	校验码 52118 02817 08248 65199

收款人：吴峰　　复核：周山　　开票人：张英　　销售方：（章）

税总函〔2016〕××号××××公司

第三联：发票联　购买方记账凭证

实施步骤：

第一步：报销人整理好需要报销的原始凭证，如果票据过多需要把票据粘贴在报销单据粘贴单上，并且填写好差旅费报销单。

第二步：找相关人员办理审批手续。

第三步：出纳复核差旅费报销单及相关原始凭证，根据之前是否有预借情况，需要补给张华370元现金（见表3－25）。

表3－25

差旅费报销单　　现金付讫

部门　采购部　　　　2020 年　05 月　22 日

出差人	张华								出差事由	商谈采购商品事宜						
出发				到达				交通工具	交通费		出差补贴		其他费用			附件
月	日	时	地点	月	日	时	地点		单据张数	金额	天数	金额	项目	单据张数	金额	
05	01	9点38	北京	05	01	19点47	深圳	火车	1	1,308.00	4	800.00	住宿费	1	954.00	3
05	04	11点50	深圳	05	04	22点28	北京	火车	1	1,308.00			市内车费			
													邮电费			
													办公用品费			
													不买卧铺补贴			
													其他			
合计									2	¥2,616.00		¥800.00		1	¥954.00	张
报销总额	人民币（大写）	肆仟叁佰柒拾元整							预借金额	¥4,000.00			补领金额	¥370.00		
													退还金额			

主管 李密　　审核 李宏　　出纳 周云　　领款人 张华

第四步：出纳将费用报销单及其他票据传递给总账会计填制记账凭证（见表3－26）。

表3－26

付款凭证

2020年 05 月 22 日　　　　付字 29 号

摘要	总账科目	明细科目	√	借方余额（百十万千百十元角分）	贷方余额（百十万千百十元角分）
报销差旅费	管理费用	差旅费		410000	
	应交税费	应交增值税（进项税额）		27000	
	其他应收款	应收个人款			400000
	库存现金				37000
合计				¥437000	¥437000

（附件 4 张）

会计主管 李宏　记账 周云　出纳 周云　稽核 李宏　填制 孙娟

第五步：出纳根据会计主管审核无误的记账凭证，复核后登记现金日记账。

知识扩展

费用报销不能只有一张发票

在费用报销业务中不能只附一张发票，光靠一张发票并不足以支撑业务的真实性、合理性，如果只靠一张发票入账无论是在企业内部控制管理还是税务管理上都存在漏洞和风险。因此在业务报销时除了提供正规的发票外，还需要通过取得多个实质性要件作为证据链来共同佐证该项业务的真实性、合理性、合法性。那么，日常工作中主要的业务需要哪些实质性要件呢？表 3－27 进行了梳理，但实际中不限于所列举情况。

表 3－27

实物资产	如：购买原材料、机器设备、办公用品、低值易耗品等，是否有入库单、入库单签章、审批手续是否齐全，是否有采购合同，是否有质量验收合格证明、发票日期和发票金额是否与采购合同对应，是否有从第三方开票，是否舍近求远采购，成本费用率是否明显超过行业合理水平
租金发票	是否有行政办公部门审核确认手续，是否有房屋租赁合同、发票日期和金额是否与租赁合同吻合
业务招待费	业务招待费报销，是否有经办人、部门经理甚至公司总经理审核签批，大额发票是否有消费清单。大额发票是税务稽查重点，如果没有清单，可能会认为虚假消费
差旅费	差旅费报销单内容是否填写齐全，所附的车票是否为去出差地的车票，餐饮、住宿、交通费发票是否为出差地的发票，人员数量和人员名单是否与派出的人数相吻合
会议费	是否有会议通知、会议议题、参会人员名单、签到表等资料，是否有与会议无关费用（如旅游费）列支
工资薪金	是否有考勤记录、招聘合同、是否扣缴了工资薪金的个人所得税，工资数额是否与劳动合同和考勤记律相吻合
运费	是否有运费报销单，起运地和运达地是否与运费报销单相吻合，是否由起运地和运达地以外的车辆运输、运输价格是否波动较大
油费	报销的加油费是否为本公司车辆，本公司账面上是否有车辆，油费总额是否超过了车辆理论行车的最大油耗量
水电费	发票上的字码是否与水表、电表的字码相符，是否与本公司的产能相吻合

任务实施四　缴存现金业务

2020 年 5 月 25 日，出纳将超过库存现金限额的部分 3 456 元（其中：100 元 34 张，50 元 1 张，5 元 1 张，1 元 1 张）送存开户行。

实施步骤：

第一步：出纳在去银行存现之前，要先将送存的现金整理好并清点清楚。

第二步：出纳到了银行之后，必须填写现金存款单，将现金和填好的现金存款单一并交给银行柜员。

第三步：银行工作人员核对所填信息无误后，加盖“现金收讫”章，并把进账单第一联交还给出纳（见表 3－28）。

表 3－28

中国工商银行　现金存款凭条

日期：2020 年 05 月 25 日

存款人	全称	北京市辰新商贸有限公司													
	账号	23456798731	款项来源	零星收入											
	开户行	工商银行北京市马神庙支行	交款人	周云											
金额	人民币（大写）	叁仟肆佰伍拾陆元整	金额（小写）	亿	千	百	十	万	千	百	十	元	角	分	
								¥	3	4	5	6	0	0	

券面	张数	十	万	千	百	十	元	券面	张数	千	百	十	元	角	分	备注
壹佰元	34		¥	3	4	0	0	伍角								中国工商银行 2020.5.25 现金收讫
伍拾元	1				¥	5	0	贰角								
贰拾元								壹角								
拾元								伍分								
伍元	1					¥	5	贰分								
贰元								壹分								
壹圆	1					¥	1	其他								

201508 190*100mm

第一联　银行核对联

第四步：会计主管审核出纳交回的进账单后交给总账会计填制付款凭证（见表 3－29）。

表 3－29

付　款　凭　证

2020年 05 月 25 日　　付字 35 号

摘要	总账科目	明细科目	√	借方 百	十	万	千	百	十	元	角	分	贷方 百	十	万	千	百	十	元	角	分
缴存现金	银行存款	工行账户					3	4	5	6	0	0									
	库存现金															3	4	5	6	0	0
合计						¥	3	4	5	6	0	0			¥	3	4	5	6	0	0

（附件 1 张）

会计主管 李宏　记账 周云　出纳 周云　稽核 李宏　填制 孙娟

第五步：出纳根据会计主管审核无误的记账凭证，复核后登记现金日记账和银行存款日记账。

任务拓展

1. 2020 年 5 月 8 日，采购员向佳汇文具店采购劳保用品，支付现金 600 元，请问：该业务的流程应该是怎样的？并以采购员的身份填写费用报销表（见表 3－30）。

表 3－30

费用报销单

报销部门：　　　　年　月　日填　　　　单据及附件共＿＿页

用途	金额（元）	备注			
		部门审核		领导审批	
合计					
金额大写：　拾　万　仟　佰　拾　元　角　分		原借款：　元		应退余款：　元	

会计主管　　会计　　出纳　　报销人　　领款人

2. 2020 年 5 月 13 日，财务部王丽为提高自身业务水平报名参加了一个财税集中培训，因此向单位借款 900 元（见表 3－31）。

（1）以王丽的身份填写一张借款单。

（2）出纳付款，完成相关签章（假设该借款单完全符合公司规定，并已经完成相关人员审批签字）。

表 3－31

借　款　单

申请日期：　　年　月　日

借款人部门		借款人	
借款金额	（大写）		（小写）
借款用途			
借款方式	汇款（　）　现金（　）　其他（　）		
备注			
部门负责人：	总经理：		财务审核：

任务五　完成库存现金的清查

任务导入

辰新商贸有限公司的出纳周云每天都要对保险柜中的库存现金进行清点，采购部的张华有一天下班前见到他在清点现金，就笑话他说他做事太谨慎，没必要这样，偶尔进行清点就可以了，请问张华和周云谁是对的？

知识准备

为了确保现金管理的有序进行，企业除实行钱账分管制度外，出纳员还应定期和不定期地根据现金日记账结出的库存现金余额，与库存现金实有数进行核对，做到账实相符，因此库存现金的清查盘点是出纳人员非常重要的一项工作。

一、现金清查基础知识（见表 3－32）

表 3－32　　现金清查相关知识要点

种类	日常清查	出纳人员根据现金管理相关规定，做到“日清月结”，每日终了，根据现金日记账结出的库存现金余额，与库存现金实有数核对，做到账实相符
	专项清查	为加强出纳工作监督，及时发现现金差错或丢失，防止贪污、盗窃、挪用公款等不法行为发生，各单位应组成专门的财产清查小组，由专门的清查人员和出纳人员一起对库存现金进行专门的盘点清查
时间	定期清查	根据本单位现金管理制度规定好的时间，进行库存现金的盘点清查
	不定期清查	根据经济活动的需要进行临时清查，例如遇到财务人员变动时、开展审计活动时，都可以进行临时的库存现金清查
方法	最基本的方法是实地盘点法，通过实地盘点来确定库存现金的实存数，然后再与现金日记账的账面余额核对，以查明账实是否相符及盘盈盘亏情况	
内容	1. 库存现金的实存数与账面数是否相符 2. 是否有违反现金管理制度的情况出现，例如白条顶库、挪用公款等 3. 是否有未经开户行审批出现的违规行为，例如超限额留存现金、坐支现金 4. 有无其他违反现金管理制度的情况出现	

二、现金清查表单认识

库存现金盘点情况应登记在“库存现金盘点表”上，该表没有固定的样式，出纳人员可根据本单位的具体情况在表 3－33 的基础上进行相关盘查内容的增减。

表 3－33　　**库存现金盘点表**

被审单位名称			索　引　号		
盘点日期			监盘人		
货币面值	张（枚）数	金　额	项　　目	行次	金　额
100 元			调整前现金账面余额	①	
50 元			加：已收入但未记账	②	
20 元			减：已付出但未记账	③	
10 元			调整后实际账面余额	④ = ① + ② − ③	
5 元			盘点日实有现金数额	⑤	
2 元			长款	⑥ = ⑤ − ④ > 0	
1 元			短款	⑦ = ⑤ − ④ < 0	
5 角					
2 角					
1 角					
5 分					
2 分			长款（短款）原因：		
1 分					
实点数					

会计主管：　　　　监盘人：　　　　出纳：

三、现金清查结果处理（见表 3－34）

表 3－34

清查结果	查明原因前	查明原因报批后
盘盈： 现金长款	借：库存现金 　贷：待处理财产损溢——待处理流动资产损溢	借：待处理财产损溢——待处理流动资产损溢 　贷：其他应付款（有主款项） 　　营业外收入（无法查明原因的款项）
盘亏： 现金短款	借：待处理财产损溢——待处理流动资产损溢 　贷：库存现金	借：管理费用（无法查明原因的款项） 　其他应收款（有赔款部分） 　贷：待处理财产损溢——待处理流动资产损溢

四、业务处理流程图（见图 3－12）

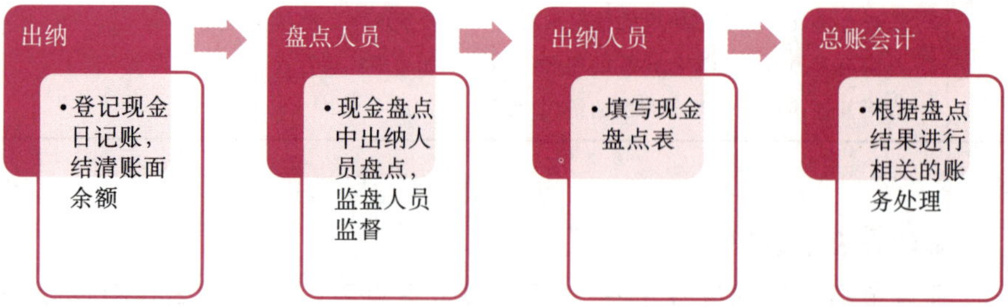

图 3－12

任务实施

任务实施：现金盘点

2020年5月27日，在财务部门会计主管李宏的参与下，由王丽监盘，出纳周云采用实地盘点法对库存现金进行盘点。盘点的结果为100元30张，50元11张，10元8张，5元6张，1元17张，5角8张，共计金额3 681元。同时出纳周云手中还有1笔340元的收款业务和1笔185元的付款业务，这两笔业务均已进行现金结算，但是相关票据还未传递给总账会计孙娟，周云也没有登记现金日记账，截至5月26日，现金日记账账面上的余额显示为3 520元。

实施步骤：

第一步：在盘点前，出纳人员应先将现金收、付凭证全部登记入账，并结出余额。

第二步：盘点时，出纳人员必须在场，现金由出纳人员经手盘点，清查人员从旁监督。盘点过程中，除查明账实是否相符外，还要查明有无违反现金管理规定，如有无以“白条”抵冲现金，现金库存是否超过核定的限额，有无坐支现金等。

第三步：盘点结束应根据盘点结果编制“库存现金盘点表”，并由检查人员和出纳人员签名盖章，作为重要的原始凭证（见表3－35）。

表3－35　　库存现金盘点表

被审单位名称			辰新商贸有限公司		
盘点日期	2019年3月23日		监盘人	王丽	
货币面值	张（枚）数	金　额	项　　目	行次	金　额
100元	30	3 000	调整前现金账面余额	①	3 520
50元	11	550	加：已收入但未记账	②	340
20元			减：已付出但未记账	③	185
10元	8	80	调整后实际账面余额	④＝①＋②－③	3 675
5元	6	30	盘点日实有现金数额	⑤	3 681
2元			长款	⑥＝⑤－④＞0	6
1元	17	17	短款	⑦＝⑤－④＜0	
5角	8	4			
2角					
1角					
5分					
2分			长款（短款）原因： 未查明原因		
1分					
实点数		3 681			

会计主管：李宏　　　　监盘人：王丽　　　　出纳：周云

第四步：根据盘点结果，若长款原因不明，会计人员进行相关账务处理（见表 3－36、表 3－37）。

表 3－36

收 款 凭 证

2020年 05 月 27 日　　　　收字 17 号

摘要	科目		√	借方余额									贷方余额								
	总账科目	明细科目		百	十	万	千	百	十	元	角	分	百	十	万	千	百	十	元	角	分
现金盘盈	库存现金									6	0	0									
	待处理财产损溢	待处理流动资产损溢																	6	0	0
合计									¥	6	0	0						¥	6	0	0

（附件 1 张）

会计主管 李宏　记账 周云　出纳 周云　稽核 李宏　填制 孙娟

表 3－37

转 账 凭 证

2020年 05 月 27 日　　　　转字 26 号

摘要	科目		√	借方余额									贷方余额								
	总账科目	明细科目		百	十	万	千	百	十	元	角	分	百	十	万	千	百	十	元	角	分
现金盘盈	待处理财产损溢	待处理流动资产损溢								6	0	0									
	营业外收入																		6	0	0
合计									¥	6	0	0						¥	6	0	0

（附件 1 张）

会计主管 李宏　记账 孙娟　出纳　稽核 李宏　填制 孙娟

第五步：出纳根据会计主管审核无误的记账凭证，复核后登记现金日记账。

任务拓展

沿用上述业务，2020 年 5 月 27 日，在财务部门会计主管李宏的参与下，由王丽监盘，出纳周云采用实地盘点法对库存现金进行盘点。盘点的结果为 100 元 30 张，50 元 11 张，10 元 8 张，5 元 6 张，1 元 17 张，5 角 8 张，共计金额 3 681 元。同时出纳周云手中还有 1 笔 340 元的收款业务和 1 笔 185 元的付款业务，这两笔业务均已进行现金结算，但是相关票据还未传递给总账会计孙娟，周云也没有登记现金日记账，截至 5 月 26 日，现金日记账账面余额显示为 3 600 元，这项业务应该如何处理（见表 3－38）？

表 3－38　　**库存现金盘点表**

被审单位名称			索引号		
盘点日期			监盘人		
货币面值	张（枚）数	金　额	项　　目	行次	金　额
100 元			调整前现金账面余额	①	
50 元			加：已收入但未记账	②	
20 元			减：已付出但未记账	③	
10 元			调整后实际账面余额	④＝①＋②－③	
5 元			盘点日实有现金数额	⑤	
2 元			长款	⑥＝⑤－④	
1 元			短款	⑦＝⑤－④	
5 角					
2 角					
1 角					
5 分					
2 分			长款（短款）原因：		
1 分					
实点数					

会计主管：　　　　监盘人：　　　　出纳：

职业能力训练

一、单项选择题

1. 现金是由（　　）经管的。

A. 出纳　　B. 会计主管人员

C. 总会计师　　D. 单位负责人

2. 企业流动性最强的资产是（　　）。

A. 货币资金　　B. 应收账款

C. 应收票据　　D. 短期借款

3. 下列说法不正确的是（　　）。

A. 现金是流动性最强的一种货币资金

B. 企业收入的现金应于当日送存银行

C. 出纳员不可兼任会计岗位工作

D. 当日收入现金可用于当日急需开支

4. 增值税专用发票应当加盖的印章是（　　）。

A. 财务专用章　　B. 发票专用章

C. 公章　　D. 法人章

5. 库存现金的限额由（　　）核定。

A. 企业　　B. 银行

C. 企业与银行　　D. 不用核定

6. 为保证现金安全，大额的库存现金送存银行一般由（　　）人一起送存。

A. 1　　B. 2

C. 3　　D. 4

7. 下列项目中，不允许使用现金的是（　　）。

A. 支付职工工资　　B. 向农民收购农副产品

C. 购买机器设备　　D. 职工预借差旅费

8. 现金出纳员从银行提取现金之后，应编制（　　）凭证。

A. 现金收款　　B. 现金付款

C. 银行存款收款　　D. 银行存款付款

9. 某出票人于 10 月 15 日签发一张现金支票。根据《支付结算办法》的规定，对该支票“出票日期”中的“月”“日”的下列填法中，符合规定的是（　　）。

A. 零壹拾月拾伍日　　B. 零壹拾月零拾伍日

C. 壹拾月拾伍日　　D. 零壹拾月壹拾伍日

10.（　　）不可能成为现金支出的原始凭证。

A. 银行汇票　　B. 工资表

C. 报销单　　D. 支出证明单

11. 出纳员支付现金后，应根据审核无误的支出凭证及所付的发票等单据，填制（　　）。

A. 现金支付证明单　　B. 银行存款付款凭证

C. 现金付款凭证　　D. 转账凭证

12. 现金支出的原始单据由（　　）审批。

A. 经办人　　B. 主管领导

C. 会计　　D. 出纳员

13. 现金支出的原始单据由（　　）复核。

A. 经办人　　B. 会计

C. 出纳员　　D. 主管领导

14. “现金付讫”戳记应由（　　）加盖在有关现金付款原始凭证上。

A. 经办人　　B. 会计

C. 主管领导　　D. 出纳员

15. 行政部门报销差旅费，应借记（　　）科目。

A. “生产成本”　　B. “制造费用”

C. “管理费用”　　D. “销售费用”

16. 车间职工报销差旅费，应借记（　　）科目。

A. “生产成本”　　B. “制造费用”

C. “管理费用”　　D. “销售费用”

17. 职工借支差旅费，应借记（　　）科目。

A. “应收账款”　　B. “制造费用”

C. “管理费用”　　D. “其他应收款”

18. 对库存现金进行清查后编制记账凭证的依据是（　　）。

A. 现金日记账　　B. 库存现金盘点表

C. 银行存款日记账　　D. 银行对账单

19. 库存现金的长款无法查明原因应记入（　　）科目。

A. “财务费用”　　B. “其他应收款”

C. “管理费用”　　D. “营业外收入”

20. 发生库存现金短缺，无法查明原因，应通过（　　）科目进行调整核销。

A. “其他应付款”　　B. “其他应收款”

C. “管理费用”　　D. “营业外支出”

二、多项选择题

1. 现金收入不包括（　　）。

A. 转账支票取得的销售收入　　B. 销售商品取得的现金收入

C. 提供劳务取得的现金收入　　D. 收到商业汇票取得的收入

2. 出纳人员在办理收款或付款后，要在原始凭证上加盖（　　）或（　　）戳记，应避免重收或重付。

A. “收讫”　　B. “已收款项”

C. “已付款项”　　D. “付讫”

3. 现金收入业务的内容主要包括（　　）。

A. 销售商品收入的现金　　B. 提供劳务收入的现金

C. 提供非经营性服务取得的现金收入　　D. 单位内部往来的收入业务

4. 现金收入业务的程序一般为（　　）。

A. 复核现金收入来源

B. 复核现金收款凭证，即复核现金收入的合法性、真实性和准确性

C. 当面清点现金并复点

D. 开具收款收据并加盖“现金收讫”印章及人名章

E. 根据现金收款凭证登记现金日记账

5. 下列做法符合现金管理制度的有（　　）。

A. 企业可以在报开户银行审批后在审批范围内坐支现金

B. 不准用单位收入的现金以个人名义存入银行

C. 不准保留账外公款

D. 企业大额现金应当存入保险柜中

6. 下列各项中可用现金支付的有（　　）。

A. 购买办公用品 500 元　　B. 业务员预借差旅费 4 000 元

C. 向农民收购农产品 3 000 元　　D. 向技术员发放奖金6 000元

7. 填写现金支票时，在正联的印章处，应加盖（　　）。

A. 企业公章　　B. 企业财务专用章

C. 法定代表人印章　　D. 出纳名章

8. 费用报销单的签字人员有（　　）。

A. 经办人　　B. 出纳员

C. 部门经理　　D. 库管员

9. 以下凭证可以作为现金收付款原始凭证的有（　　）。

A. 现金支票存根

B. 未经批准的职工临时借款单

C. 银行缴款单回执联

D. 财务部门开具的小额销货发票记账联

10. 备用金的管理办法有（　　）。

A. 定额管理　　B. 5 天

C. 15 天　　D. 非定额管理

11. 职工报销费用时，出纳员应审核现金支出凭证及所附发票等单据。主要审核的内容有（　　）等。

A. 费用发生的时间　　B. 金额

C. 经办人签章　　D. 主管领导的签章

12. 据以登记现金日记账的记账凭证包括（　　）。

A. 现金收款凭证　　B. 现金付款凭证

C. 银行存款付款凭证　　D. 转账凭证

13. 在对库存现金盘亏进行转销时，应查明原因，可能记入（　　）科目。

A. “其他应付款”　　B. “其他应收款”

C. “管理费用”　　D. “营业外支出”

14. 对发生库存现金长款，待查明原因后，可能记入（　　）科目。

A. “库存现金”　　B. “其他应付款”

C. “管理费用”　　D. “营业外收入”

三、判断题

1. 现金收入业务是各企业在其生产经营和非生产经营活动中取得现金的业务。（　）

2. 收款收据一般用于单位内部职能部门或职工之间的现金往来，由各单位根据需要自行设计或购买 。（　）

3. 企业与经营无关发生的现金收入可以不用入账，或将现金单独存入保险柜中保管。（　）

4. 出纳人员应该在每日营业结束后，结出现金日记账的收支和结余，清点库存量现金实有数，相互核对。（　）

5. 库存现金限额每年必须核定一次。（　）

6. 在实际工作中，将现金存入银行业务应该编制银行收款凭证。（　）

7. 企业从开户银行提取现金，应当写明用途，由本单位负责人签字盖章，经开户银行审核后支付现金。（　）

8. 对发生库存现金长款，待查明原因后属于无法查明原因的现金溢余，经批准后，贷记“营业外收入——现金溢余”科目。（　）

9. 发生库存现金长款，经查无任何原因的应当通过“管理费用”科目进行核销。（　）

10. 企业当日收入现金 1 000 元，可以将其中的 600 元直接支付当日的零星支出。（　）

11. 企业职工采购办公用品支出，可以仅凭支出凭证报销领款。（　）

12. 企业在无法取得发票时，可以用费用报销单作为支付现金的原始凭证。（　）

13. 职工报销差旅费时，若出现借款超支的情况，出纳员应当填写收款补付款项 。（　）

14. 在清查库存现金时，出纳人员可以不在场。（　）

15. 在清查库存现金时，发现白条只要能说清情况，不算违纪。（　）

16. 在清查库存现金时，如发现账面余额数小于实际盘存数，视为盘亏处理。（　）

17. 对发生库存现金短缺，待查明原因后属于应由保险公司赔偿的部分，借记“其他应付款——应收保险赔款”科目。（　）

四、业务题

1. 2020 年 4 月 5 日，辰新商贸有限公司采购部张华要去出差，向财务部预借差旅费 5 000 元，请根据相关材料完成以下任务（见表 3－39）。

表 3－39

借　款　单

申请日期：　　年　月　日

借款人部门		借款人	
借款金额	（大写）		（小写）
借款用途			
借款方式	汇款（　） 现金（　） 其他（　）		
备注			
部门负责人：	总经理：		财务审核：

（1）以张华的身份填写一张借款单。

（2）出纳付款，完成相关签章（假设该借款单完全符合公司规定，并已经完成相关人员审批签字），并根据借款单及会计填制的记账凭证，登记现金日记账。

2. 2020 年 4 月 9 日，采购部张华出差回来，到财务部进行差旅费报销，张华带回来 8 张原始报销单据，其中往返机票共计 4 100 元，住宿费增值税专用发票 1 张，金额为 530 元，餐费增值税普通发票 5 张，共计金额 636 元（见表 3－40～表 3－42）。

表 3－40

航空运输电子客票行程单
ITINERARY/RECEIPT OF E-TICKET FOR AIR TRANSPORT

印刷序号：SERIAL NUMBER: 58091458885

旅客姓名 NAME OF PASSENGER		有效身份证件号码 ID.NO.				签注 ENDORSEMENTS/RESTRICTIONS (CARBON)			
张 华		530102198011261427							
	承运人 CARRIER	航班号 FLIGHT	座位等级 CLASS	日期 DATE	时间 TIME	客票级别/客票类别 FARE BASIS	客票生效日期 NOTVALID BEFORE	有效截止日期 NOTVALID AFTER	免费行李 ALLOW
自 FROM 北京	张华	CA986	经济舱	2020-04-06	14：10		2020-04-06	2020-04-06	
至 TO 深圳									
至 TO									
至 TO									
至 TO	票价 FARE CNY ¥1,744.00		机场建设费 AIRPORT TAX CN ¥256.00		燃油附加费 FUEL SURCHARGE YQ ¥50.00	其他税费 OTHER TAXES	合计 TOTAL CNY ¥2,050.00		
电子客票号码 E-TICKETNO. 4344654653		验证码 CK. 2313124		提示信息 INFORMATION 412331			保险费 INSURANCE		
销售单位代号 AGENTCODE. 1424235665		填开单位 ISSUEDBY					填开日期 DATE OF ISSUE 2020年04月06日		

验真网址：WWW.TRAVELSKY.COM　服务热线：400-815-8888　短信验真：发送JP至10669018

付款凭证 RECEIPT　手写无效 INVALID IN HANDWRITING

表 3－41

航空运输电子客票行程单
ITINERARY/RECEIPT OF E-TICKET FOR AIR TRANSPORT

印刷序号：SERIAL NUMBER: 58091458885

旅客姓名 NAME OF PASSENGER	有效身份证件号码 ID.NO.	签注 ENDORSEMENTS/RESTRICTIONS (CARBON)
张华	530102198011261427	

	承运人 CARRIER	航班号 FLIGHT	座位等级 CLASS	日期 DATE	时间 TIME	客票级别/客票类别 FARE BASIS	客票生效日期 NOT VALID BEFORE	有效截止日期 NOT VALID AFTER	免费行李 ALLOW
自 FROM 深圳	张华	CA988	经济舱	2020-04-08	18：10		2020-04-08	2020-04-08	
至 TO 北京									
至 TO									
至 TO									
至 TO	票价 FARE CNY ¥1, 744. 00		机场建设费 AIRPORT TAX CN ¥256. 00		燃油附加费 FUEL SURCHARGE YQ ¥50. 00	其他税费 OTHER TAXES	合计 TOTAL CNY ¥2, 050. 00		

电子客票号码 E-TICKET NO.	43446546354	验证码 CK.	2313253	提示信息 INFORMATION	412331	保险费 INSURANCE	
销售单位代号 AGENT CODE.	1424235665	填开单位 ISSUED BY				填开日期 DATE OF ISSUE	2020年04月06日

验真网址：WWW.TRAVELSKY.COM 服务热线：400-815-8888 短信验真：发送JP至10669018

付款凭证 RECEIPT

手写无效 INVALID IN HANDWRITING

（印章：中国民航电子客票行程单 发票专用章）

表 3－42

4400151140

广东增值税专用发票

No 72030282 4400151140 72030282

发票联

机器编号：982888812388 开票日期：2020年04月08日

购买方	名称：北京市辰新商贸有限公司 纳税人识别号：91M410221625 地址、电话：北京市海淀区马神庙231号010-14698375 开户行及账号：工商银行北京市马神庙支行23456798731	密码区	172312-4-275＜1+46*54* 82*59* 181321＞＜8182*59*09618153＜/ ＜4＜3*2702-9＞9*+153＜/0 ＞2-3 *08/4＞*＞＞2-3*0/9/＞＞25-275＜1

货物或应税劳务、服务名称	规格型号	单位	数量	单价	金额	税率	税额
*住宿服务*住宿费		天	2	250.00	500.00	6%	30.00
合计					¥500.00		¥30.00
价税合计（大写）	⊗伍佰叁拾元整				（小写）¥530.00		

销售方	名称：深圳豪丹假日酒店 纳税人识别号：91440300M675638190 地址、电话：深圳市蓝致路362号63622494 开户行及账号：工行深圳市伟易路支行3129951250329304461	备注	校验码 52118 02815 08248 65195

收款人：吴峰 复核：周山 开票人：张英 销售方：（章）

（印章：深圳豪丹假日酒店 91440300M675638190 发票专用章）

税总函[2016]××号××××公司

第三联：发票联 购买方记账凭证

（1）以张华的身份填写一张差旅费报销单（见表 3－43）。

（2）出纳付款，完成相关单据处理和签章（假设该报销单完全符合公司规定，并已经完成相关人员审批签字），并根据相应的单据及会计填制的记账凭证，登记现金日记账。

表 3 – 43

差旅费报销单

部门＿＿＿＿＿＿＿＿ 年 月 日

出差人										出差事由					
出发				到达				交通工具	交通费		出差补贴		其他费用		
月	日	时	地点	月	日	时	地点		单据张数	金额	天数	金额	项目	单据张数	金额
													住宿费		
													市内车费		
													邮电费		
													办公用品费		
													不买卧铺补贴		
													其他		
合计															
报销总额	人民币（大写）									预借金额			补领金额		
													退还金额		

附件 张

主管　　审核　　出纳　　领款人

3. 2020 年 4 月 28 日，在财务部门会计主管李宏的参与下，由王丽监盘，出纳周云采用实地盘点法对库存现金进行盘点。盘点的结果为 100 元 25 张，50 元 10 张，10 元 7 张，5 元 6 张，1 元 15 张，共计金额 3 115 元。同时出纳周云手中还有 1 笔 240 元的收款业务和 1 笔 160 元的付款业务，这两笔业务均已进行现金结算，但是相关票据还未传递给总账会计孙娟，周云也没有登记现金日记账，截至 4 月 27 日，现金日记账账面余额显示为 3 050 元，这项业务应该如何处理（见表 3 – 44）？

表 3 – 44　　**库存现金盘点表**

被审单位名称			索引号		
盘点日期			监盘人		
货币面值	张（枚）数	金　额	项　目	行次	金　额
100 元			调整前现金账面余额	①	
50 元			加：已收入但未记账	②	
20 元			减：已付出但未记账	③	
10 元			调整后实际账面余额	④ = ① + ② – ③	
5 元			盘点日实有现金数额	⑤	
2 元			长款	⑥ = ⑤ – ④	
1 元			短款	⑦ = ⑤ – ④	
5 角					
2 角					
1 角					
5 分					
2 分			长款（短款）原因：		
1 分					
实点数					

会计主管：　　　　监盘人：　　　　出纳：

项目四
办理银行存款结算业务

银行存款是企业货币资金的主体，是企业正常经营有效运作的合理保障。本项目主要介绍银行存款账户的开立、变更、撤销，银行存款结算方式及账务处理，银行存款清查等内容。

项目导航

知识目标	技能目标	职业目标
➢ 理解银行存款结算的相关概念 ➢ 了解银行账户的管理原则 ➢ 熟悉银行账户的分类	➢ 熟悉银行结算账户的开立与撤销 ➢ 熟悉票据的种类、规定、办理程序	➢ 掌握银行存款业务管理制度 ➢ 具备银行存款日常业务处理能力 ➢ 熟练各种票据的业务办理

任务一　开立与管理银行结算账户

任务导入

丁海是辰新商贸有限公司的实习出纳员，一直跟随师父周云学习出纳工作，这天会计主管李宏对他说周云因休假所以由他来接手出纳岗位，丁海很激动同时也很忐忑，因为出纳工作他还不太熟悉，尤其是企业中银行存款的业务比现金业务量要大许多，比如银行账户的开立、变更与撤销如何办理？

如何与开户银行对账，等等，这些内容丁海都还不是很熟悉，于是丁海积极地投入到银行存款管理的学习中。

知识准备

一、银行存款的管理

（一）银行存款的管理要求

银行存款是企业货币资金的重要组成部分，各单位应当建立健全银行存款的管理制度，加强对银行存款的管理，具体管理办法如下：

1. 根据国家相关规定，凡是独立核算的单位都必须在当地银行开设账户，办理各项款项的收付；在经营过程中所发生的一切货币收支业务除按核定库存现金限额保留的现金以外的款项，都必须通过银行办理结算。

2. 各单位须依据资金的不同性质和用途，分别在银行开设各类账户，严格遵守国家与银行管理制度的各项结算要求和《现金管理暂行条例》，并接受银行监督。

3. 加强银行存款的管理，各单位应于月末与开户银行对账，编制银行存款余额调节表逐月与银行核对余额，防止错账。

（二）银行结算账户的管理原则

1. 一个基本账户原则。存款人只能在一家银行开立一个基本账户。存款人在其账户内必须有足够的资金，以保证支付，收付款双方在经济交往过程中，只有坚持诚实信用，交易一旦达成，才能保证各方经济活动的顺利进行。

2. 自愿选择原则，存款人自主支配原则。存款人可以自主选择银行开户，银行也可以自愿选择存款人；一经双方相互认可后，存款人应遵循银行结算的规定，而银行应保证对资金的所有权和自主支配权不受侵犯。

3. 存款保密原则。银行必须依法为存款人保密，除国家法律规定的国务院授权中国人民银行总行的监督项目外，银行不代任何单位和个人查询、冻结存款人账户内的存款，以维护存款人资金的自主支配权。

4. 守法原则。银行不得利用存款人账户进行违法活动。

二、银行结算账户的种类

银行结算账户，是指银行为存款人开立的办理资金收付结算的人民币活期存款账户。其中，“银行”是指在中国境内经批准经营支付结算业务的银行业金融机构；“存款人”是指在中国境内开立银行结算账户的机关、团体、部队、企业、事业单位、其他组织、个体工商户和自然人等。银行存款账户按存款人不同可以分为单位银行结算账户与个人银行结算账户。

单位银行结算账户，是指存款人以单位名称开立的银行结算账户。单位银行结算账户按用途可分为基本存款账户、一般存款账户、专用存款账户与临时存款账户。个体工商户凭营业执照以字号或经营者姓名开立的银行结算账户纳入单位银行结算账户管理。

个人银行结算账户，是指存款人凭个人身份证件以自然人名称开立的银行结算账户。个人因使用借记卡、信用卡在银行或邮政储蓄机构开立的银行结算账户，纳入个人银行结算账户管理。

银行结算账户分类如图 4－1 所示。

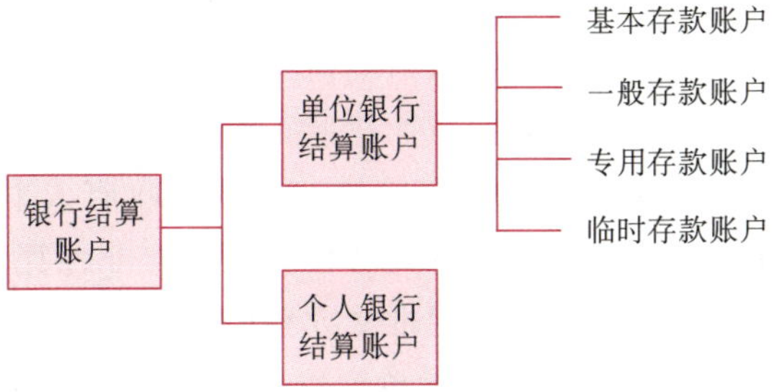

图 4－1　银行结算账户分类

三、银行结算账户的开立

（一）基本存款账户的开立

1. 基本存款账户是存款人的主办账户，是存款人办理日常转账结算和现金收付业务时开立的银行账户。主要特征有：存款人日常经营活动的资金收付、工资奖金及现金的支取都通过此账户办理；开立基本存款账户是开立其他银行结算账户的前提。

根据《人民币银行结算账户管理办法》相关规定，下列存款人可以申请开立基本存款账户：

（1）企业法人。

（2）非法人企业。

（3）机关、事业单位。

（4）团级（含）以上军队、武警部队及分散执勤的支（分）队。

（5）社会团体。

（6）民办非企业组织（如不以营利为目的的民办学校、福利院、医院）。

（7）异地常设机构。

（8）外国驻华机构。

（9）个体工商户。

（10）居民委员会、村民委员会、社区委员会。

（11）单位设立的独立核算的附属机构（包括食堂、招待所、幼儿园）。

（12）其他组织（如业主委员会、村民小组等）。

2. 基本存款账户开立的程序及所需证明文件。

基本存款账户开立程序如下：

（1）进行账户预约。准备好营业执照正本、副本复印件一式两份，法人身份证原件，公章，财务章，私章，办公场所照片两张。

（2）签署账户管理协议。开户银行审查。

（3）开户银行对存款人调查核实后，开立备案类银行结算账户，并通过人民币银行结算账户管理系统进行备案。

（4）银行结算账户自开立之日即可办理收付款业务。

小贴士：

中国人民银行已取消了账户许可，原核准制改为备案制，同时取消开户许可证和生效日规定。银行同时实行“五备”：开户银行于开户之日起“5个工作日”内向中国人民银行当地分支行备案。“三通知”：开户银行于开户之日“3个工作日”内书面通知基本存款账户开户银行。

开立基本存款账户，存款人需要向银行出具以下证明文件：

（1）企业法人，应出具企业法人营业执照正本。

（2）非法人企业，应出具企业营业执照正本。

（3）机关和实行预算管理的事业单位，应出具政府人事部门或编制委员会的批文或登记证书和财政部门同意其开户的证明；非预算管理的事业单位，应出具政府人事部门或编制委员会的批文或登记证书。

（4）军队、武警团级（含）以上单位以及分散执勤的支（分）队，应出具军队军级以上单位财务部门、武警总队财务部门的开户证明。

（5）社会团体，应出具社会团体登记证书，宗教组织还应出具宗教事务管理部门的批文或证明。

（6）民办非企业组织，应出具民办非企业登记证书。

（7）外地常设机构，应出具其驻在地政府主管部门的批文。

（8）外国驻华机构，应出具国家有关主管部门的批文或证明；外资企业驻华代表处、办事处应出具国家登记机关颁发的登记证。

（9）个体工商户，应出具个体工商户营业执照正本。

（10）居民委员会、村民委员会、社区委员会，应出具其主管部门的批文或证明。

（11）独立核算的附属机构，应出具其主管部门的基本存款账户开户许可证和批文。

（12）其他组织，应出具政府主管部门的批文或证明。

（二）一般存款账户的开立

1. 一般存款账户是存款人因借款或其他结算需要，在基本存款账户开户银行以外的银行营业机构开立的银行结算账户。一般存款账户用于办理存款人借款转存、借款归还和其他结算的资金收付。主要特征有：该账户可以办理现金缴存，但不得办理现金支取。该账户开立数量没有限制。开立基本存款账户的存款人都可以开立一般存款账户，但不能在同一营业机构开立。

2. 一般存款账户开立的程序及所需证明文件。一般存款账户的开立比较简单，只要开户行审查符合开立条件的，银行即办理开户手续并向中国人民银行当地分支行备案即可。其开户程序如图4－2所示。

图 4－2　一般存款账户开立的程序

存款人申请开立一般存款账户，应向开户银行出具其基本存款账户所规定的证明文件和下列文件：

（1）存款人因向银行借款需要，应出具借款合同；

（2）存款人因其他结算需要，应出具有关证明。

（三）专用存款账户的开立

1. 专用存款账户是存款人按照法律、行政法规和规章，对其特定用途资金进行专项管理和使用而开立的银行结算账户。该账户用于办理各项专用资金的收付，开立专用存款账户的目的是保证特定用途的资金专款专用，并有利于监督管理。

2. 专用存款账户开立的程序及所需证明文件。该核准程序与一般存款账户的备案程序基本相同。存款人申请开立专用存款账户，应向中国人民银行出具其开立基本存款账户规定的证明文件。存款人需要向银行出具以下证明文件：

（1）基本建设资金、更新改造资金、政策性房地产开发资金，应出具主管部门批文。

（2）财政预算外资金，应出具财政部门的证明。

（3）粮、棉、油收购资金，应出具主管部门批文。

（4）单位银行卡备用金，应按照中国人民银行批准的银行卡章程的规定出具有关证明和资料。

（5）证券交易结算资金，应出具证券公司或证券管理部门的证明。

（6）期货交易保证金，应出具期货公司或期货管理部门的证明。

（7）金融机构存放同业资金，应出具其证明。

（8）收入汇缴资金和业务支出资金，应出具基本存款账户存款人有关的证明。

（9）党、团、工会设在单位的组织机构经费，应出具该单位或有关部门的批文或证明。

（10）其他按规定需要专项管理和使用的资金，应出具有关法规、规章或政府部门的有关文件。

（11）合格境外机构投资者在境内从事证券投资开立的人民币特殊账户和人民币结算资金账户纳入专用存款账户管理，其开立人民币特殊账户时应出具国家外汇管理部门的批复文件，开立人民币结算资金账户时应出具证券管理部门证券投资业务的许可证。

3. 专用存款账户的当事人资格条件。（1）基本建设资金；（2）更新改造资金；（3）财政预算外资金；（4）粮、棉、油收购资金；（5）证券交易结算资金；（6）期货交易保证金；（7）信托基金；（8）金融机构存放同业资金；（9）政策性房地产开发资金；（10）单位银行卡备用金；（11）党、团、工会设在单位的组织机构经费；（12）社会保障基金；（13）住房基金；（14）其他需要专项管理和使用的资金；（15）收入汇缴资金和业务支出资金。

上述收入汇缴资金和业务支出资金，是指基本存款账户存款人附属的非独立核算单位或派出机构发生的收入和支出的资金。

因收入汇缴资金和业务支出资金开立的专用存款账户，应使用隶属单位的名称。

（四）临时存款账户的开立

1. 临时存款账户是存款人因临时经营活动的需要在规定期限内使用而开立的银行结算账户，该账户可办理转账结算和现金收付。该账户有效期最长不超过2年。

有下列情况的，存款人可以申请开立临时存款账户：（1）设立临时机构；（2）异地临时经营活动；（3）注册验资。

2. 临时存款账户开立的程序及所需证明文件。

存款人申请开立临时存款账户，应向银行出具下列证明文件：

（1）临时机构，应出具其驻在地主管部门同意设立临时机构的批文。

（2）异地建筑施工及安装单位，应出具其营业执照正本或其隶属单位的营业执照正本，以及施工及安装地建设主管部门核发的许可证或建筑施工及安装合同。

（3）异地从事临时经营活动的单位，应出具其营业执照正本以及临时经营地工商行政管理部门的批文。

（4）注册验资资金，应出具工商行政管理部门核发的企业名称预先核准通知书或有关部门的批文。

银行结算账户的现金存取规定（见表4－1）。

表4－1

账户名称		存现	取现
基本存款账户		√	√
一般存款账户		√	×
专用存款账户	单位银行卡账户	×	×
	证券交易结算资金	√	×
	期货交易保证金	√	×
	信托基金	√	×
	收入汇缴	√	×
	业务支出	×	√
	其他专用存款账户	√	√

续表

账户名称		存现	取现
临时存款账户	验资	√	×
	其他	√	√

注：表中√是“可以”的意思，×是“不可以”的意思。

银行结算账户的分类及用途（见表4－2）。

表4－2

账户	性质	用途	特殊
基本存款账户	主办账户	①日常经营活动的资金收付 ②工资、奖金支取 ③现金的支取	不得多头开立
一般存款账户	基本存款账户开户银行以外的银行营业机构开立	①借款转存、借款归还和其他结算 ②现金存入	不得支取现金
专用存款账户	特定用途专项资金管理	①单位银行卡账户不得存取现金 ②证券交易结算资金、期货交易保证金和信托基金专用存款账户不得支取现金	包括QFII在境内从事证券投资开立的人民币特殊账户和人民币结算资金账户
临时存款账户	临时开立	①设立临时机构 ②异地临时经营活动 ③注册验资、增资 ④军队、武警单位承担基本建设或者异地执行作战、演习、抢险救灾、应对突发事件等临时任务	临时存款账户的有效期最长不得超过2年

四、银行存款账户的变更和撤销

（一）账户的变更

1. 所谓变更，是指存款人因开户单位的名称、法人或主要负责人、单位地址及其他开户资料等发生改变时，需要到开户行进行银行结算账户和相关事项更改的行为。

2. 类型。

（1）存款人更改名称，但不改变开户银行及账号的，应于5个工作日内向开户银行提出银行结算账户的变更申请，并出具有关部门的证明文件。

（2）单位的法定代表人或主要负责人、住址及其他开户资料发生变更时，应于5个工作日内书面通知开户银行并提供有关证明。

（3）属于变更开户许可证记载事项的，存款人办理变更手续时，应交回开户许可证，由账户管理系统重新生成新的基本存款账户编号。对因办理变更手续收回的企业开户许可证原件，不再换发新的开户许可证。

小贴士：

存款人更改名称→5个工作日内向开户银行提出变更申请。

其他变更→5个工作日内书面通知开户银行。

（二）账户的撤销

1. 所谓撤销，是指存款人因开户资格或其他原因终止银行结算账户使用的行为。存款人申请撤销银行结算账户时，应填写“撤销银行结算账户申请书”。存款人撤销银行结算账户，必须与开户银行核对银行结算账户存款余额，交回各种重要空白票据及结算凭证和开户许可证，银行核对无误后方可办理销户手续。

2. 发生以下情形之一的，存款人应向开户银行提出撤销申请：

（1）被撤并、解散、宣告破产或关闭的。

（2）注销、被吊销营业执照的。

（3）因迁址需要变更开户银行的。

（4）其他原因需要撤销银行结算账户的。

存款人有以上第（1）项、第（2）项情形的，应于5个工作日内向开户银行提出撤销银行结算账户的申请。撤销银行结算账户时，应先撤销一般存款账户、专用存款账户、临时存款账户，将账户资金转入基本存款账户后，方可办理基本存款账户的撤销。银行得知存款人有第（1）项、第（2）项情形的，存款人超过规定期限未主动办理撤销银行结算账户手续的，银行有权停止其银行结算账户的对外支付。存款人因以上第（3）项、第（4）项情形撤销基本存款账户后，需要重新开立基本存款账户的，应在撤销其原基本存款账户后10日内申请重新开立基本存款账户。

小贴士：

撤销顺序：最后撤销基本存款账户。不得撤销：存款人尚未清偿其开户银行债务。应撤未撤：存款人应自银行发出通知之日起30日内办理销户手续，逾期视同自愿销户。

职业能力训练

一、单项选择题

1. 单位银行结算账户的存款人只能在银行开立一个（　　）。

A. 基本存款账户　　B. 一般存款账户

C. 专用存款账户　　D. 临时存款账户

2.（　　）是存款人因办理日常转账结算和现金收付需要开立的银行结算账户。

A. 基本存款账户　　B. 一般存款账户

C. 专用存款账户　　D. 临时存款账户

3. 以下哪种存款人类别的单位可不用出具税务登记证（　　）。

A. 企业法人　　B. 非企业法人

C. 宗教组织　　D. 有字号的个体工商户

4.（　　）负责监督、检查银行结算账户的开立和使用，对存款人、银行违反银行结算账户管理规定的应予以处罚。

A. 财政部　　B. 银行监督管理委员会

C. 银行业协会　　D. 中国人民银行

5. 国字头社团、协会开立人民币银行结算账户，存款人类别是（　　）。

A. 机关　　B. 实行预算管理的事业单位

C. 社会团体　　D. 其他组织

二、多项选择题

1. 能够开立基本存款账户的单位设立的独立核算的附属机构包括（　　）。

A. 招待所　　B. 工会

C. 食堂　　D. 幼儿园

2. 申请书和人行系统应当填写上级法人或主管单位的相关信息包括（　　）。

A. 单位名称

B. 基本存款账户开户许可证核准号

C. 组织机构代码

D. 法定代表人或单位负责人的姓名、有效身份证件种类和证件号码

3. 存款人填写变更信息（　　）是不允许变更事项。

A. 存款人名称　　B. 注册地地区代码

C. 账号　　D. 账户名称

4. 存款单位出具的遗失证明，应写明的内容包括（　　）。

A. 遗失原因

B. 遗失资料种类

C. 申请补（换）发开户许可证

D. “由此引发的一切经济、法律责任由我单位自负”字样

5. 开户银行收到存款人提交的变更申请及开户资料，应对变更申请资料的（　　）进行审查。

A. 真实性　　B. 完整性

C. 合理性　　D. 有效性

三、判断题

1. 申请开立基本存款账户、一般存款账户和临时存款账户无须填写资金性质。（　　）

2. 基本存款账户、一般存款账户的账户名称应与存款人名称完全一致。（　　）

3. 工会开立基本存款账户时不用填写上级信息。（　　）

4. 申请书开户日期应由开户银行填写。（　　）

5. 基本存款账户与一般存款账户可以开在同一支行网点。（　　）

任务二　办理支票结算业务

任务导入

丁海接手工作之后一直在不断地学习新知识，每一天都有新的业务需要学习。公司购买办公用品需要签发转账支票；购买材料需要办理银行汇票的结算等，丁海为了顺利完成工作只有边学习，边请教，边实践。

> 小贴士：
>
> 票据的概念有广义和狭义之分。广义上的票据包括各种有价证券和凭证，如股票、企业债券、发票、提单等；狭义上的票据，即我国《票据法》中规定的“票据”，包括汇票、本票和支票，是指由出票人签发的、约定自己或者委托付款人在见票时或指定的日期向收款人或持票人无条件支付一定金额的有价证券。

知识准备

一、支票结算的概念及适用范围

支票是出票人签发的、委托办理支票存款业务的银行或其他金融机构在见票时无条件支付确定金额给收款人或者持票人的票据。

支票的结算适用于单位、个体经济户和个人在同一票据交换区域的商品交换、劳务供应及款项的结算。同时支票结算具有灵活、便捷、快速、安全等优点，所以同城收付款多采用此方法。

二、支票的种类

支票分为现金支票、转账支票和普通支票（划线支票为普通支票的特殊形式）。

1. 现金支票。支票上印有“现金”字样，现金支票只用于支取现金。现金支票格式如表 4 - 3 所示。

表 4 - 3

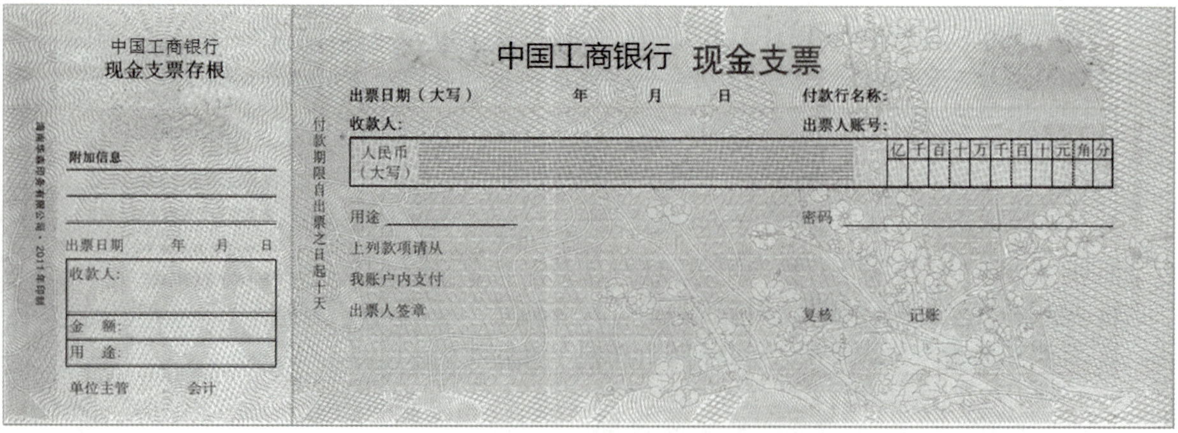
中国工商银行
现金支票存根
附加信息
出票日期　年　月　日
收款人：
金　额：
用　途：
单位主管　会计

中国工商银行　现金支票
出票日期（大写）　年　月　日　付款行名称：
收款人：　出票人账号：
付款期限自出票之日起十天
人民币（大写）　亿 千 百 十 万 千 百 十 元 角 分
用途　密码
上列款项请从
我账户内支付
出票人签章　复核　记账

2. 转账支票。支票上印有“转账”字样，转账支票只用于转账，不能支取现金。转账支票格式如表 4 – 4 所示。

表 4 – 4

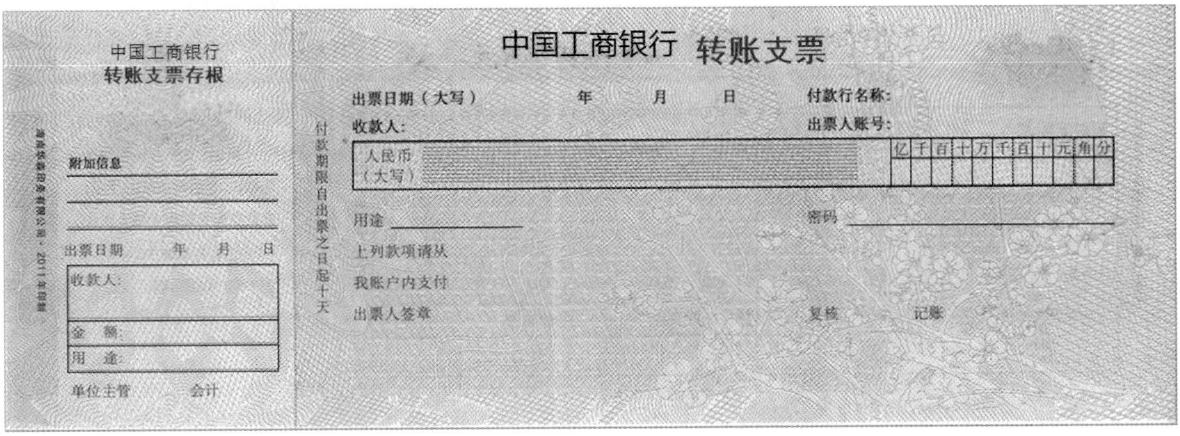
中国工商银行
转账支票存根
附加信息
出票日期　年　月　日
收款人：
金　额：
用　途：
单位主管　会计

中国工商银行　转账支票
出票日期（大写）　年　月　日　付款行名称：
收款人：　出票人账号：
人民币（大写）　亿 千 百 十 万 千 百 十 元 角 分
用途　密码
上列款项请从
我账户内支付
出票人签章　复核　记账
付款期限自出票之日起十天

3. 普通支票。支票上既没有印“转账”字样也没有印“现金”字样。所以普通支票既可以用于转账也可以用于支取现金。普通支票格式如表 4 – 5 所示。

表 4 – 5

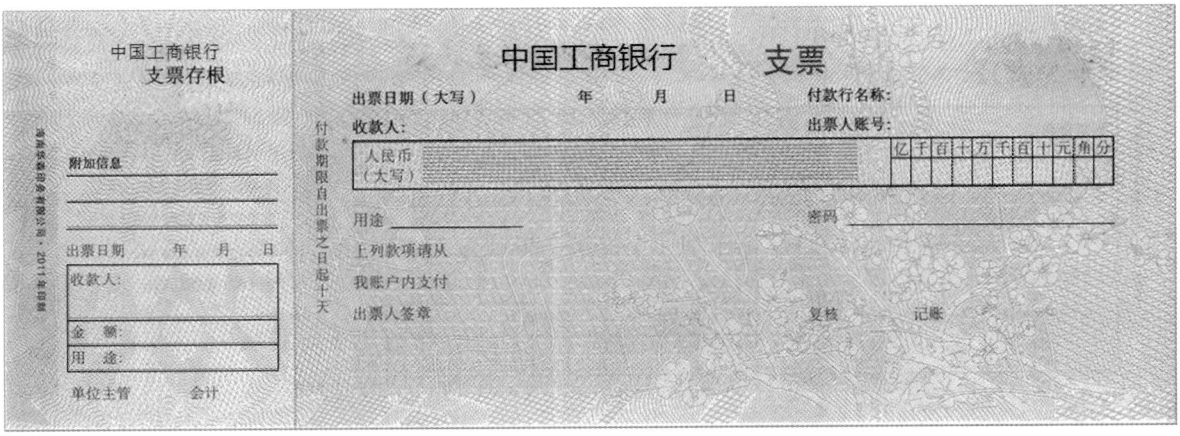
中国工商银行
支票存根
附加信息
出票日期　年　月　日
收款人：
金　额：
用　途：
单位主管　会计

中国工商银行　支票
出票日期（大写）　年　月　日　付款行名称：
收款人：　出票人账号：
人民币（大写）　亿 千 百 十 万 千 百 十 元 角 分
用途　密码
上列款项请从
我账户内支付
出票人签章　复核　记账
付款期限自出票之日起十天

4. 划线支票。在普通支票的左上角划了两条平行线的，为划线支票，划线支票只能用于转账，不可支取现金。划线支票格式如表 4 – 6 所示。

表 4－6

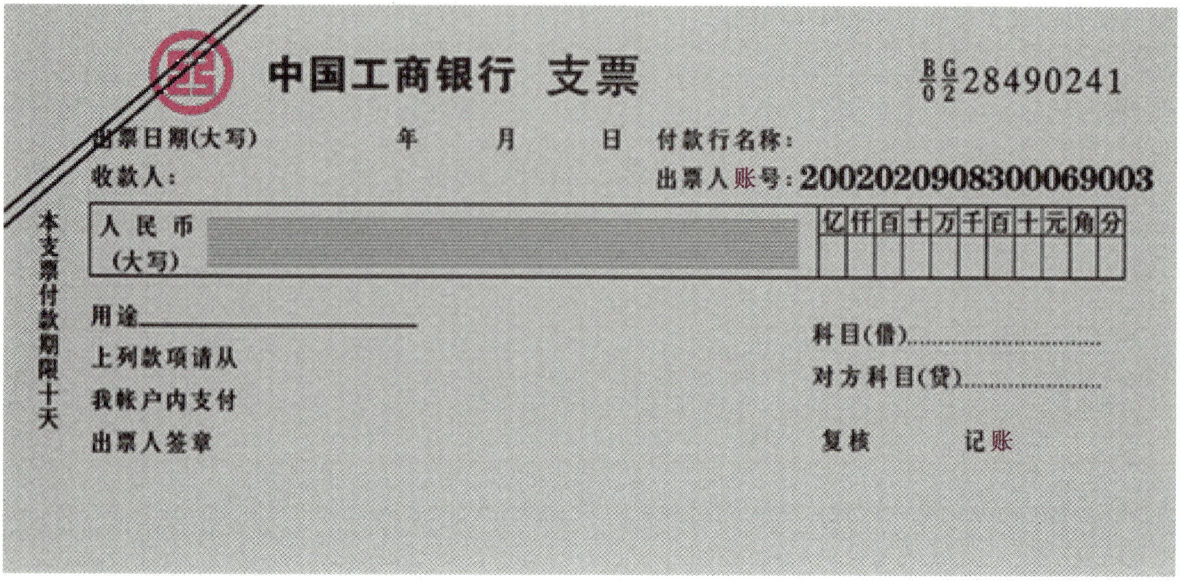

三、支票结算的基本规定

1. 支票一律记名。签发的支票必须注明收款人的名称，只准收款人或签发人向银行办理转账或提取现金。在中国人民银行总行批准的地区，转账支票可以背书转让。

2. 支票的有效期为 10 天。有效期从签发的次日算起 10 日内，到期日如遇到节假日可顺延。超过提示付款期限的，付款人可以不予付款。

3. 支票的起点金额为 100 元。起点以下的款项结算一般不用支票。但缴纳公用事业费、基本养老金和住房公积金等可不受金额起点的限制。

4. 签发支票应使用墨汁、碳素墨水或蓝黑墨水填写。

5. 签发人必须在银行账户余额内按照规定向收款人签发支票。不准签发空头支票或印章与预留银行印鉴不符的支票，否则，银行除退票外还要按票面金额处以 5% 但不低于 1 000 元的罚款，另收 2% 的赔偿金给收款人。

6. 已签发的现金支票遗失，可以向银行申请挂失。挂失前已经支付的，银行不予受理。已签发的转账支票遗失，银行不受理挂失，可请求收款人协助防范。

四、支票结算的基本程序

（一）现金支票结算的基本程序

1. 开户单位用现金支票提取现金时，由单位出纳人员签发现金支票、加盖银行预留印鉴并填写“支票领用登记簿”（见表 4－7）后到开户银行提取现金；开户单位用现金支票向外单位或个人支付现金时，由付款单位出纳人员签发现金支票并加盖银行预留印鉴和注明收款人后交收款人。

2. 收款人持现金支票到付款单位开户银行提取现金，并按照银行的要求交验有关证件。经银行审核无误后，可支付现金。

表 4－7

支票领用登记簿

支票类别：　　　　　　　　　　　　年　　月　　　银行账号：

日期		支票号码	支票用途	预计金额												领用人	报销日期		还票日期		备注
月	日			十	亿	千	百	十	万	千	百	十	元	角	分		月	日	月	日	

会计主管：　　　　　　　　　　会计：　　　　　　　　　　出纳：

现金支票结算基本程序如图 4－3 所示。

图 4－3　现金支票结算基本程序

（二）转账支票结算的基本程序

1. 由付款方交收款人直接办理结算，其结算程序为：

（1）付款人签发转账支票交收款人。

（2）收款人持票并填写进账单（一式三联）送开户行办理入账。

（3）银行间办理划拨。

（4）收款人开户银行下发收款通知。

收款人直接办理结算基本程序如图 4－4 所示。

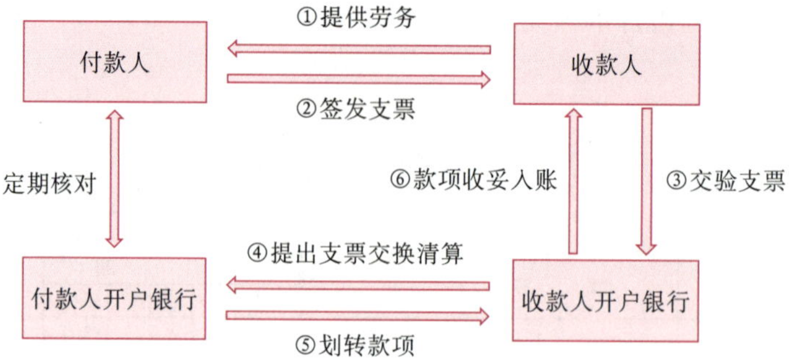

图 4－4　收款人直接办理结算基本程序

2. 由付款方签发，委托开户银行办理结算，其结算程序为：

（1）签发转账支票并填写进账单（一式三联）办理转账。

（2）银行间办理划拨。

（3）收、付款开户银行之间划拨款项。付款人以银行退回的“回单联”为付款凭证，收款人以银行转来的“收账通知联”为收款依据。

付款方委托开户银行办理结算基本程序如图 4－5 所示。

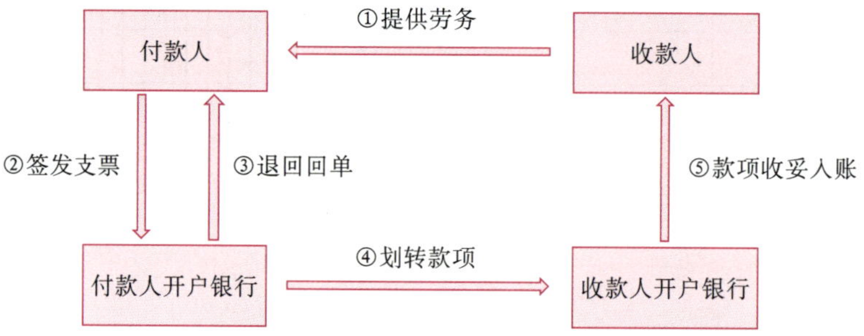

图 4－5　付款方委托开户银行办理结算基本程序

（三）现金支票和转账支票的背书转让

转账支票在同一票据交换区内可以背书转让，即由收款人在支票背面签章并记载背书日期，将支票款项转让给另一个收款人，即被背书人。背书未记载日期的，视为在支票到期日前背书。背书不得附有条件。支票的金额、收款人名称，可以由出票人授权补记，未补记前不得背书转让。

三种支票的特点如表 4－8 所示。

表 4－8

种类		特点	备注
现金支票		印有“现金”字样，只能用于支取现金	
转账支票		印有“转账”字样，只能用于转账	
普通支票	一般情况	未印有“现金”“转账”字样，既可用于支取现金，也可用于转账	
	划线支票	划线支票只能用于转账，不能支取现金	划线支票仅为普通支票的特殊形式，不包括在支票的种类当中

知识扩展

收取支票防陷阱

支票是商务活动中使用最多的票据，业务人员在收支票时要提防“支票陷阱”，因为票据退票会带给企业难以弥补的损失。实际业务中可能存在的“支票陷阱”有：

一、关于签名盖章

签名盖章不在支票上出票人栏的位置，盖在其他地方，就不发生签名盖章的效力，属于不合格支票。

1. 没有签名盖章的支票不能收。
2. 出票签名或盖章模糊不清的支票不能收。
3. 支票上签章处只有出票人的指印，没有其他签名或盖章，最好拒收。
4. 图章颠倒的支票是有效的，可以接受。
5. 盖错印章涂销后，再加盖正确的印鉴的支票，可以收。

二、关于出票时间

1. 没有填写出票年月日的支票，最好不要收。
2. 出票年月日改写后，必须在改写处盖章。如不盖章，这种支票会被银行退票。

任务实施

2020 年 5 月 6 日，北京市辰新商贸有限公司向北京市恒宇科技信息有限公司购进鼠标一批 100 个，不含税单价 25 元，增值税税率 13%，价税合计金额为 2 825 元，签发转账支票办理。由办公室人员经办，并发放给各职能部门。

实施步骤：

第一步：出纳审核购物发票，填写转账支票并加盖法人章（见表 4－9、表 4－10）。

第二步：会计审核无误，编制记账凭证，交会计主管审核。交出纳登记日记账（见表 4－11）。

表 4－9

1100151140　　北京增值税专用发票　　№ 44598083　1100151140　44598083

发票联

机器编号：982888812388　　开票日期：2020年05月06日

税总函［2016］××号××××公司

购买方	名　　称：北京市辰新商贸有限公司 纳税人识别号：91M189470866 地 址、电 话：北京市海淀区马神庙231号010-14698375 开户行及账号：工商银行北京市马神庙支行23456798731				密码区	172312-4-275＜1+46*54* 82*59* 181321＞＜8182*59*09618153＜/ ＜4＜3*2702-9＞9*+153＜/0 ＞2-3 *08/4＞*＞＞2-3*0/9/＞＞25-275＜1	
货物或应税劳务、服务名称	规格型号	单位	数量	单价	金额	税率	税额
*电子材料*鼠标		个	100	25.00	2,500.00	13%	325.00
合　计					¥2,500.00		¥325.00
价税合计（大写）	⊗ 贰仟捌佰贰拾伍元整				（小写）¥2,825.00		
销售方	名　　称：北京市恒宇科技信息有限公司 纳税人识别号：91M650605255 地 址、电 话：北京市东城区南方路475号60128200 开户行及账号：中国工商银行南方支行54479514258				备注	校验码 52118 02817 08248 65195	

收款人：李大江　　复核：吴笑玮　　开票人：李梓涵　　销售方：（章）

（印章：北京市恒宇科技信息有限公司　91M650605255　发票专用章）

第三联：发票联　购买方记账凭证

表 4－10

中国工商银行　转账支票存根
10200020
53592201
附加信息
出票日期 2020 年 05 月 06 日
收款人：北京市恒宇科技信息有限公司
金　额：¥2,825.00
用　途：采购
单位主管 李宏　会计 孙娟

中国工商银行　转账支票　10200020　53592201

出票日期（大写）贰零贰零 年 零伍 月 零陆 日　付款行名称：工商银行北京市马神庙支行

收款人：北京市恒宇科技信息有限公司　出票人账号：23456798731

人民币（大写）	亿	千	百	十	万	千	百	十	元	角	分
贰仟捌佰贰拾伍元整					¥	2	8	2	5	0	0

付款期限自出票之日起十天

用途 采购　　密码 0579020521680360

上列款项请从

我账户内支付

出票人签章（印章：北京市辰新商贸有限公司 财务专用章）（印章：马进印）　　复核　　记账

表 4－11

付款凭证

2020年 05 月 06 日　　付字 03 号

摘要	总账科目	明细科目	√	借方 百	十	万	千	百	十	元	角	分	贷方 百	十	万	千	百	十	元	角	分
购买鼠标	库存商品	鼠标					2	5	0	0	0	0									
	应交税费	应交增值税（进项税额）						3	2	5	0	0									
	银行存款	工行账户														2	8	2	5	0	0
合计						¥	2	8	2	5	0	0			¥	2	8	2	5	0	0

（附件 3 张）

会计主管 李宏　记账 周云　出纳 周云　稽核 李宏　填制 孙娟

任务拓展

2020 年 5 月 14 日，丁海向银行提取备用金 3 000 元，请填写现金支票（见表 4－12）。

表 4－12

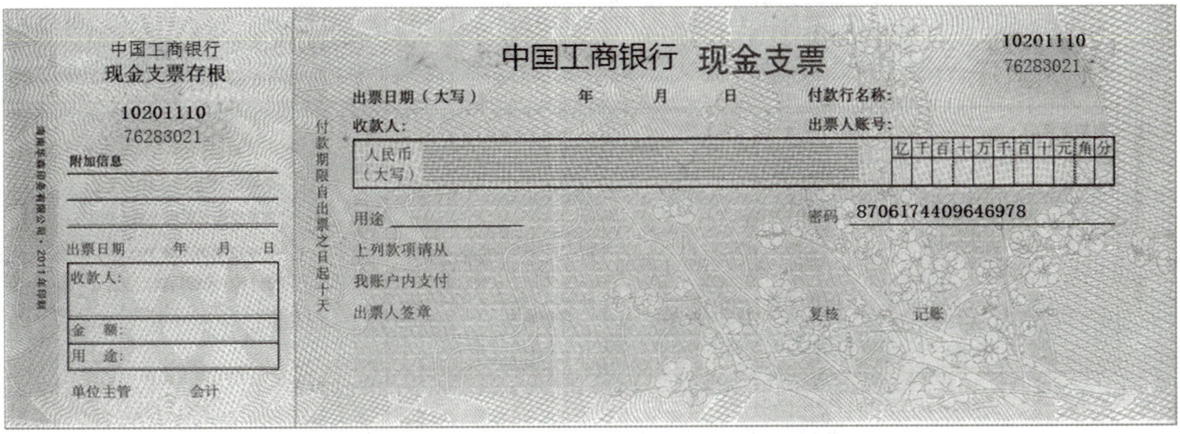

职业能力训练

一、单项选择题

1. 金额和收款人名称可以由出票人补记的票据是（　　）。

A. 支票　　B. 银行本票

C. 银行汇票　　D. 商业汇票

2. 支票的提示付款期限自出票日起（　　）。

A. 5 日　　B. 10 日

C. 15 日　　D. 1 个月

3. 下列各项关于支票提示付款的说法正确的是（　　）。

A. 转账支票提示付款日期为出票日起 1 个月

B. 出票人记载自己为收款人，提示付款不予受理

C. 支票未记载收款人名称，可以提示付款

D. 现金支票仅限于收款人向付款人提示付款

4. 银行审核支票付款的依据是支票出票人的（　　）。

A. 支付密码　　B. 身份证

C. 支票存根　　D. 预留银行签章

5. 因出票人账户余额不足支付，而将不足支付的款项转入出票人逾期贷款户的票据是（　　）。

A. 支票　　B. 银行本票

C. 商业承兑汇票　　D. 银行承兑汇票

二、多项选择题

1. 支付结算原则包括（　　）。

A. 谁的钱进谁的账，由谁支配　　B. 银行不予垫款

C. 遵守结算纪律　　D. 恪守信用、履约付款

2. 支付结算业务可分为（　　）。

A. 现金业务　　B. 信用卡业务

C. 票据业务　　D. 结算凭证业务

3. 可用于转账的支票有（　　）。

A. 现金支票　　B. 转账支票

C. 普通支票　　D. 划线支票

4. 下列有关支票的表述中，错误的有（　　）。

A. 支票是有价证券

B. 支票的基本当事人不包括付款人

C. 支票可以透支

D. 划线支票可以用于支取现金，也可用于转账

5. 可以背书转让的票据有（　　）。

A. 支票　　B. 银行本票

C. 银行汇票　　D. 商业汇票

三、判断题

1. 支付结算工作的任务是根据经济往来组织支付结算，按照有关法律、行政法规和支付结算办法的规定办理支付结算，保障支付结算活动的正常进行。（　　）

2. 银行是支付结算和资金清算的中介机构。（　　）

3. 银行对签发的空头支票应予以退票，并按票面金额处以5%的罚款。（　　）

4. 填明“现金”字样的银行本票不得背书转让。（　　）

5. 支票的提示付款期限自出票日起两个月之内。（　　）

6. 转账支票既可以提现又可以转账。（　　）

7. 单位和个人在同一票据交换区域的各种款项结算均可使用支票。（　　）

任务三　办理银行本票结算业务

任务导入

丁海接手的第一笔业务是将收到的银行收款通知的账款进行一一核对，之后转给会计。丁海应该如何办理该项业务呢？

知识准备

一、银行本票结算的概念及适用范围

银行本票是指由银行签发的，承诺在见票时无条件支付确定金额给收款人或者持票人的票据。

银行本票具有见票即付、信誉度高、支付能力强的特点。银行本票的结算适用于单位、个人在同城范围内或是同一票据交换区域内的商品交换、劳务供应以及其他款项的结算。银行本票可以用于转账，注明“现金”字样的银行本票可以用于支取现金。银行本票格式如表 4－13、表 4－14 所示。

表 4－13

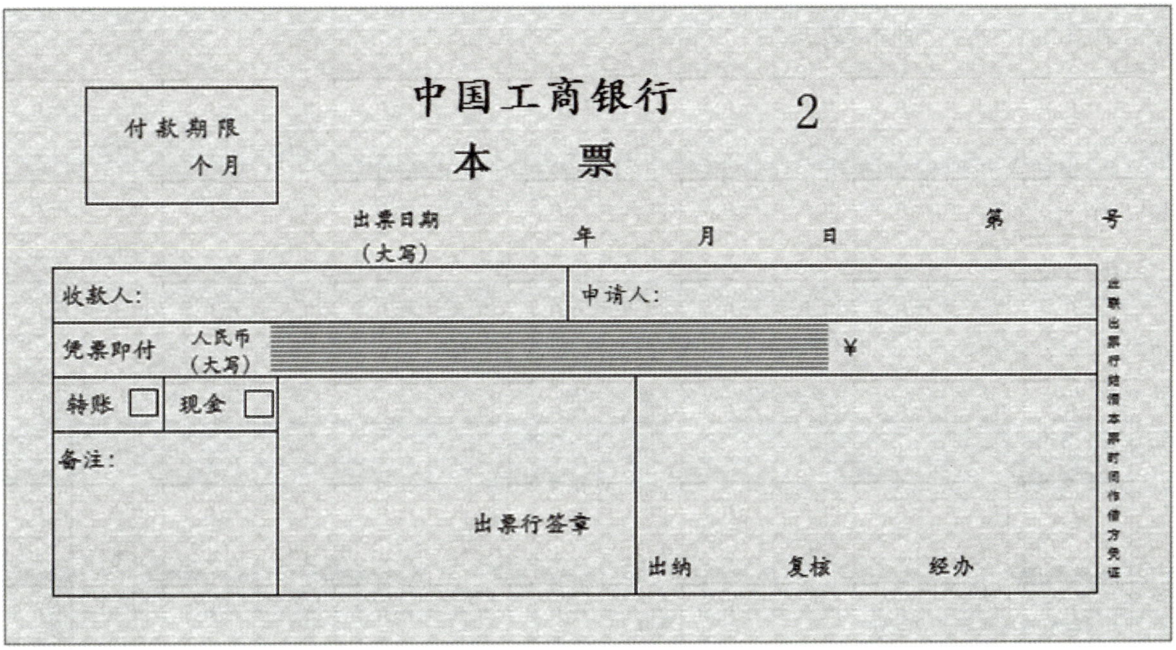

付款期限　个月

中国工商银行　2

本　票

出票日期（大写）　年　月　日　第　号

收款人：		申请人：	
凭票即付	人民币（大写）	¥	
转账 □	现金 □		
备注：	出票行签章	出纳　复核　经办	

此联出票行结清本票时作借方凭证

表 4－14

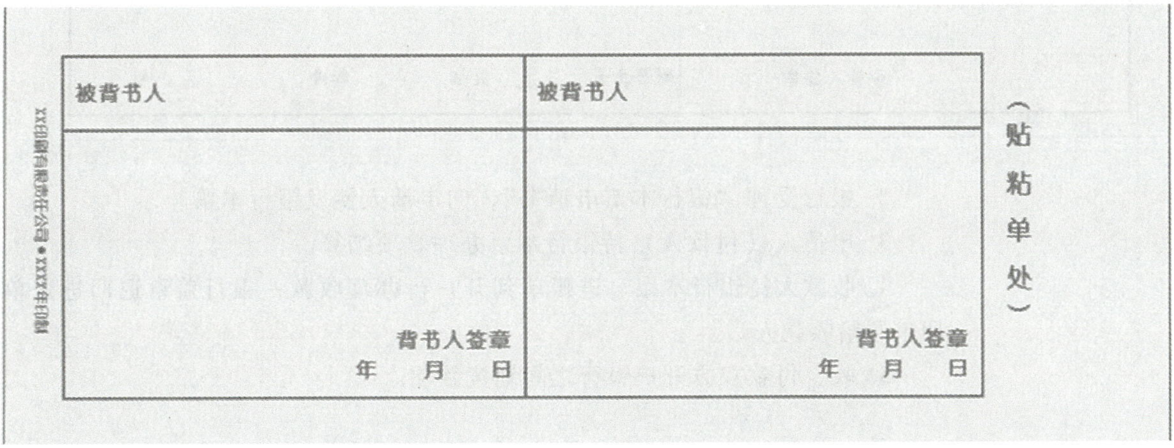

XX印刷有限责任公司•XXXX年印制

被背书人	被背书人
背书人签章 年　月　日	背书人签章 年　月　日

（贴粘单处）

二、银行本票结算的基本规定

1. 银行本票一律记名，允许背书转让，但是填有现金字样的本票不能背书转让。

2. 银行本票的付款期自出票日起最长不超过两个月（不分大月小月，统按次月对日计算，到期日遇节假日顺延）。逾期的银行本票，兑付银行不予受理，但可以在签发银行办理退款。

3. 银行本票的金额起点。不定额银行本票的金额起点为100元，定额银行本票面额为1 000元、5 000元、10 000元、50 000元。

4. 银行本票见票即付，不予挂失。本票的出票人在持票人提示付款时，必须承担付款责任；遗失的不定额银行本票在付款期满后一个月确未被冒领的，可以办理退款手续。

5. 不允许签发远期本票。

三、银行本票结算的基本程序

1. 申请人办理银行本票，应向银行填写“银行本票申请书”（见表4－15）。

表 4－15

中国工商银行 本票申请书

申请日期: 年 月 日 第 号

<table>
<tr><td>申请人</td><td colspan="2"></td><td>收款人</td><td colspan="11"></td><td rowspan="6">此联汇款人留存</td></tr>
<tr><td>账号或地址</td><td colspan="2"></td><td>账号或住址</td><td colspan="11"></td></tr>
<tr><td>用途</td><td colspan="2"></td><td>代理付款行</td><td colspan="11"></td></tr>
<tr><td rowspan="2">汇款金额</td><td rowspan="2" colspan="3">人民币
(大写)</td><td>亿</td><td>千</td><td>百</td><td>十</td><td>万</td><td>千</td><td>百</td><td>十</td><td>元</td><td>角</td><td>分</td></tr>
<tr><td></td><td></td><td></td><td></td><td></td><td></td><td></td><td></td><td></td><td></td><td></td></tr>
<tr><td colspan="2">上列款项请从我账号内支付。

申请人签章</td><td colspan="13">科目
对方科目

财务主管 复核 经办</td></tr>
</table>

2. 银行受理“银行本票申请书”，向申请人签发银行本票。

3. 申请人（付款人）持银行本票办理款项结算。

4. 收款人持银行本票、进账单到开户行办理收款，银行盖章退回进账单回单联给收款人。

5. 收、付款双方开户银行之间划拨款项。

银行本票结算程序如图 4－6 所示。

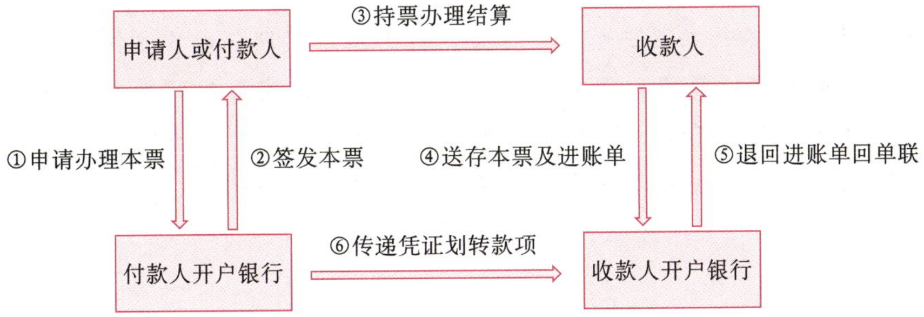

图 4－6　银行本票结算程序

四、银行本票的背书转让与退款

1. 银行本票的背书转让。银行本票是银行签发的，承诺自己在见票时无条件支付确定的金额给收款人或者持票人的票据。按照规定，银行本票一律记名，允许背书转让。但注明“现金”字样的本票不能背书转让。

银行本票的持有人转让本票，应在本票背面“背书”栏内背书，加盖本单位预留银行印鉴，注明背书日期，在“被背书人”栏内填写受票单位名称，之后将银行本票直接交给被背书单位，同时向被背书单位交验有关证件，以便被背书单位查验。被背书单位对收受的银行本票应认真进行审查，其审查内容与收款单位审查内容相同。按照规定，银行本票的背书必须连续，也就是说，银行本票上的任意一个被背书人就是紧随其后的背书人，并连续不断。如果本票的签发人在本票的正面注有“不准转让”字样，则该本票不得背书转让；背书人也可以在背书时注明“不准转让”，以禁止本票背书转让后再转让。

2. 银行本票退款的处理。银行本票见票即付，其流动性极强，银行不予挂失。一旦遗失或被窃，被人冒领款项，后果由银行本票持有人自负。所以银行本票持有人必须像对待现金那样，认真、妥善保管银行本票，防止遗失或被窃。按照规定，超过付款期限的银行本票应同时具备下列两个条件方可办理退款。

（1）该银行本票由签发银行签发后未曾背书转让。

（2）持票人为银行本票的收款单位。

知识扩展

银行本票与其他银行结算方式相比有以下优势：

1. 使用方便。我国现行的银行本票使用方便灵活。单位、个体经济户和个人不管其是否在银行开户，它们之间在同城范围内的所有商品交易、劳务供应以及其他款项的结算都可以使用银行本票。收款单位和个人持银行本票可以办理转账结算，也可以支取现金，同样也可以背书转让。银行本票见票即付，结算迅速。

2. 信誉度高，支付能力强。银行本票是由银行签发，并于指定到期日由签发银行无条件支付，因而信誉度很高，一般不存在得不到正常支付的问题。其中，定额银行本票由中国人民银行发行，各大国有商业银行代理签发，不存在票款得不到兑付的问题。不定额银行本票由各大国有商业银行签发，由于其资金力量雄厚，因而一般也不存在票款得不到兑付的问题。

任务实施

2020 年 5 月 14 日，北京市辰新商贸有限公司向三江电子设备厂购进电子配件一批 3 000 个，不含税单价 30 元，增值税税率 13%，含税合计金额 101 700元。出纳到开户银行申请银行本票 101 700 元。

实施步骤：

第一步：经办人员填写物品采购审批单，交部门领导、会计主管审批。出纳填写“银行本票申请书”，申请银行本票。银行签发银行本票，交由出纳带回第二联（见表 4－16）。

表 4－16

付款期限 壹 个月

中国工商银行 本 票　　2　　10200070 82215998

出票日期（大写） 贰零贰零 年 零伍 月 壹拾肆 日　　第　　号

收款人：三江电子设备厂		申请人：北京市辰新商贸有限公司	
凭票即付	人民币（大写） 壹拾万壹仟柒佰元整		¥ 101,700.00
转账 ☑ 现金 ☐	中国工商银行股份有限公司 2020.05.14 本票专用章 出票行签章		
备注：		出纳　复核　经办	

出联出票行结清本票时作借方凭证

第二步：会计主管审核增值税专用发票及银行本票（见表 4－17、表 4－18）。

表 4－17

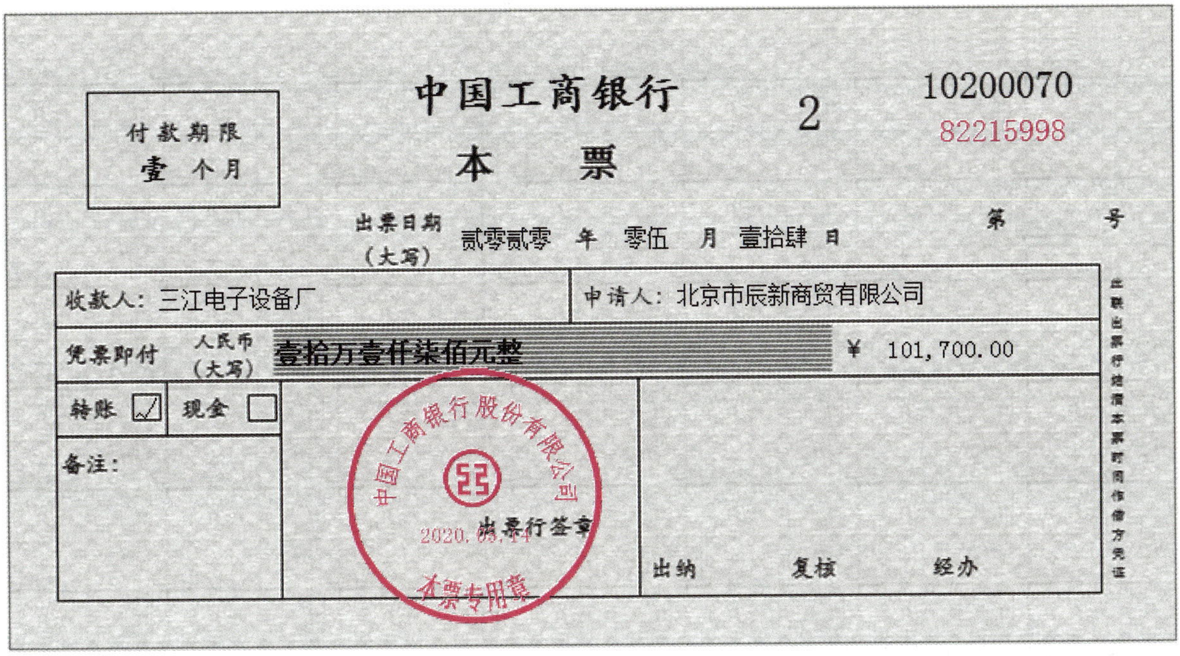

中国工商银行　本票　2

10200070
82215998

付款期限　壹个月

出票日期（大写）　贰零贰零　年　零伍　月　壹拾肆　日　　第　　号

收款人：三江电子设备厂		申请人：北京市辰新商贸有限公司
凭票即付　人民币（大写）壹拾万壹仟柒佰元整		¥　101,700.00
转账 ☑　现金 ☐	出票行签章	
备注：		出纳　复核　经办

出联出票行结清本票时作借方凭证

表 4－18

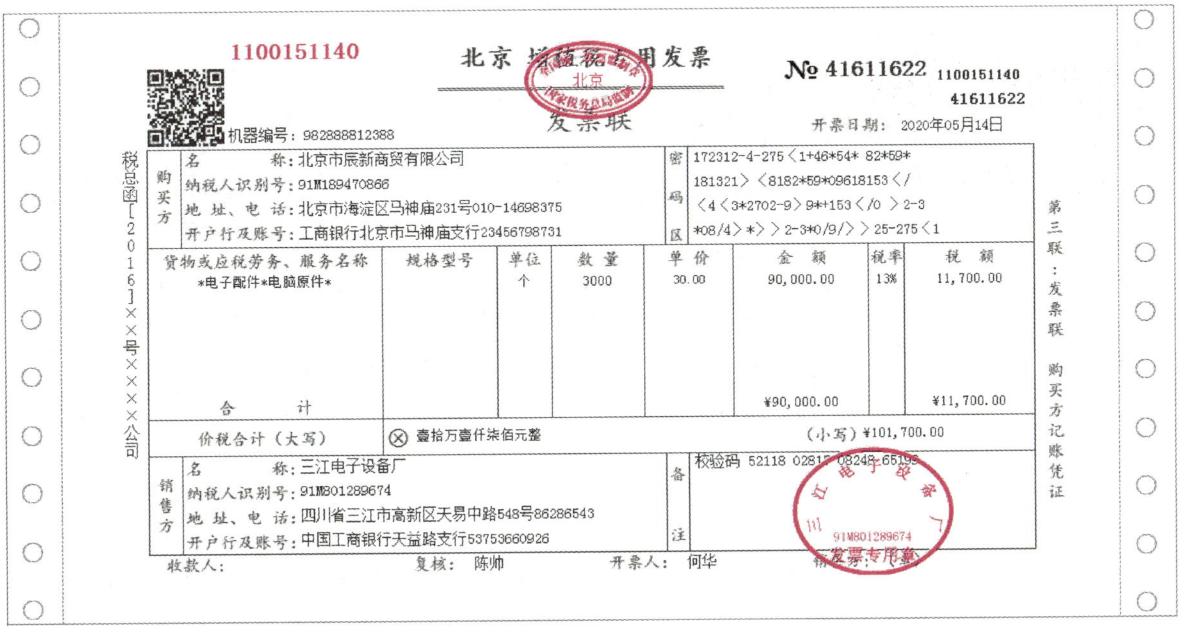

1100151140

北京增值税专用发票

发票联

№ 41611622　1100151140
41611622

机器编号：982888812388　　开票日期：2020年05月14日

税总函[2016]××号××××公司

购买方	名称：北京市辰新商贸有限公司 纳税人识别号：91M189470866 地址、电话：北京市海淀区马神庙231号010-14698375 开户行及账号：工商银行北京市马神庙支行23456798731			密码区	172312-4-275＜1+46*54* 82*59* 181321＞＜8182*59*09618153＜/ ＜4＜3*2702-9＞9*+153＜/0 ＞2-3 *08/4＞*＞＞2-3*0/9/＞＞25-275＜1		
货物或应税劳务、服务名称	规格型号	单位	数量	单价	金额	税率	税额
*电子配件*电脑原件*		个	3000	30.00	90,000.00	13%	11,700.00
合计					¥90,000.00		¥11,700.00
价税合计（大写）	⊗ 壹拾万壹仟柒佰元整				（小写）¥101,700.00		
销售方	名称：三江电子设备厂 纳税人识别号：91M801289674 地址、电话：四川省三江市高新区天易中路548号86286543 开户行及账号：中国工商银行天益路支行53753660926			备注	校验码 52118 02817 08248 65193		

收款人：　　复核：陈帅　　开票人：何华　　销售方：（章）

第三联：发票联　购买方记账凭证

第三步：会计填写记账凭证，出纳登记日记账。

（1）申请银行本票时（见表 4－19）。

表 4－19

付 款 凭 证

2020年 05 月 14 日　　　　付字 09 号

摘要	科目		√	借方余额									贷方余额									
	总账科目	明细科目		百	十	万	千	百	十	元	角	分	百	十	万	千	百	十	元	角	分	
申请银行本票	其他货币资金	银行本票			1	0	1	7	0	0	0	0										（附
	银行存款	工行账户												1	0	1	7	0	0	0	0	件
																						2
																						张）
合计				¥	1	0	1	7	0	0	0	0	¥	1	0	1	7	0	0	0	0	

会计主管 李宏　记账 周云　出纳 周云　稽核 李宏　填制 孙娟

（2）收到购料时（见表 4－20）。

表 4－20

转 账 凭 证

2020年 05 月 14 日　　　　转字 04 号

摘要	科目		√	借方余额									贷方余额									
	总账科目	明细科目		百	十	万	千	百	十	元	角	分	百	十	万	千	百	十	元	角	分	
购买电脑原件	原材料	电脑原件				9	0	0	0	0	0	0										（附
	应交税费	应交增值税（进项税额）				1	1	7	0	0	0	0										件
	其他货币资金	银行本票												1	0	1	7	0	0	0	0	2
																						张）
合计				¥	1	0	1	7	0	0	0	0	¥	1	0	1	7	0	0	0	0	

会计主管 李宏　记账 孙娟　出纳　稽核 李宏　填制 孙娟

任务拓展

1. 丁海第一次办理银行本票业务，先从填写“银行本票申请书”开始（见表 4－21）。

表 4－21

中国工商银行 本票申请书

申请日期：　　年　　月　　日　　　　第　　号

申请人		收款人	
账号或地址		账号或住址	
用途		代理付款行	

汇款金额	人民币（大写）	亿	千	百	十	万	千	百	十	元	角	分

上列款项请从我账号内支付。 申请人签章	科目＿＿＿＿ 对方科目＿＿＿＿ 财务主管　　复核　　经办

此联汇款人留存

职业能力训练

一、单项选择题

1. 下列关于银行本票性质的表述中，不正确的是（　　）。

A. 银行本票的付款人见票时必须无条件付款给持票人

B. 持票人超过提示付款期限不获付款的，可向出票银行请求付款

C. 银行本票不可以背书转让

D. 注明“现金”字样的银行本票可以用于支取现金

2. 在银行开立存款户的持票人向开户银行提示付款时，应在银行本票（　　）处签章。

A. 背书人栏　　　　B. 被背书人栏

C. 持票人向银行提示付款签章　　　　D. 附加信息栏

二、多项选择题

1. 下列各项中，属于银行本票绝对记载事项的有（　　）。

A. 出票人签章　　　　B. 收款人的名称

C. 无条件支付的承诺　　　　D. 表明“银行本票”的字样

2. 个人持银行本票，需要委托他人向银行提示付款的，（　　）应在银行本票背面“持票人向银行提示付款签章”处签章。

A. 委托人　　　　B. 被委托人

C. 背书人　　　　D. 被背书人

任务四　办理银行汇票结算业务

任务导入

辰新商贸有限公司向三江电子设备厂购进电子配件一批，单价 5 元，不含税合计价款 85 000 元，增值税 11 050 元。双方商定采用银行汇票的方式办理结算，丁海到开户银行申请签发银行汇票一张面额100 000元。丁海应该如何办理？

知识准备

一、银行汇票结算的概念及适用范围

银行汇票是指汇款人将款项交存出票银行，由出票银行签发的见票时按实际结算金额无条件支付给收款人或持票人的票据。

银行汇票适用于单位、个人异地间的商品交易、劳务供应以及债权债务的款项结算。

银行汇票具有票随人到、快速方便、使用灵活、兑现强、余款自动退回等特点。

二、银行汇票的格式

银行汇票一式四联：

第一联为“卡片”，出票行结清汇票时作汇款的借方凭证；

第二联为“银行汇票”，代理付款行付款后作联行往账借方凭证附件；

第三联为“解讫通知”，代理付款行兑付后随报单寄出票行，由出票行作多余款贷方凭证；

第四联为“多余款项收账通知”，出票行结清多余款后交申请人。

银行汇票正联如表 4－22 所示。

表 4－22

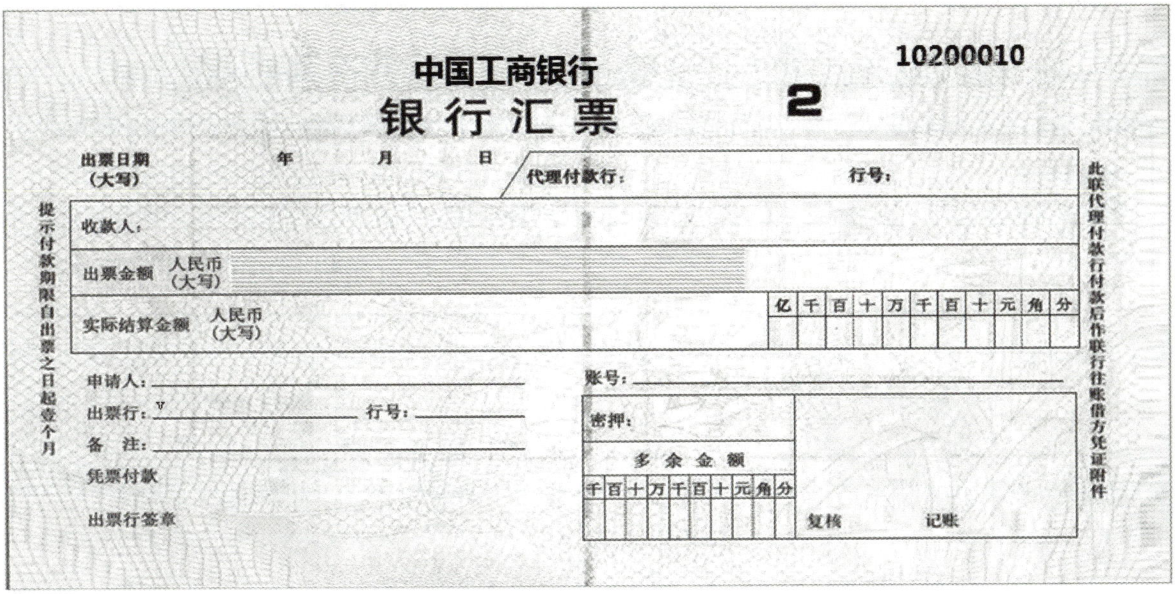
中国工商银行
银行汇票　2　10200010

出票日期（大写）　年　月　日　代理付款行：　行号：

提示付款期限自出票之日起壹个月

收款人：		
出票金额	人民币（大写）	
实际结算金额	人民币（大写）	亿 千 百 十 万 千 百 十 元 角 分

申请人：　账号：

出票行：　行号：　密押：

备　注：

凭票付款

出票行签章

多余金额									
千	百	十	万	千	百	十	元	角	分

复核　记账

此联代理付款行付款后作联行往账借方凭证附件

三、银行汇票结算的基本规定

1. 银行汇票一律记名，允许背书转让，但“现金”字样银行汇票不能转让。

2. 银行汇票申请结算的起点金额为 500 元，500 元以下款项不予办理。

3. 银行汇票的付款期为 1 个月。此一个月指从签发日开始，不论月大月小，统一到下月对应日期止。比如签发日为 3 月 7 日，则付款期到 4 月 7 日止，到期日遇例假日可以顺延，逾期的银行汇票兑付银行不予受理。而提到的付款期是指从签发之日起到办理兑付之日止的时期。

4. 持票人如果丢失了填明“现金”字样的银行汇票，应当立即向兑付银行或签发银行请求挂失。在银行受理挂失前（包括对方行收到挂失通知前）被冒领，银行概不负责。另外，遗失填明收款单位或个体经营户名称的汇票，银行不予挂失。

5. 收款人持银行汇票向银行支取款项时如需分次支取，应以收款人的姓名开立临时存款账户办理支付，临时存款账户只付不收，付完清户不计利息。

6. 汇款人因在银行汇票超过付款期或因其他原因要求退款时，可持银行汇票和解讫通知到签发银行办理退汇。

四、银行汇票结算的基本程序

1. 汇款人（申请人）委托银行办理汇票，填写一式三联的“银行汇票申请书”（见表 4－23）。

表 4－23

中国工商银行银行汇票申请书（借方凭证）2

申请日期 年 月 日 第 号

收款人		汇款人	
账号或地址		账号或地址	
兑付地点		兑付行	
汇款金额	人民币（大写）		千 百 十 万 千 百 十 元 角 分

上列款项请从我账户内支付

申请人盖章

科 目

对方科目

转账日期

复核 记账

此联由汇款人留存作记账传票

2. 银行受理并签发汇票。
3. 汇款人将银行汇票和解讫通知交收款人结算。
4. 收款人持银行汇票和解讫通知填写进账单办理取款。
5. 收款人开户行转收款人通知。
6. 银行间结算划拨。
7. 结算汇票退还余额给申请人。

银行汇票结算程序如图 4－7 所示。

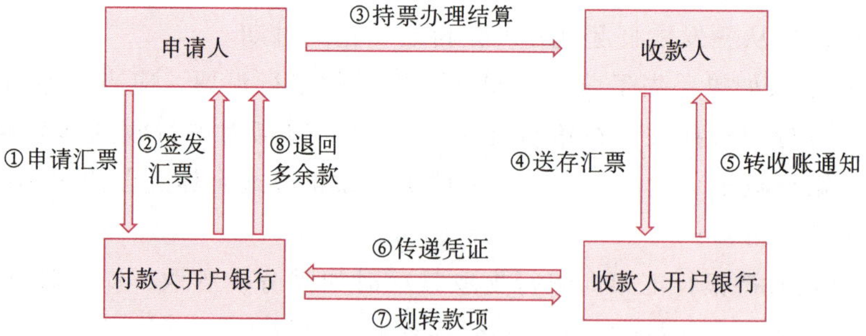

图 4－7 银行汇票结算程序

银行本票与银行汇票的区别（见表 4－24）。

表 4－24

区别	银行本票	银行汇票
适用范围	（1）单位和个人在同一票据交换区域支付各种款项时，均可以使用银行本票 （2）银行本票可以用于转账，注明“现金”字样的银行本票可以用于支取现金	（1）银行汇票可用于转账，填明“现金”字样的银行汇票也可以支取现金 （2）单位和个人各种款项结算，均可使用银行汇票
提示付款	自出票日起最长不得超过 2 个月。（持票人超过提示付款期限不获付款的，在行使票据权利时向出票银行做出说明，并提供本人身份证件或单位证明，可持银行本票向出票银行请求付款）	自出票之日起 1 个月，提交汇票联＋解讫通知联两联（超过付款期限提示付款的，代理付款银行不予受理；可在票据权利期内，向出票银行做出说明并提供证件，持汇票联和解讫通知联向出票银行请求付款）

任务实施

2020 年 5 月 8 日，辰新商贸有限公司向三江电子设备厂购进电子配件一批 17 000 件，不含税单价 5 元，增值税税率 13%，含税合计金额 96 050 元。双方商定采用银行汇票的方式办理结算，出纳到开户银行申请签发银行汇票一张面额 100 000 元。5 月 11 日，采购员持银行汇票购入该配件，材料已发出，尚未到达。

实施步骤：

第一步：出纳向银行申请银行汇票并填写银行汇票业务委托书。银行按申请额出票（见表 4－25）。

表 4－25

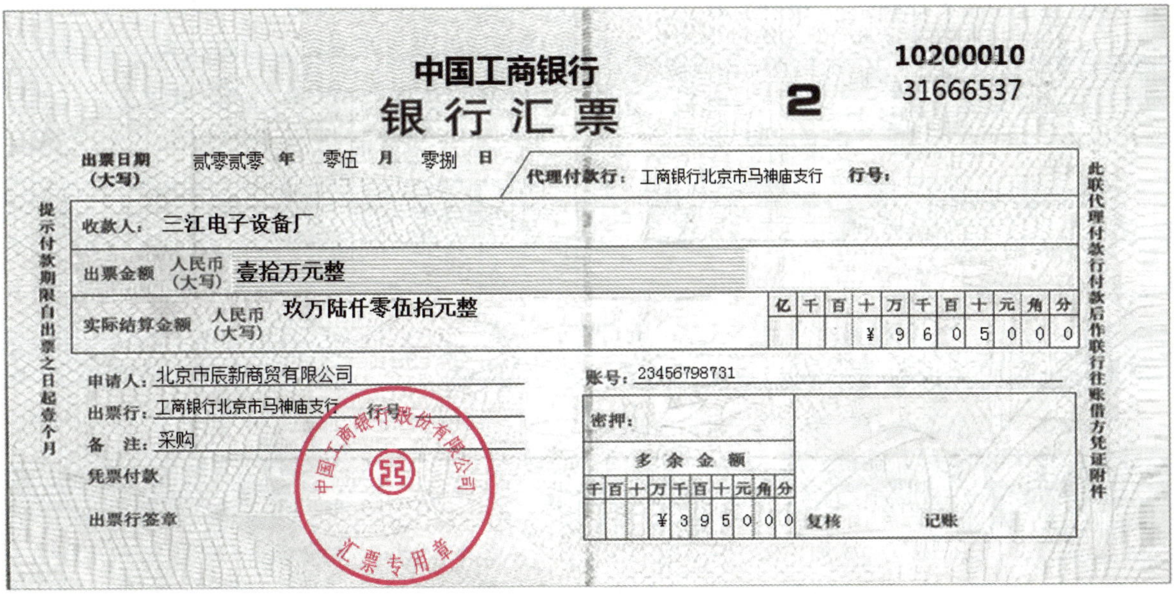

中国工商银行
银行汇票　2　10200010 31666537

提示付款期限自出票之日起壹个月

出票日期（大写）　贰零贰零 年 零伍 月 零捌 日　代理付款行：工商银行北京市马神庙支行　行号：

收款人：三江电子设备厂

出票金额　人民币（大写）　壹拾万元整

实际结算金额　人民币（大写）　玖万陆仟零伍拾元整

亿	千	百	十	万	千	百	十	元	角	分
			¥	9	6	0	5	0	0	0

申请人：北京市辰新商贸有限公司　账号：23456798731

出票行：工商银行北京市马神庙支行　行号：

备　注：采购　密押：

凭票付款

出票行签章　中国工商银行股份有限公司 汇票专用章

多余金额

千	百	十	万	千	百	十	元	角	分
			¥	3	9	5	0	0	0

复核　记账

此联代理付款行付款后作联行往账借方凭证附件

第二步：会计填写会计凭证。

（1）申请银行汇票时（见表4－26）。

表4－26

付款凭证

2020年 05 月 08 日　　　　付字 04 号

摘要	科目		√	借方余额									贷方余额								
	总账科目	明细科目		百	十	万	千	百	十	元	角	分	百	十	万	千	百	十	元	角	分
申请银行汇票	其他货币资金	银行汇票			1	0	0	0	0	0	0	0									
	银行存款	工行账户												1	0	0	0	0	0	0	0
合计				¥	1	0	0	0	0	0	0	0	¥	1	0	0	0	0	0	0	0

（附件 2 张）

会计主管 李宏　记账 周云　出纳 周云　稽核 李宏　填制 孙娟

（2）购料时（见表4－27）。

表4－27

转账凭证

2020年 05 月 08 日　　　　转字 02 号

摘要	科目		√	借方余额									贷方余额								
	总账科目	明细科目		百	十	万	千	百	十	元	角	分	百	十	万	千	百	十	元	角	分
购买电子配件	在途物资	甲型原件				8	5	0	0	0	0	0									
	应交税费	应交增值税（进项税额）				1	1	0	5	0	0	0									
	其他货币资金	银行汇票													9	6	0	5	0	0	0
合计					¥	9	6	0	5	0	0	0		¥	9	6	0	5	0	0	0

（附件 2 张）

会计主管 李宏　记账 孙娟　出纳　稽核 李宏　填制 孙娟

（3）退回多余款时（见表 4－28）。

表 4－28

收　款　凭　证

2020年 05 月 08 日　　　　收字 08 号

摘要	科目		√	借方余额									贷方余额								
	总账科目	明细科目		百	十	万	千	百	十	元	角	分	百	十	万	千	百	十	元	角	分
退回余款	银行存款	工行存款					3	9	5	0	0	0									
	其他货币资金	银行汇票														3	9	5	0	0	0
合计						¥	3	9	5	0	0	0			¥	3	9	5	0	0	0

（附件 1 张）

会计主管 李宏　记账 周云　出纳 周云　稽核 李宏　填制 孙娟

任务拓展

请根据上述任务实施内容，填写“银行汇票申请书”（见表 4－29）。

表 4－29

中国工商银行银行汇票申请书（借方凭证）2

申请日期　　年　　月　　日　　　第　　号

收款人		汇款人	
账号或地址		账号或地址	
兑付地点		兑付行	
汇款金额	人民币（大写）	千 百 十 万 千 百 十 元 角 分	

上列款项请从我账户内支付　　科　目

申请人盖章　　对方科目

转账日期

复核　　记账

此联由汇款人留存作记账传票

职业能力训练

一、单项选择题

1. 银行汇票丧失，失票人可以凭法院出具的其享有票据权利的证明，向（　　）请求付款或退款。

A. 出票银行　　B. 持票人开户银行

C. 出票人　　D. 背书人

2. 根据《中华人民共和国票据法》的规定，下列各项中，不属于银行汇票必须记载的事项是（　　）。

A. 确定的金额　　B. 付款人名称

C. 收款人名称　　D. 承兑人名称

3. 关于银行汇票办理和使用要求，下列表述不正确的是（　　）。

A. 签发银行汇票，申请人和收款人都必须是个人

B. 出票银行收妥款项后签发银行汇票，并用压数机压印出票金额，只需将银行汇票联交给申请人

C. 银行汇票应在出票金额内按实际结算金额办理结算

D. 银行汇票的实际结算金额不得更改，更改实际结算金额的银行汇票无效

二、多项选择题

1. 下列各选项中，符合银行汇票结算基本规定的有（　　）。

A. 银行汇票一律记名

B. 银行汇票的付款期为 1 个月

C. 需要支取现金的，应在汇票中填写“现金”字样

D. 银行汇票遗失，不得挂失止付

2. 根据支付结算法律制度的规定，下列票据中，允许个人使用的有（　　）。

A. 支票　　B. 银行承兑汇票

C. 银行本票　　D. 银行汇票

三、判断题

1. 电子商业汇票包括电子银行承兑汇票和电子商业承兑汇票，电子商业汇票系统运行后，纸制商业汇票、电子商业汇票同时使用。（　　）

2. 背书不得附有条件，背书附有条件的，所附条件不具有票据上的效力。（　　）

3. 在签发票据时，单位和银行的名称应当记载全称或规范化简称。（　　）

任务五　办理商业汇票结算业务

任务导入

辰新商贸有限公司将持有的三江电子设备厂开出的不带息商业承兑汇票8 000元向银行贴现，经银行同意办理贴现，该票据于3月7日签发，期限为6个月，月贴现率为6‰。丁海应该如何办理？

知识准备

一、商业汇票结算的概念及适用范围

商业汇票是指由出票人签发的，委托付款人按规定日期无条件支付确定金额给收款人或持票人的票据。商业汇票的出票人可以是收款人，也可以是付款人或承兑申请人，商业汇票的付款人为承兑人。

商业汇票结算方式适用于同城或异地在银行开立账户的法人以及其他组织之间，根据购销合同进行商品交易及债权债务的结算。它是一种先发货后收款或延期付款的商业交易结算。

二、商业汇票种类

商业汇票按承兑人不同分为商业承兑汇票和银行承兑汇票；按票据是否带息分为不带息商业汇票（到期值为面值）和带息商业汇票（到期值为面值加利息）。

1. 商业承兑汇票。商业承兑汇票是由收款人签发，经付款人承兑，或由付款人签发并承兑的一种票据（见表4－30）。

商业承兑汇票一式三联：

第一联为“卡片”，此联承兑人留存；

第二联为“汇票”，此联由收款人开户行随托收凭证传递给付款人开户行作借方凭证附件；

第三联为“存根”，此联由签发人存查。

表 4－30

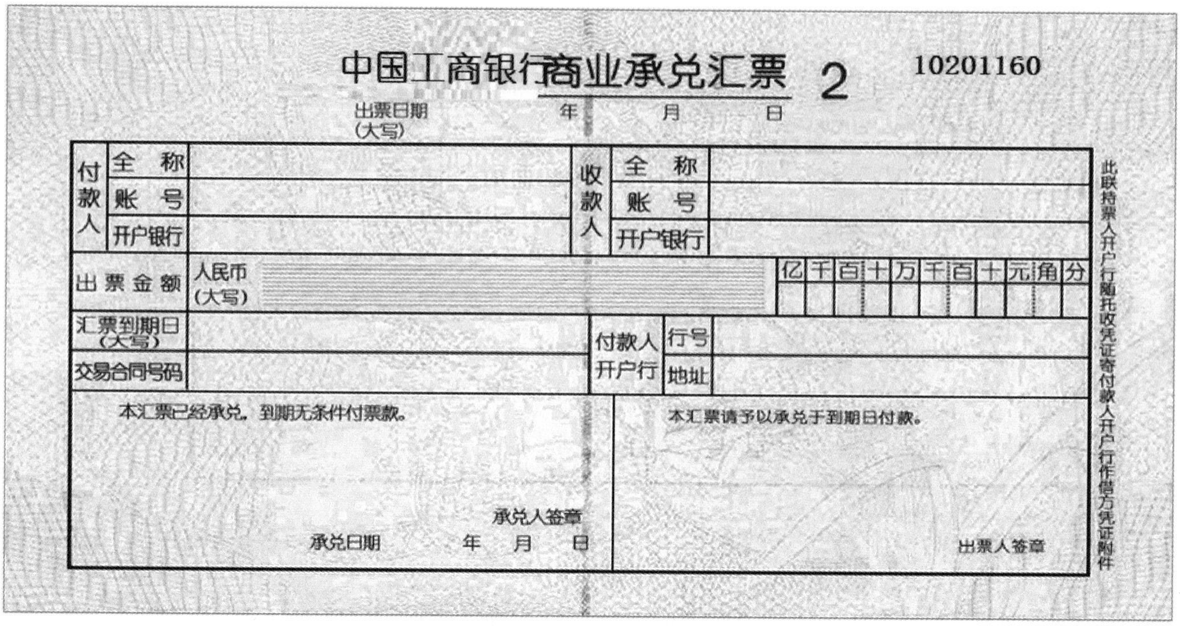

中国工商银行商业承兑汇票 2　　10201160

出票日期（大写）　年　月　日

付款人	全　称		收款人	全　称	
	账　号			账　号	
	开户银行			开户银行	
出票金额	人民币（大写）		亿千百十万千百十元角分		
汇票到期日（大写）			付款人开户行	行号	
交易合同号码				地址	
本汇票已经承兑，到期无条件付票款。 承兑人签章 承兑日期　年　月　日			本汇票请予以承兑于到期日付款。 出票人签章		

此联持票人开户行随托收凭证寄付款人开户行作借方凭证附件

2. 银行承兑汇票。银行承兑汇票是由付款人或承兑申请人签发的，经银行审查同意承兑的票据（见表 4－31）。

表 4－31

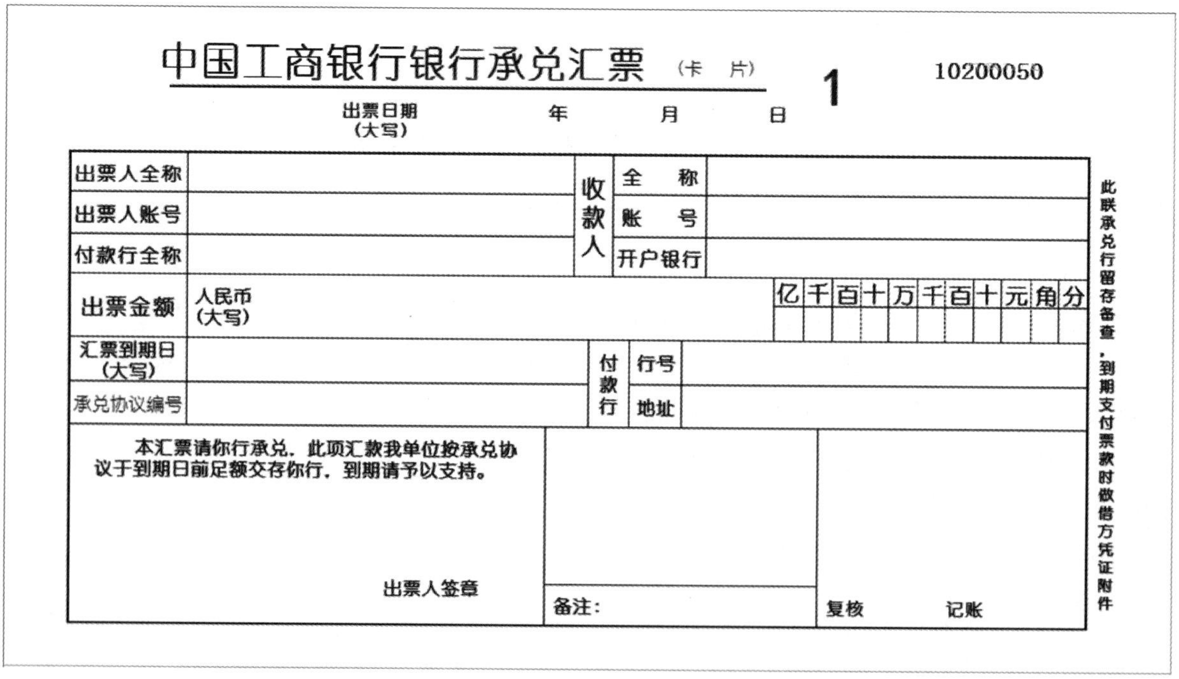

中国工商银行银行承兑汇票（卡　片） 1　　10200050

出票日期（大写）　年　月　日

出票人全称		收款人	全　称		
出票人账号			账　号		
付款行全称			开户银行		
出票金额	人民币（大写）		亿千百十万千百十元角分		
汇票到期日（大写）		付款行	行号		
承兑协议编号			地址		
本汇票请你行承兑，此项汇款我单位按承兑协议于到期日前足额交存你行，到期请予以支持。 出票人签章		备注：		复核　记账	

此联承兑行留存备查，到期支付票款时做借方凭证附件

银行承兑汇票一式三联：

第一联为“卡片”，此联承兑银行留存备查，到期支付票款时作为借方凭证附件；

第二联为“汇票”，此联随委托收款凭证寄付款行作借方凭证附件；

第三联为“存根”，此联由出票人存查。

三、商业汇票结算的基本规定

1. 使用商业汇票结算的条件。

（1）商业汇票一律为记名式。允许背书转让。签发人或承兑人在汇票正面记明“不得转让”字样的汇票不得背书转让。

（2）使用商业汇票的单位必须是在银行开立账户的法人。

（3）签发商业汇票必须以合法的商品交易为基础，禁止签发无对价商品交易的汇票，严禁利用商业汇票拆借资金和套取银行贴现资金。

2. 商业承兑汇票结算规定。

（1）商业承兑汇票按购、销双方约定签发。由收款人签发的商业承兑汇票，应交付款人承兑；由付款人签发的商业承兑汇票，应经本人承兑。承兑时，付款人须在商业承兑汇票下面签署“承兑”字样，并加盖预留银行印章，再将商业承兑汇票交给收款人。

（2）商业承兑汇票的办理。

①商业承兑汇票的收款人或被背书人，对在同一城市的付款人承兑的汇票，应于汇票到期日将汇票送交银行办理收款，对在异地的付款人承兑的汇票，应于汇票到期日前5天内，将汇票交开户银行办理收款。对逾期的汇票，应于汇票到期日次日起10天内，将汇票送交开户银行办理收款。超过期限，银行不予受理。

②办理商业承兑汇票收款时，均需填制委托收款凭证，并在“委托收款货物名称栏”注明“商业承兑汇票”及汇票号码，将汇票随托收凭证一并送交开户银行。

四、商业汇票结算的基本程序

（一）商业承兑汇票结算的基本程序

1. 签发汇票。商业承兑汇票按照双方协定，可以由付款单位签发，也可以由收款人签发。出纳填写汇票一式三联交付款人，商业承兑汇票由付款单位承兑。

2. 付款人承兑商业汇票。付款人在汇票的承兑栏签署“承兑”字样，注明承兑日期加盖银行印鉴后交给收款人。

3. 收款人委托银行收款。委托银行收款时，应填写一式五联的“委托收款凭证”，在其中“委托收款凭证名称”栏内注明“商业承兑汇票”字样及汇票号码，在商业承兑汇票第二联背面加盖收款单位公章后，一并送交开户银行。

4. 到期兑付。付款人收到开户行转来的“托收凭证”的付款通知联及所附汇票后，核对无误即通知银行付款。

5. 银行办理划款。

6. 收妥入账。

商业承兑汇票结算程序如图 4－8 所示。

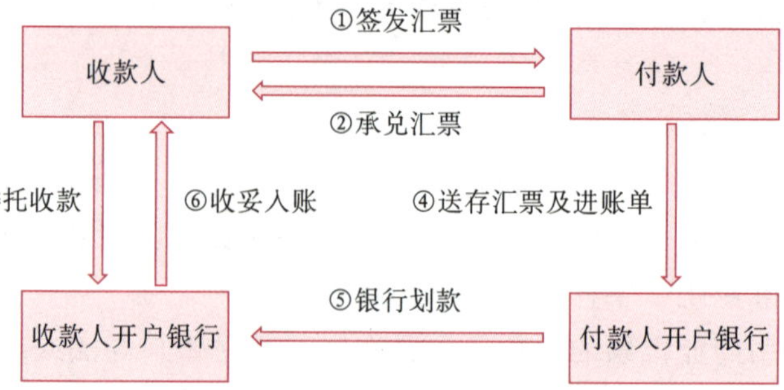

图 4－8 商业承兑汇票结算程序

（二）银行承兑汇票的结算程序

1. 签发、承兑银行承兑汇票。付款人按照双方签订的合同约定，签发银行承兑汇票，银行承兑汇票一式三联。按照“银行承兑汇票协议”的规定，付款单位办理承兑手续应向承兑银行支付手续费，由开户银行从付款单位存款户中扣收。按照现行规定，银行承兑手续费按银行承兑汇票票面金额的万分之五计收，每笔手续费不足 10 元的，按 10 元计收。

2. 委托收款。付款单位出纳员在填制完银行承兑汇票后，应将汇票的有关内容与交易合同进行核对，核对无误后填制“银行承兑汇票协议”（见表 4－32）及银行承兑汇票清单，并在“承兑申请人”处盖单位公章。银行承兑汇票协议一般为一式三联，待银行审核完毕之后，在银行承兑汇票协议上加盖银行公章或合同章，在银行承兑汇票上加盖汇票专用章，并至少加盖一个经办人私章。

表 4－32

银行承兑汇票协议 1

编号：

银行承兑汇票的内容：

出票人全称	收款人全称
开户银行	开户银行
账　　号	账　　号
汇票号码	汇票金额（大写）
出票日期　　年　　月　　日	到期时间　　年　　月　　日

以上汇票经银行承兑，出票人愿遵守《支付结算办法》的规定及下列条款：

一、出票人于汇票到期日前将应付票款足额交存承兑银行。

二、承兑手续费按票面金额千分之（　　　　　　）计算，在银行承兑时一次付清。

三、出票人与持票人如发生任何交易纠纷，均由其双方自行处理，票款于到期前仍按第一条办理不误。

四、承兑汇票到期日，承兑银行凭票无条件支付票款。如到期日之前出票人不能足额交付票款时，承兑银行对不足支付部分的票款转做出票申请人逾期贷款，并按照有关规定计收罚息。

五、承兑汇票款付清后，本协议自动失效。

承兑银行签章　　　　　　出票人签章

年　　月　　日

3. 到期兑付。纸质银行承兑汇票的承兑期限最长不超过6个月，电子银行承兑汇票的承兑期限最长不超过1年。承兑申请人在银行承兑汇票到期未付款的，按规定计收逾期罚息。

银行承兑汇票结算程序如图4－9所示。

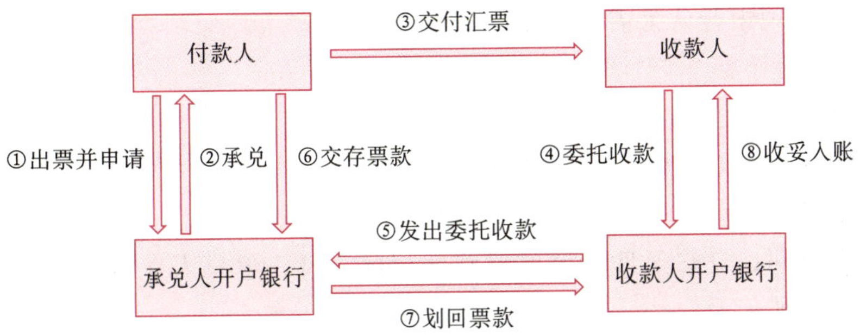

图4－9　银行承兑汇票结算程序

小贴士：

银行承兑汇票与商业承兑汇票的区别：银行承兑汇票与商业承兑汇票的结算程序区别，增加了两个环节：申请银行承兑和银行同意承兑。企业使用银行承兑汇票，要向银行支付手续费。票据到期时如果出票人不能足额支付票款，承兑银行凭票向持票人无条件付款，并向出票人收取利息。

五、商业承兑汇票的贴现

（一）概念

商业承兑汇票贴现是指票据持票人在汇票到期日前，为了取得资金，贴付一定利息将票据权利转让给银行的票据行为，是持票人向银行融通资金的一种方式。

持有人将未到期的商业承兑汇票交给银行，向银行申请贴现，应填制一式五联“贴现凭证”，银行按照票面金额扣收自贴现日至汇票到期日期间的利息，将票面金额扣除贴现利息后的净额交给汇票持有人。第一联（代申请书）交银行作贴现付出传票；第二联（收入凭证）交银行作贴现申请单位账户收入传票；第三联（收入凭证）交银行作贴现利息收入传票；第四联（收账通知）交银行作贴现申请单位的收账通知；第五联（到期卡）交会计部门按到期日排列保管，到期日作贴现收入凭证。

（二）申请条件

（1）票据真实，记载符合支付结算办法规定。

（2）持票企业与其前手企业之间具有真实的商品交易关系。

（3）申请贴现商业承兑汇票的，出票企业应满足银行商票贴现授信条件。

（4）持票企业与银行签订贴现回购业务（定期或不定期协议书）。

（5）持票企业在银行开立存款账户。

（三）贴现所需材料

持票人办理汇票贴现业务时，需填写“商业汇票贴现申请书”，加盖公章和法定代表人名章（或授权代理人名章）后提交开户行，并提供以下资料：

（1）未到期且格式完整的商业承兑汇票。

（2）贴现申请人的“企业法人营业执照”或其复印件。

（3）持票人与出票人或其直接前手之间的增值税发票（对因《中华人民共和国增值税暂行条例》所列不得出具增值税发票的商品交易，无增值税发票作附件的，可由申请人提交足以证明其具有真实商品交易关系的其他书面材料）和商品发运单据复印件。

（4）贴现银行认为需要提供的其他资料。

（四）贴现的计算

1. 不带息计算方法。

贴现利息 = 票面金额 × 日贴现率 × 贴现日期

日贴现率 = 月贴现率 ÷ 30 = 年贴现率 ÷ 360

贴现日期：自贴现日起至票据到期日前 1 日，承兑人在异地的，贴现期限计算时另加 3 天。

2. 带息计算方法。

票据到期值 = 票据面值 × （1 + 票据利率 × 票据期限）

贴现利息 = 票据到期值 × 贴现天数 × 日贴现率

日贴现率 = 月贴现率 ÷ 30 = 年贴现率 ÷ 360

贴现净额 = 票据到期值 − 贴现利息

上述公式中的“利率”，一般是指年利率，如果按月计算利息，应将年利率换算为月利率，如果按日计算利息，应将年利率换算为日利率。为了计算方便，银行通常按一年 360 天计算。

> 小贴士：
>
> 商业承兑汇票由银行以外的付款人来承兑，是基于企业双方良好信用基础之上进行的交易。但因为资金没有保障，具有风险，所以较少使用。

票据到期，由贴现银行通过付款单位开户银行向付款单位办理清算，收回票款。

票据到期，有以下几种情况：

（1）如果付款单位存款足额支付票款，收款单位应于贴现银行收到票款后将应收票据在备查簿中注销。

（2）当付款单位存款不足无力支付到期商业承兑汇票时，贴现行将商业承兑汇票退还给贴现单位，开出特种转账传票，并在“转账原因”中注明“未收到 × × 号汇票款，贴现款已从你账户收取”字样，从贴现单位银行账户直接划转已贴现票款。

贴现单位收到银行退回的商业承兑汇票和特种转账传票时，凭特种转账传票编制银行存款付款凭证。同时立即向付款单位追索票款。

四种结算票据的比较（见表 4－33）。

表 4－33

	支票	银行本票	银行汇票	商业汇票
种类	现金支票、转账支票、普通支票	——	——	商业承兑汇票、银行承兑汇票
地域范围	全国	同一票据交换区	异地和同城	异地和同城
能否支付	现金支票和未划线的普通支票能	申请人和收款人均为个人的能	申请人和收款人均为个人的能	不能
能否背书转让	现金支票不能	填明“现金”字样的不能	填明“现金”字样的不能	能
出票人	付款单位或个人	银行	银行	付款单位或收款单位
付款人	委托付款人（出票人的开户银行）	银行	银行	承兑人
付款期限	即付票据，见票即付	即付票据，见票即付	即付票据，见票即付	远期票据，最长 6 个月（电子：1 年）
绝对记载事项	六项“无条件支付委托”没有“收款人名称”	六项“无条件支付承诺”没有“付款人名称”	七项“无条件支付承诺”	七项“无条件支付委托”
提示付款期	自出票日起 10 日之内	自出票日起 2 个月内	自出票日起 1 个月内	自到期日起 10 日之内（即付票据自出票日起 1 个月之内）

任务实施

任务实施一

2020 年 5 月 18 日，辰新商贸有限公司向三江电子设备厂购进电子设备一批，不含税价款 100 000 元，增值税 13 000 元。出纳到开户银行申请并开出一张期限为 2 个月、面值为 113 000 元的银行承兑汇票，材料已经验收。

实施步骤：

第一步：出纳填写银行承兑汇票协议（见表 4－34）。

表 4－34

银行承兑汇票协议 1

编号：2020-25

银行承兑汇票的内容：

出票人全称	北京市辰新商贸有限公司	收款人全称	三江电子设备厂
开户银行	工商银行北京马神庙支行	开户银行	中国工商银行天益路支行
账　号	23456798731	账　号	101002154886869
汇票号码	0101065489	汇票金额（大写）	壹拾壹万叁仟元整
出票日期 2020 年 05 月 18 日		到期时间 2020 年 07 月 18 日	

以上汇票经银行承兑，出票人愿遵守《支付结算办法》的规定及下列条款：

一、出票人于汇票到期日前将应付票款足额交存承兑银行。

二、承兑手续费按票面金额千分之（万分之五）计算，在银行承兑时一次付清。

三、出票人与持票人如发生任何交易纠纷，均由其双方自行处理，票款于到期前仍按第一条办理不误。

四、承兑汇票到期日，承兑银行凭票无条件支付票款。如到期日之前出票人不能足额交付票款时，承兑银行对不足支　付部分的票款转作出票申请人逾期贷款，并按照有关规定计收罚息。

五、承兑汇票款付清后，本协议自动失效。

承兑银行签章（中国工商银行 2020/05/18 业务办讫章）　　　出票人签章

2020 年 05 月 18 日

第二步：出纳申请银行承兑汇票，并缴纳手续费（此处忽略手续费和存出保证金的会计凭证）。

第三步：办理银行承兑汇票（见表 4－35）。

第四步：取得增值税专用发票，收到材料办理入库。会计填写会计凭证（见表 4－36 至表 4－38）。

第五步：2020 年 7 月 18 日，银行汇票到期，可以按期支付（见表 4－39）。

表 4－35

中国工商银行 银行承兑汇票（存　根）　3

10200050
43920833

出票日期（大写）　贰零贰零　年　零伍　月　壹拾捌　日

出票人全称	北京市辰新商贸有限公司	收款人	全　称	三江电子设备厂
出票人账号	23456798731		账　号	53753660926
付款行全称	工商银行北京市马神庙支行		开户银行	中国工商银行天益路支行
出票金额	人民币（大写）壹拾壹万叁仟元整		亿千百十万千百十元角分	¥11300000
汇票到期日（大写）	贰零贰零年零柒月壹拾捌日	付款行	行号	
承兑协议编号	84240014		地址	北京市海淀区马神庙231号

北京市辰新商贸有限公司 财务专用章　马进印

备注：

此联由出票人存查

表 4－36

1100151140

北京增值税专用发票

北京 国家税务总局监制

发票联

№ 93440637　1100151140
93440637

机器编号：982888812388　　开票日期：2020年05月18日

购买方	名　　称：北京市辰新商贸有限公司 纳税人识别号：91M189470866 地 址、电 话：北京市海淀区马神庙231号010-14698375 开户行及账号：工商银行北京市马神庙支行23456798731				密码区	172312-4-275<1+46*54* 82*59* 181321><8182*59*09618153</ <4<3*2702-9>9*+153</0 >2-3 *08/4>*>>2-3*0/9/>>25-275<1	
货物或应税劳务、服务名称	规格型号	单位	数量	单价	金额	税率	税额
*电子设备*丙设备			1000	100.00	100,000.00	13%	13,000.00
合　　计					¥100,000.00		¥13,000.00
价税合计（大写）	⊗壹拾壹万叁仟元整				（小写）¥113,000.00		
销售方	名　　称：三江电子设备厂 纳税人识别号：91M801289674 地 址、电 话：四川省三江市高新区天易中路548号86286543 开户行及账号：中国工商银行天益路支行53753660926				备注	校验码 52118 02812 08248 65193	

收款人：王建军　　复核：陈帅　　开票人：周云　　销售方：（章）

三江电子设备厂 91M801289674 发票专用章

税总函[2016]××号××××公司

第三联：发票联　购买方记账凭证

表 4－37

收　料　单

供应单位：三江电子设备厂　　　　　　　　　　　　　　　　　　　　收料单编号：

材料类别：　　　　　　　　2020 年 05 月 18 日　　　　　　　　　　收料仓库：

材料编号	名称	规格	单位	数量		实际成本				
				应收	实收	买价		运杂费	其他	合计
						单价	金额			
	丙设备			1000	1000	100.00	100,000.00			¥100,000.00
合　计				1000	1000		100,000.00			¥100,000.00
备　注										

第三联　记账联

仓库主管：赵微松　　记账：陈帅　　收料：黄明　　制单：陈帅

表 4－38

转　账　凭　证

2020年 05 月 18 日　　　　　　　　　　　　转字 09 号

摘要	科目		√	借方余额	贷方余额
	总账科目	明细科目		百十万千百十元角分	百十万千百十元角分
购买电子设备	原材料	丙设备		10000000	
	应交税费	应交增值税（进项税额）		1300000	
	应付票据	三江电子设备有限公司			11300000
合计				¥11300000	¥11300000

（附件 3 张）

会计主管 李宏　　记账 孙娟　　出纳　　稽核 李宏　　填制 孙娟

表 4－39

中国工商银行　　托收凭证（付款通知）　5　№ 118792

委托日期　2020 年 07 月 18 日　　付款期限　2020 年 07 月 18 日

业务类型	委托收款（☑邮划、□电划）　托收承付（□邮划、□电划）				
付款人	全　称	北京市辰新商贸有限公司	收款人	全　称	三江电子设备厂
	账　号	23456798731		账　号	53753660926
	地　址	省北京市 市/县　开户行 工商银行北京市马神庙支行		地　址	省　市/县　开户行 中国工商银行天益路支行

金额	人民币（大写）	亿	千	百	十	万	千	百	十	元	角	分
	壹拾壹万叁仟元整			¥	1	1	3	0	0	0	0	0

款项内容	货款	托收凭据名称	银行承兑汇票	附寄单证张数	
商品发运情况		合同名称号码	80432306		

备注：

付款人开户银行收到日期：　年　月　日

复核　　记账

付款人开户银行签章　2020 年 07 月 18 日

付款人注意：

1.根据支付结算办法，上列委托收款（托收承付）款项在付款期限内未提出拒付，即视为同意付款，以此代付款通知。

2.如需提出全部或部分拒付，应在规定期限内，将拒付理由书并附债务证明退交开户银行。

此联付款人开户银行给付款人按期付款通知

第六步：会计编制记账凭证（见表 4－40、表 4－41）。

表 4－40

付　款　凭　证

2020年 07 月 18 日　　付字 18 号

摘要	科目		√	借方金额									贷方金额								
	总账科目	明细科目		百	十	万	千	百	十	元	角	分	百	十	万	千	百	十	元	角	分
到期支付银行承兑汇票	应付票据	三江电子设备有限公司			1	1	3	0	0	0	0	0									
	银行存款	工行账户												1	1	3	0	0	0	0	0
合计				¥	1	1	3	0	0	0	0	0	¥	1	1	3	0	0	0	0	0

（附件 1 张）

会计主管 李宏　记账 周云　出纳 周云　稽核 李宏　填制 孙娟

表 4－41

到期处理	会计分录
企业按期支付	借：应付票据 　贷：银行存款
企业无力支付	借：应付票据 　贷：短期借款

任务实施二

2020 年 5 月 14 日，辰新商贸有限公司收到北京市青云四季旅行社签发并承兑的一张商业承兑汇票，面值为 35 934 元，期限为 60 天。

实施步骤：

第一步：收到商业承兑汇票，交由会计审核（见表 4－42）。

表 4－42

中国工商银行 商业承兑汇票 2　　10200060 19371604

出票日期（大写）贰零贰零 年 零伍 月 壹拾肆 日

付款人	全　称	北京市青云四季旅社	收款人	全　称	北京市辰新商贸有限公司
	账　号	56323368712		账　号	23456798731
	开户银行	中国建设银行五道口支行		开户银行	工商银行北京市马神庙支行
出票金额	人民币（大写）	叁万伍仟玖佰叁拾肆元整		亿千百十万千百十元角分	¥3593400
汇票到期日（大写）	贰零贰零年零柒月壹拾肆日		付款人开户行	行号	117099615966
交易合同号码	67273600			地址	北京市海淀区五道口309号
本汇票已经承兑，到期无条件付票款。（北京市青云四季旅社 财务专用章）（李媚 印）承兑人签章 承兑日期 2020 年 05 月 14 日			本汇票请予以承兑于到期日付款。（北京市辰新商贸有限公司 财务专用章）（马进 印）出票人签章		

此联持票人开户行随托收凭证寄付款人开户行作借方凭证附件

第二步：开具增值税专用发票（见表 4－43）。

表 4－43

1100151140　　**北京 增值税专用发票**　　№ 82095833　1100151140 82095833

机器编号：982888812388　　此联不作报销、扣税凭证使用　　开票日期：2020年05月14日

购买方	名　称：北京市青云四季旅社 纳税人识别号：91M619872033 地址、电话：北京市海淀区五道口309号66046979 开户行及账号：中国建设银行五道口支行56323368712			密码区	172312-4-275〈1+46*54* 82*59* 181321〉〈8182*59*09618153〈/ 〈4〈3*2702-9〉9*+153〈/0 〉2-3 *08/4〉*〉〉2-3*0/9/〉〉25-275〈1		
货物或应税劳务、服务名称	规格型号	单位	数量	单价	金额	税率	税额
*电子商品*打印机		台	100	318.00	31,800.00	13%	4,134.00
合　计					¥31,800.00		¥4,134.00
价税合计（大写）	⊗叁万伍仟玖佰叁拾肆元整				（小写）¥35,934.00		
销售方	名　称：北京市辰新商贸有限公司 纳税人识别号：91M189470866 地址、电话：北京市海淀区马神庙231号010-14698375 开户行及账号：工商银行北京市马神庙支行23456798731			备注	校验码 52118 02817 08248 65189		

收款人：赵青云　　复核：孙娟　　开票人：周云　　销售方：（章）（北京市辰新商贸有限公司 91M189470866 发票专用章）

税总函[2016]××号×××公司

第一联：记账联 销售方记账凭证

第三步：会计编制记账凭证（见表 4－44、表 4－45）。

表 4－44

转　账　凭　证

2020年 05 月 14 日　　　　转字 05 号

摘要	科目		√	借方余额									贷方余额								
	总账科目	明细科目		百	十	万	千	百	十	元	角	分	百	十	万	千	百	十	元	角	分
收到商业承兑汇票	应收票据	青云四季旅社				3	5	9	3	4	0	0									
	主营业务收入	打印机													3	1	8	0	0	0	0
	应交税费	应交增值税（销项税额）														4	1	3	4	0	0
合计					¥	3	5	9	3	4	0	0		¥	3	5	9	3	4	0	0

（附件 2 张）

会计主管 李宏　记账 孙娟　出纳　稽核 李宏　填制 孙娟

表 4－45

业务节点		账务处理
收到商业承兑汇票时		借：应收票据（实际应收金额） 　贷：主营业务收入 　　应交税费——应交增值税（销项税额）
商业承兑汇票到期	收到收款通知	借：银行存款（实际收到金额） 　贷：应收票据（实际应收金额）
	对方无力支付	借：应收账款（实际应收金额） 　贷：应收票据（面值）

知识扩展

商业汇票与银行汇票的主要区别如下：

1. 银行汇票的付款人是银行，商业汇票的付款人是单位。

2. 银行汇票的申请人在签发汇票时已将资金转入银行的内部账户，由代理付款银行见票时按实际结算金额付款给持票人；商业汇票的资金是到期时从付款人账户划付，分为银行承兑汇票和商业承兑汇票。银行承兑汇票到期付款人账户无款支付或不能足额支付时，承兑银行会垫付资金；商业承兑汇票到期付款人账户余额不足只能通过法律等手段追索。

3. 银行汇票的有效期为 1 个月，为即期票据，代理付款行审核无误后即付款；商业汇票为远期汇票，期限为 6 个月（含）以内，到期才能付款。

4. 银行汇票的安全性要高于商业汇票。

任务拓展

1. 2020 年 5 月 18 日，辰新商贸有限公司销售 10 台电脑主机给北京市青云四季旅行社，不含税单价 5 000 元/台，增值税税率 13%，含税合计金额 56 500元。当日收到北京市青云四季旅行社签发的一张商业承兑汇票，期限 60 天。周云出差了，丁海第一次独立完成此笔业务。请按要求开具发票，并学习编制会计分录（见表 4－46、表 4－47）。

表 4－46

中国工商银行 商业承兑汇票　2　　10200060　51514338

出票日期（大写）　贰零贰零 年 零伍 月 壹拾捌 日

付款人	全　称	北京市青云四季旅社	收款人	全　称	北京市辰新商贸有限公司
	账　号	56323368712		账　号	23456798731
	开户银行	中国建设银行五道口支行		开户银行	工商银行北京市马神庙支行
出票金额	人民币（大写）	伍万陆仟伍佰元整	亿千百十万千百十元角分		¥ 5 6 5 0 0 0 0
汇票到期日（大写）	贰零贰零年零柒月壹拾捌日		付款人开户行	行号	117099615966
交易合同号码	93844519			地址	北京市海淀区五道口309号
本汇票已经承兑，到期无条件付票款。（北京市青云四季旅社 财务专用章）（李媚 印） 承兑人签章 承兑日期 2020 年 05 月 18 日			本汇票请予以承兑于到期日付款。（北京市辰新商贸有限公司 财务专用章）（马进 印） 出票人签章		

此联持票人开户行随托收凭证寄付款人开户行作借方凭证附件

表 4－47

1100151140　　北京增值税专用发票　　№ 09512333　1100151140　09512333

此联不作报销、扣税凭证使用

机器编号：982888812388　　开票日期：

税总函［2016］××号×××公司

购买方	名　　称： 纳税人识别号： 地 址、电 话： 开户行及账号：				密码区	172312-4-275＜1+46*54* 82*59* 181321＞＜8182*59*09618153＜/ ＜4＜3*2702-9＞9*+153＜/0 ＞2-3 *08/4＞*＞＞2-3*0/9/＞＞25-275＜1	
货物或应税劳务、服务名称	规格型号	单位	数　量	单　价	金　额	税率	税　额
合　　计							
价税合计（大写）	⊗				（小写）		
销售方	名　　称： 纳税人识别号： 地 址、电 话： 开户行及账号：				备注	校验码 52118 02817 08248 65199	

收款人：　　复核：　　开票人：　　销售方：（章）

第一联：记账联　销售方记账凭证

2. 2020 年 5 月 15 日，辰新商贸有限公司将持有的三江电子设备厂开出的不带息商业承兑汇票 8 000 元向银行贴现，该票据于 3 月 7 日签发，期限为 6 个月，月贴现率为 6‰。如果你是丁海，请计算贴现净额并按要求填写相关凭证（见表 4－48）。

表 4－48

贴现凭证（代申请书） 1

填写日期：　　年　　月　　日　　　　第　　号

<table>
<tr><td rowspan="3">贴现汇票</td><td>种　类</td><td></td><td>号码</td><td></td><td rowspan="3">申请人</td><td>名　称</td><td colspan="2"></td></tr>
<tr><td>出票日</td><td colspan="3">年　月　日</td><td>账　号</td><td colspan="2"></td></tr>
<tr><td>到期日</td><td colspan="3">年　月　日</td><td>开户银行</td><td colspan="2"></td></tr>
<tr><td colspan="2">汇票承兑人（或银行）</td><td>名称</td><td colspan="2"></td><td>账号</td><td></td><td>开户银行</td><td></td></tr>
<tr><td colspan="2">汇票金额</td><td colspan="5">人民币（大写）</td><td colspan="2">千｜百｜十｜万｜千｜百｜十｜元｜角｜分</td></tr>
<tr><td>贴现率</td><td>%</td><td>贴现利息</td><td colspan="3">千｜百｜十｜万｜千｜百｜十｜元｜角｜分</td><td>实付贴现金额</td><td colspan="2">千｜百｜十｜万｜千｜百｜十｜元｜角｜分</td></tr>
<tr><td colspan="4">附送承兑汇票申请贴现，请审核。
此致
贴现银行
申请人签章</td><td>银行审批</td><td colspan="4">负责人　　　　信贷员</td></tr>
</table>

此联银行作贴现借方凭证

复核　　　　记账

职业能力训练

一、单项选择题

1. 根据支付结算法律制度的规定，下列各项中，属于商业汇票持票人向银行办理贴现必须具备的条件是（　　）。

A. 票据未到期

B. 持票人与出票人或者直接前手之间具有真实的商品交易

C. 持票人是在银行开立存款账户的企业法人或者其他组织

D. 票据未记载“不得转让”事项

2. 根据支付结算法律制度的规定，电子承兑汇票的付款期限自出票日至到期日不能超过的一定期限是（　　）。

A. 3 个月　　B. 6 个月

C. 1 年　　D. 2 年

3. 下列各项中，不符合《票据法》规定的是（　　）。

A. 商业承兑汇票属于商业汇票

B. 商业承兑汇票的承兑人是银行以外的付款人

C. 银行承兑汇票属于商业汇票

D. 银行承兑汇票属于银行汇票

4. 适用于在银行开立存款账户的法人以及其他组织之间具有真实的交易关系或债权债务关系的票据结算方式是（　　）。

A. 委托收款　　B. 托收承付

C. 商业汇票　　D. 汇兑

二、多项选择题

1. 应于到期日前向承兑人提示承兑的汇票有（　　）。

A. 未记载付款日期的汇票　　B. 定日付款的汇票

C. 出票后定期付款的汇票　　D. 见票后定期付款的汇票

2. 下列关于银行承兑汇票的说法中正确的有（　　）。

A. 承兑银行是付款人

B. 承兑银行在与出票人有资金关系时承担付款责任

C. 承兑银行应按照票面金额向出票人收取手续费的比例是万分之三

D. 承兑银行可以与出票人之间的资金关系对抗持票人

3. 根据《票据法》的规定，下列各项中，不会导致汇票无效的有（　　）。

A. 未记载付款日期　　B. 未记载付款地

C. 未记载出票地　　D. 未记载出票人签章

任务六　办理汇兑结算业务

任务导入

辰新商贸有限公司以汇兑的方式委托开户行工商银行北京市马神庙支行（账号23456798731）将65 000元电汇至温州腾策电子有限公司工行温州市昂春路支行（账号4133773804943893227），支付前欠货款。丁海应该如何办理？

知识准备

一、汇兑结算的概念及适用范围

汇兑结算是指汇款人委托银行将其款项支付给收款人的一种结算方式。

汇兑结算适用于单位、个人的商品交易、劳务供应、资金调拨和清理旧欠货款等各种款项的结算。同城、异地均可使用。

汇兑结算具有适用范围广、手续方便灵活等特点。

二、汇兑结算的种类

汇兑结算根据划转款项的方法不同以及单证传递方式不同可以分为信汇和电汇两种。

1. 信汇。信汇是汇款人委托银行通过邮寄凭证给收款人所在地银行，由汇入银行向收款人支付金额的一种汇兑方式。

信汇凭证一式四联：

第一联为“回单”联，此联是汇出行给汇款人的回单。

第二联为“借方凭证”联，此联是汇出行办理付款人账户付款的凭证。

第三联为“贷方凭证”联，此联是汇入行办理汇入款的收款凭证。

第四联为“收账通知”联，此联是汇入行给收款人的收款凭证。

2. 电汇。电汇是付款人委托银行通过电报传给收款人所在地银行，由汇入银行向收款人支付金额的一种汇兑方式。

电汇凭证一式三联（见表 4－49、表 4－50）。

第一联为“回单”联，此联是汇出行给汇款人的回单。

第二联为“借方凭证”联，此联是汇出行办理付款人账户付款的凭证。

第三联为“收账通知”联，此联是汇入行给收款人的收款凭证。

表 4－49

中国工商银行　电汇凭证（回单）1

□普通　□加急　委托日期　年　月　日　NO

汇款人	全　称		收款人	全　称	
	账　号			账　号	
	汇出地点	省　市/县		汇入地点	省　市/县
汇出行名称			汇入行名称		
金额	人民币（大写）				千 百 十 万 千 百 十 元 角 分
			支付密码		
			附加信息及用途：		
汇出行盖章			复核　记账		

此联是汇出行给汇款人的回单

表 4－50

中国工商银行 电汇凭证（收账通知）3

□普通 □加急 委托日期 年 月 日 NO

汇款人	全称		收款人	全称	
	账号			账号	
	汇出地点	省 市/县		汇入地点	省 市/县
汇出行名称			汇入行名称		
金额	人民币（大写）				千 百 十 万 千 百 十 元 角 分
汇出行盖章			支付密码		
			附加信息及用途： 复核 记账		

此联是给收款人的收账通知

三、汇兑结算的基本规定

1. 汇兑结算不受金额起点的限制，单位和个人各种款项的结算，均可使用汇兑结算方式。

2. 汇兑分为信汇、电汇两种，由汇款人选择使用。

3. 收款人在汇入银行支取现金，付款人在填制信汇或电汇凭证时，须在凭证“汇款金额”大写金额栏中填写“现金”字样。

4. 款项汇入异地后，收款人需携带本人的身份证件或汇入地有关单位足以证实收款人身份的证明，到银行一次办理现金支付手续。信汇或电汇凭证上未注明“现金”字样而需要支取现金的，由汇入银行按现金管理规定审查支付；需部分支取现金的，收款人应填写取款凭证和存款凭证送交汇入银行，办理支取部分现金和转账手续。

5. 汇款人对汇出银行尚未汇出的款项可以申请撤销。申请撤销时，应出具正式函件或本人身份证件及原信汇、电汇回单。汇出银行查明确未汇出款项的，收回原信汇、电汇回单，方可办理撤销。

四、汇兑结算的基本程序

1. 汇款人填写银行的汇款书并连同款项交给银行委托汇款。

2. 银行审核后受理，并向汇款人签发回单。

3. 汇入行与汇出行之间划转款项。

4. 汇入行将款项直接转入收款人账户并通知收款人收账。

汇兑结算程序如图 4－10 所示。

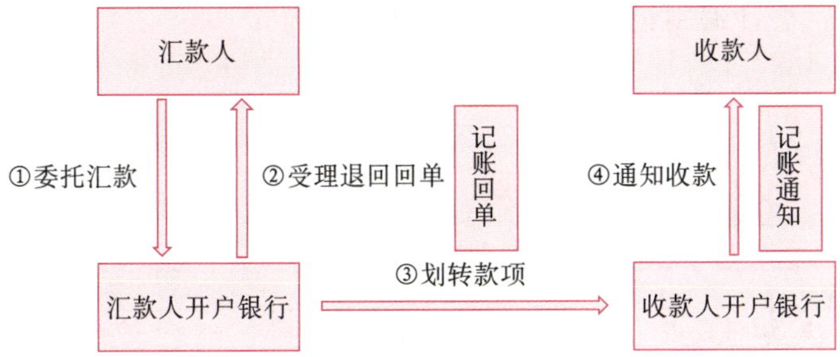

图 4－10　汇兑结算程序

任务实施

2020 年 5 月 20 日，北京市辰新商贸有限公司以汇兑的方式委托开户行工商银行北京市马神庙支行（账号 23456798731）将 65 000 元信汇至温州腾策电子有限公司工行温州市昂春路支行（账号 4133773804943893227），支付前欠货款。

实施步骤：

第一步：出纳到银行办理汇兑填写信汇凭证，第一联带回汇款单位，开户行根据第三联向汇入行汇款（见表 4－51）。

> 小贴士：
> 信汇费用较低，但速度相对较慢，而电汇具有速度快的优点，但汇款人要负担较高的电报电传费用，现在较多使用的还是电汇。

表 4－51

中国工商银行　信汇凭证（回单　）

☑普通　☐加急　委托日期　2020 年 05 月 20 日　NO 62921275

汇款人	全　称	北京市辰新商贸有限公司	收款人	全　称	温州腾策电子有限公司
	账　号	23456798731		账　号	4133773804943893227
	汇出地点	省　北京市　市/县		汇入地点	浙江　省　温州　市/县
汇出行名称		工商银行北京市马神庙支行	汇入行名称		工行温州市昂春路支行
金额	人民币（大写）	陆万伍仟元整		千百十万千百十元角分	￥6500000
款项已收入收款人账户 北京市辰新商贸有限公司 财务专用章　印 马进 汇入行盖章			支付密码		207342809985
			附加信息及用途：		
			复核 李宏　记账 孙娟		

此联是汇出行给汇款人的回单

第二步：会计编制记账凭证（见表 4－52）。

表 4－52

付　款　凭　证

2020年 05 月 20 日　　　　　　付字 22 号

摘要	科目		√	借方余额									贷方余额								
	总账科目	明细科目		百	十	万	千	百	十	元	角	分	百	十	万	千	百	十	元	角	分
信汇支付前欠	应付账款	温州腾策				6	5	0	0	0	0	0									
货款	银行存款	工行账户													6	5	0	0	0	0	0
合计					¥	6	5	0	0	0	0	0		¥	6	5	0	0	0	0	0

（附件 1 张）

会计主管 李宏　记账 周云　出纳 周云　稽核 李宏　填制 孙娟

任务拓展

辰新商贸有限公司 2020 年 5 月 21 日向成都兴利有限责任公司以电汇的形式汇入一笔货款，款项为 89 000 元。成都兴利有限责任公司资料如下：纳税人识别号：44029050808108090001，地址为成都春熙路 410 号，开户银行为工商银行成都春熙路支行，账号：15487953240AE。请根据以上资料填写下列原始凭证（见表 4－53）。

表 4－53

中国工商银行　电汇凭证（回单）1

□普通　□加急　　委托日期　　年　　月　　日　　NO

汇款人			收款人		
汇款人	全　称		收款人	全　称	
	账　号			账　号	
	汇出地点	省　　市/县		汇入地点	省　　市/县
汇出行名称			汇入行名称		
金额	人民币（大写）		千 百 十 万 千 百 十 元 角 分		
汇出行盖章			支付密码		
			附加信息及用途：		
			复核　　记账		

此联是汇出行给汇款人的回单

职业能力训练

一、多项选择题

1. 目前邮政汇兑业务汇款种类有（　　）。

A. 按址汇款　　B. 商易通汇款

C. 网上支付汇款　　D. 商务汇款

2. 入账汇款可为客户提供（　　）。

A. 入账通知　　B. 汇款回执

C. 汇款附言　　D. 电话通知

3. 网上支付汇款有（　　）。

A. 网汇通卡　　B. 网汇通汇款

C. 礼仪卡　　D. 电话银行

二、判断题

1. 汇款支取前所有权属于汇款人，如到期未领，汇款退还汇款人。（　　）

2. 邮政电子汇款汇费按汇款款额的1%收取，一笔汇款汇费最低为2.00元，最高为50.00元，单笔汇款最高限额为5万元。（　　）

3. “密码汇款”，取款时可到全国任意联网网点填写取款凭单，凭取款密码和有效身份证件办理取款手续。（　　）

任务七　办理委托收款结算业务

任务导入

2020年5月26日，辰新商贸有限公司根据销售合同，销售给成都兴利有限责任公司台式机100台，不含税单价为2 000元，增值税税率13%，价税合计金额226 000元，采用委托收款方式进行结算，28日收到银行收账通知已经收到全部货款。

知识准备

一、委托收款结算的概念及适用范围

委托收款结算是指收款人委托开户银行向付款人收取款项的一种结算方式。

这种结算方式的特点是办理结算时不受金额起点的限制，它适用范围广，不但适应商品交易、劳务供应，而且也适用于其他应收款项的结算。

无论单位或个人均可凭已承兑商业汇票、债券、存单等付款人债务证明使用委托收款方式办理结算。凡在银行或其他金融机构开立账户的单位和个体经济户的商品交易，公用事业单位向用户收取水电费、邮电费、煤气费、公房租金等劳务款项以及其他应收款项，无论是在同城还是异地，均可使用委托收款的结算方式。

二、委托收款结算的种类

根据委托收款结算款项的划回方式，可分为邮寄划款和电报划款两种。

1. 邮寄划款。指付款人开户银行向收款人开户银行转送委托收款凭证、提供收款依据的方式。

2. 电报划款。指以电报方式由付款人开户银行向收款人开户银行转送委托收款凭证、提供收款依据的方式。

无论哪一种方式，委托收款凭证均为一式五联（见表 4－54）：

第一联："受理回单"，是收款人开户银行受理委托收款凭证后给收款人的回单。

第二联："贷方凭证"，是收款人开户银行将款项收入收款人账户办理托收款项后的收款凭证。

第三联："借方凭证"，是付款人开户银行转账付款的支付凭证。

第四联："收账通知"，是收款人开户银行作收账通知的凭证。

第五联："付款通知"，是付款人开户银行给付款人按期付款的通知。

表 4－54

中国工商银行　　托收凭证（受理回单）

1　№

委托日期　　年　　月　　日

业务类型	委托收款（□邮划、□电划）　托收承付（□邮划、□电划）				
付款人	全称		收款人	全称	
	账号			账号	
	地址	省　市县　开户行		地址	省　市县　开户行
金额	人民币（大写）				亿 千 百 十 万 千 百 十 元 角 分
款项内容		托收凭据名称		附寄单证张数	
商品发运情况			合同名称号码		
备注： 复核　记账		款项收妥日期 年　月　日		收款人开户银行签章 年　月　日	

此联作收款人开户银行给收款人的受理回单

三、委托收款结算的基本规定

1. 委托收款不受金额起点的限制。凡是收款单位发生的各种应收款项，不论金额大小，只要委托银行就给办理。

2. 委托收款付款期为 3 天，从付款人开户银行发出付款通知的次日开始算，遇节假日顺延。

3. 付款人在付款期内未向银行提出异议，银行视作同意付款，银行在付款期满的次日开始营业时将款项划给收款人。

4. 付款人审查有关债务证明后如对收款人委托收取的款项需要拒付的，应填写“委托收款结算全部/部分拒绝付款理由书”交银行，可以办理拒绝付款。

5. 付款人在付款期满、银行营业终了前没有足够资金支付全部款项的，视为无款支付。银行于次日营业时通知付款人将有关单证 2 日内退回银行，银行将有关结算凭证连同单证退回收款人开户银行，转交收款人。

四、委托收款结算的基本程序

1. 出纳填制委托收款凭证，交开户银行办理。
2. 出纳递交收款凭证或债务证明，申请委托收款。
3. 开户银行审查无误受理，退回托收凭证“受理回单”。
4. 付款人开户银行通知付款人在承付期内承付。
5. 付款人向开户银行承认付款，银行之间划拨款项。
6. 收款人开户银行将款项划到收款人账户后，向收款人发出收款通知。

委托收款结算程序如图 4－11 所示。

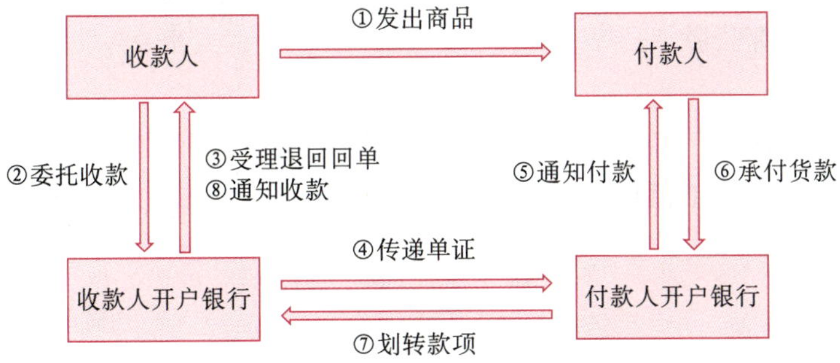

图 4－11　委托收款结算程序

五、具体业务办理

1. 收款方办理业务程序。

（1）应填写邮划委托收款凭证或电划委托收款凭证并签章。将委托收款凭证和有关的债务证明一起提交收款人开户行。

（2）审查委托收款凭证和有关的债务证明是否符合有关规定。

（3）将委托收款凭证和有关的债务证明寄交付款人开户行办理委托收款。

2. 付款方办理业务程序。

（1）付款人应于接到通知的3日内书面通知银行付款。付款人未在规定期限内通知银行付款的，视同同意付款，银行应于付款人接到通知日的次日起第4日上午开始营业时，将款项划给收款人。

（2）银行在办理划款时，付款人存款账户不足支付的，应通过被委托银行向收款人发出未付款项通知书。按照有关办法规定，债务证明留存付款人开户银行的，应将其债务证明连同未付款项通知书邮寄被委托银行转交收款人。

（3）付款人审查有关债务证明后，对收款人委托收取的款项需要拒绝付款的，可以办理拒绝付款。

（4）以银行为付款人的，应自收到委托收款及债务证明的次日起3日内出具拒绝证明连同有关债务证明、凭证寄给被委托银行，转交收款人。

（5）以单位为付款人的，应在付款人接到通知日的次日起3日内出具拒绝证明，持有债务证明的，应将其送交付款人开户银行。银行将拒绝证明、债务证明和有关凭证一并寄给被委托银行（收款人开户银行），转交收款人。

任务实施

2020年5月26日，辰新商贸有限公司根据销售合同，销售给成都兴利有限责任公司台式机100台，不含税单价为2 000元，增值税税率13%，价税合计金额为226 000元。采用委托收款方式进行结算，28日收到银行收账通知已经收到全部货款。

实施步骤：

第一步：销售部经办人员依据购销合同开具产品销售通知单，财务部门依据购销合同开具增值税专用发票（见表4-55）。

表 4－55

1100151140　　**北京增值税专用发票**　　№ 28495644　1100151140　28495644

此联不作报销、扣税凭证使用　　开票日期：2020年05月26日

税总函[2016]××号××××公司

购买方	名　　称：成都兴利有限责任公司 纳税人识别号：440290508081080900001 地 址、电 话：成都春熙路410号 开户行及账号：工商银行成都春熙路支行 15487953240AE			密码区	172312-4-275＜1+46*54* 82*59* 181321＞＜8182*59*09618153＜/ ＜4＜3*2702-9＞9*+153＜/0 ＞2-3 *08/4＞*＞＞2-3*0/9/＞＞25-275＜1		
货物或应税劳务、服务名称	规格型号	单位	数量	单价	金额	税率	税额
*电子产品*台式机			100	2,000.00	200,000.00	13%	26,000.00
合　　计					¥200,000.00		¥26,000.00
价税合计（大写）	⊗ 贰拾贰万陆仟元整				（小写）¥226,000.00		
销售方	名　　称：北京市辰新商贸有限公司 纳税人识别号：91M189470866 地 址、电 话：北京市海淀区马神庙231号010-14698375 开户行及账号：工商银行北京市马神庙支行23456798731			备注	校验码 52118 02817 08248 65129		

收款人：李萍　　复核：孙娟　　开票人：周云　　销售方：（章）

第一联：记账联　销售方记账凭证

第二步：填写委托收款凭证（见表 4－56）。

表 4－56

中国工商银行　　**托收凭证（受理回单）**　1　№ 783283

委托日期 2020 年 05 月 28 日

业务类型	委托收款（□邮划、☑电划）		托收承付（□邮划、□电划）			
付款人	全　称	成都兴利有限责任公司	收款人	全　称	北京市辰新商贸有限公司	
	账　号	61408678836		账　号	23456798731	
	地　址	省 成都 市/县　开户行 工商银行成都春熙路支行		地　址	省 北京市 市/县　开户行 工商银行北京市马神庙支行	
金额	人民币（大写）	贰拾贰万陆仟元整			亿 千 百 十 万 千 百 十 元 角 分 ¥ 2 2 6 0 0 0 0 0	
款项内容	货款	托收凭据名称		附寄单证张数		
商品发运情况	已发		合同名称号码	19648592		
备注： 复核　记账		款项收妥日期 年　月　日		收款人开户银行签章 2020 年 05 月 28 日		

中国工商银行北京马神庙支行 2020.05.28 业务受理专用章

此联作收款人开户银行给收款人的受理回单

第三步：会计编制会计分录并填制会计凭证。

（1）销售商品时（见表 4－57）。

表 4－57

转 账 凭 证

2020年 05 月 26 日　　　　转字 15 号

摘要	科目		√	借方余额									贷方余额								
	总账科目	明细科目		百	十	万	千	百	十	元	角	分	百	十	万	千	百	十	元	角	分
销售商品	应收账款	成都兴利有限责任公司			2	2	6	0	0	0	0	0									
	主营业务收入	台式机												2	0	0	0	0	0	0	0
	应交税费	应交增值税（销项税额）													2	6	0	0	0	0	0
合计				¥	2	2	6	0	0	0	0	0	¥	2	2	6	0	0	0	0	0

（附件 2 张）

会计主管 李宏　记账 孙娟　出纳　稽核 李宏　填制 孙娟

（2）收到银行收账通知时（见表 4－58）。

表 4－58

收 款 凭 证

2020年 05 月 28 日　　　　收字 18 号

摘要	科目		√	借方余额									贷方余额								
	总账科目	明细科目		百	十	万	千	百	十	元	角	分	百	十	万	千	百	十	元	角	分
收到款项	银行存款	工行账户			2	2	6	0	0	0	0	0									
	应收账款	成都兴利有限责任公司												2	2	6	0	0	0	0	0
合计				¥	2	2	6	0	0	0	0	0	¥	2	2	6	0	0	0	0	0

（附件 1 张）

会计主管 李宏　记账 周云　出纳 周云　稽核 李宏　填制 孙娟

任务拓展

1. 2020 年 5 月 28 日，辰新商贸有限公司与杭州荣华有限公司签订销售合同，购进包装箱一批，不含税价款 5 000 元，增值税税率 13%，价税合计金额5 650 元。当天发货。29 日收到银行转来的委托收款通知书和增值税发票。30 日验收无误通知银行付款，但包装箱尚未到达。请填写相关凭证、单据并编制会计分录（见表 4－59）。

表 4－59

中国工商银行 托收凭证（付款通知） 5 №

委托日期 年 月 日 付款期限 年 月 日

业务类型	委托收款（□邮划、□电划）			托收承付（□邮划、□电划）					
付款人	全 称			收款人	全 称				
	账 号				账 号				
	地 址	省 市县	开户行		地 址	省 市县	开户行		
金额	人民币（大写）				亿 千 百 十 万 千 百 十 元 角 分				
款项内容		托收凭据名称			附寄单证张数				
商品发运情况				合同名称号码					
备注： 付款人开户银行收到日期： 年 月 日 复核 记账		付款人开户银行签章 年 月 日			付款人注意： 1.根据支付结算办法，上列委托收款（托收承付）款项在付款期限内未提出拒付，即视为同意付款，以此代付款通知。 2.如需提出全部或部分拒付，应在规定期限内，将拒付理由书并附债务证明退交开户银行。				

此联付款人开户银行给付款人按期付款通知

2. 2020 年 5 月 29 日，辰新商贸有限公司收到银行转给成都兴利有限责任公司的委托收款凭证的付款通知书和增值税发票。30 日，假设所购入的物品完全符合合同，但是公司无力支付。请填写相关凭证、单据并编制会计分录。

出纳取回付款通知交上级审批，领导研究决定全部拒付，出纳在付款期内填写委托收款结算全部拒绝付款理由书，加盖预留银行印鉴交付银行办理。银行受理后，不负责审核拒付理由，将拒付理由书和相关凭证寄交收款人开户银行转交收款人；需要部分拒付的，应当出具部分拒付理由书送开户银行，银行办理部分划款，并将部分拒付理由书和相关凭证寄交收款人开户银行转交收款人。

请练习填写委托收款结算全部拒绝付款理由书（见表 4－60）。

表 4－60

托收承付/委托收款 结算 全部/部分 拒绝付款理由书（借方凭证） 2

拒付日期 年 月 日 原托收号码：

付款人	全称			收款人	全称			
	账号				账号			
	开户银行		行号		开户银行		行号	
托收金额		拒付金额			部分付款金额	千 百 十 万 千 百 十 元 角 分		
附寄单证	张	部分付款金额（大写）						
拒付理由： 付款人盖章					科目（贷） 对方科目（借） 转账日期 年 月 日 复核 记账			

此联银行作借方凭证或存查

职业能力训练

一、单项选择题

1. 商业汇票到期，委托银行收取款项，应填写的票据是（　　）。

A. 托收承付凭证　　B. 委托收款凭证

C. 汇兑凭证　　D. 信汇凭证

2. 兑付支票，持票人委托收款结算，若付款人存款账户不足支付，银行未付款通知书应发给（　　）。

A. 收款人　　B. 收款人开户银行

C. 付款人　　D. 付款人开户银行

二、多项选择题

1. 下列属于委托收款凭证绝对记载事项的有（　　）。

A. 确定的金额和付款人名称　　B. 委托收款凭据名称和附寄单证张数

C. 收款人名称和收款人签章　　D. 收款日期

2. 属于委托收款记载事项的有（　　）。

A. 表明“委托收款”的字样　　B. 委托收款凭据名称及附寄单证张数

C. 收款人签章　　D. 付款人名称

三、判断题

1. 委托收款是付款人委托银行将款项支付给收款人的结算方式。（　　）

2. 以银行承兑汇票办理委托收款的，委托收款凭证的付款人名称栏均应填写承兑银行名称。（　　）

3. 委托收款只能办理全部付款或全部拒绝付款，不得办理部分付款。（　　）

4. 委托收款的付款人在接到开户银行通知日的次日起 3 日内未通知开户行的，视同付款人同意付款。（　　）

任务八　办理信用卡结算业务

任务导入

2020 年 5 月 5 日，北京市辰新商贸有限公司为本单位申领工商银行的信用卡一张，用银行存款存入 100 000 元，另交年费 300 元。

知识准备

一、信用卡结算的概念、分类和适用范围

（一）信用卡结算的概念

信用卡是指一种非现金交易付款的方式，由银行或专营机构签发，可在约定银行或部门存取现金、购买商品及支付劳务报酬的一种信用凭证。持卡人可在同城和异地凭卡支取现金、转账结算和消费信用等。其形式是一张正面印有发卡银行名称、有效期、号码、持卡人姓名等内容，卡面有芯片、磁条、签名条的卡片（见图4－12）。

图4－12

（二）信用卡的分类

1. 按发卡机构不同，可分为银行卡和非银行卡。

（1）银行卡。是指银行所发行的信用卡，持卡人可在发卡银行的特约商户购物消费，也可以在发卡行所有的分支机构或设有自动柜员机的地方随时提取现金。

（2）非银行卡。此种卡又可以分成零售信用卡和旅游娱乐卡。零售信用卡是商业机构所发行的信用卡，如百货公司、石油公司等，专用于在指定商店购物或在汽油站加油等，并定期结账。旅游娱乐卡是服务业发行的信用卡，如航空公司、旅游公司等，用于购票、用餐、住宿、娱乐等。

2. 按发卡对象的不同，可分为公司卡和个人卡。

（1）公司卡。公司卡的发行对象为各类工商企业、科研教育等事业单位、国家党政机关、部队、团体等法人组织。

（2）个人卡。个人卡的发行对象则为城乡居民个人，包括工人、干部、教师、科技工作者、个体经营户以及其他成年的、有稳定收入来源的城乡居

民。个人卡是以个人的名义申领并由其承担用卡的一切责任。

3. 根据持卡人的信誉、地位等资信情况的不同，可分为普通卡和金卡。

（1）普通卡。普通卡是对经济实力和信誉、地位一般的持卡人发行的，对其各种要求并不高。

（2）金卡。金卡是一种缴纳高额会费、享受特别待遇的高级信用卡。发卡对象为信用度较高、偿还能力及信用较强或有一定社会地位者。金卡的授权限额起点较高，附加服务项目及范围也宽得多，因而对有关服务费用和担保金的要求也比较高。

4. 根据清偿方式的不同，信用卡可分为贷记卡和准贷记卡。

（1）贷记卡。它是发卡银行提供银行信用款时，先行透支使用，然后再还款或分期付款，也就是说，允许持卡人在信用卡账户上无存款，其清偿的方式为“先消费，后存款”。国际上流通使用的大部分都是这类卡。

（2）准贷记卡。它是银行发行的一种先存款后消费的信用卡。持卡人在申领信用卡时，需要事先在发卡银行存有一定的款项以备用，持卡人在用卡时需以存款余额为依据，一般不允许透支。目前我国各银行发行的信用卡基本上属于准贷记卡，但是允许持卡人进行消费用途的善意、短期、小额的透支，根据不同的卡种，规定不同的限额，并在规定的期限内还款，同时支付利息。因此，实质上是具有一定透支功能的借记卡。

5. 根据信用卡流通范围的不同，可分为国际卡和地区卡。

（1）国际卡。国际卡是一种可以在发行国之外使用的信用卡，全球通用。境外五大集团（万事达卡组织、维萨国际组织、美国运通公司、JCB信用卡公司和大莱信用卡公司）分别发行的万事达卡（Master Card）、维萨卡（VI-SA Card）、运通卡（American Express Card）、JCB卡（JCB Card）和大莱卡（Diners Club Card）多数属于国际卡。

（2）地区卡。地区卡是一种只能在发行国国内或一定区域内使用的信用卡。我国商业银行所发行的各类信用卡大多数属于地区卡。

（三）信用卡的适用范围

凡在中国境内金融机构（经中国人民银行批准发卡机构）开立基本存款账户的单位，可以申请单位卡。单位卡可申请若干张，持卡人资格由申请单位法定代表人或者委托的代理人书面指定或注销。

二、信用卡结算的基本规定

1. 单位申请信用卡，应按规定填写申请表，经发卡银行批准，持支票和银行进账单及手续费按要求交存一定金额的备用金后，银行为申请单位开户信用卡账户，并发给信用卡。

2. 单位信用卡的资金一律从基本存款账户存入，不得缴存现金和销货收入款项。

3. 信用卡只能用于10万元以下的商品交易、劳务供应的款项结算，但不得支取现金。

4. 透支额度的规定。银行为了控制风险，对单位信用卡的使用进行了严格的规定，具体如下：

（1）单位卡的单笔透支发生额不得超过5万元（含等值外币）。

（2）单位卡同一账户的月透支余额不得超过发卡银行对该单位综合授信额度的3%。无综合授信额度可参照的单位，月透支余额不得超过10万元（含等值外币）。

（3）准贷记卡的透支期限最长为60天。贷记卡的首月最低还款额不得低于其当月透支余额的10%。

5. 信用卡仅限于合法持卡人本人使用，不得出租或转借。

6. 信用卡的销户。持卡人不需要继续使用信用卡的，在还清透支本息后，在下列情况下，可以办理销户手续：

（1）信用卡有效期满45天后，持卡人不更换新卡的。

（2）信用卡挂失满45天后，没有附属卡且不更换新卡的。

（3）信用卡被列入止付名单，发卡银行已收回其信用卡45天的。

（4）持卡人要求销户或者担保人撤销担保，并已交回全部银行卡45天的。

（5）信用卡账户两年以上（含两年）未发生交易的。

（6）持卡人违反其他规定，发卡银行认为应该取消其资格的。

发卡银行办理销户时，应当收回信用卡，有效信用卡无法收回的，应当将其止付。

三、信用卡结算流程

持卡人持信用卡消费时，应按以下流程进行：

（一）持卡人将信用卡和身份证一并交特约单位

如果信用卡属智能卡、照片卡，可免验身份证件。特约单位不得拒绝受理持卡人合法持有的、签约银行发行的有效信用卡，不得因持卡人使用信用卡而向其收取附加费用。

（二）特约单位应审查信用卡

特约单位受理信用卡结算业务时，应审查下列事项：

1. 确为本单位受理的信用卡。

2. 信用卡在有效期内，未列入止付名单，没有非正常签名的字样。

3. 签名条上没有“样卡”或“专用卡”等字样。

4. 信用卡无打孔、剪角、毁坏或涂改的痕迹。

5. 持卡人身份证件或卡片的照片与持卡人相符，但使用智能卡、照片卡或持卡人凭密码在销售终端上消费、购物的，可免验身份证件。

6. 卡片正面的拼音姓名与卡片背面的签名、身份证件上的姓名一致。

（三）办理结算手续

特约单位受理信用卡结算业务时，经审查无误后，在签购单上压卡，填写实际结算金额、用途、持卡人身份证件号码、特约单位名称和编号。如超过支付限额的，应向发卡银行索取并填写授权号码，交持卡人签名确认，同时核对其签名与卡片背面签名是否一致。经审查无误后，对同意按经办人填写的金额和用途付款的，由持卡人在签购单上签名确认，特约单位将信用卡、身份证件和第一联签购单交给持卡人。特约单位在每日营业终了时，应将当日受理的信用卡签购单汇总，计算手续费和净计金额，并填写汇计单和进账单，连同签购单一并送交收单银行办理进账。收单银行接到特约单位送交的各种单据，经审查无误后，为特约单位办理进账。

四、信用卡结算业务账务处理

企业应填制“信用卡申请表”，连同支票和有关资料一并送存发卡银行，根据银行盖章退回的进账单第一联，借记“其他货币资金——信用卡存款”科目，贷记“银行存款”科目；企业用信用卡购物或支付有关费用，收到开户银行转来的信用卡存款的付款凭证及所附发票账单时，借记“管理费用”等科目，贷记“其他货币资金——信用卡存款”科目；企业信用卡在使用过程中，需要向其账户续存资金的，应借记“其他货币资金——信用卡存款”科目，贷记“银行存款”科目；企业的持卡人如不需要继续使用信用卡时，应持信用卡主动到发卡银行办理销户，销卡时，信用卡余额转入企业基本存款账户，不得提取现金，借记“银行存款”科目，贷记“其他货币资金——信用卡存款”科目。

二维码 4.1《中国人民银行关于信用卡业务有关事项的通知及解读》

任务实施

2020 年 5 月 5 日，北京市辰新商贸有限公司为本单位申领工商银行的信用卡一张，用银行存款存入 100 000 元。

实施步骤：

第一步：会计人员根据转账支票存根、银行盖章退回的进账单和业务收费凭证编制记账凭证（见表 4－61 至表 4－63）。

表 4－61

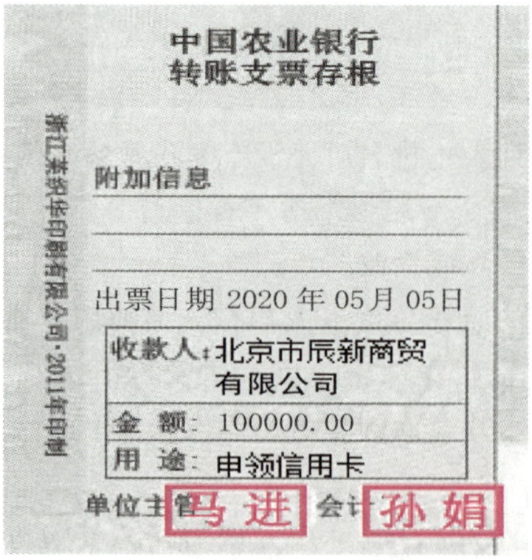

中国农业银行
转账支票存根

浙江某织华印刷有限公司·2011年印制

附加信息

出票日期 2020 年 05月 05日

收款人：北京市辰新商贸有限公司

金　额：100000.00

用　途：申领信用卡

单位主管 马进　会计 孙娟

表 4－62

中国工商银行　进账单（收账通知）　3

2020 年 05 月 05 日　　№

出票人	全　称	北京市辰新商贸有限公司	收款人	全　称	北京市辰新商贸有限公司
	账　号	23456798731		账　号	23456798731
	开户银行	工商银行北京市马神庙支行		开户银行	工商银行北京市马神庙支行
金额	人民币（大写）	壹拾万元整		亿 千 百 十 万 千 百 十 元 角 分	¥ 1 0 0 0 0 0 0 0
票据种类	转账支票	票据张数	1		
票据号码	674689098				
复核 李宏　记账 孙娟				中国工商银行马神庙支行 转讫章 收款人开户银行签章	

此联是收款人开户银行交给收款人的收账通知

表 4－63

付　款　凭　证

2020年 05 月 05 日　　付字 01 号

摘要	总账科目	明细科目	√	借方金额 百	十	万	千	百	十	元	角	分	贷方金额 百	十	万	千	百	十	元	角	分
申领信用卡	其他货币资金	信用卡存款			1	0	0	0	0	0	0	0									
	银行存款	农业银行												1	0	0	0	0	0	0	0
合计				¥	1	0	0	0	0	0	0	0	¥	1	0	0	0	0	0	0	0

（附件 1 张）

会计主管 李宏　记账 周云　出纳 周云　稽核 李宏　填制 孙娟

第二步：出纳人员根据审核无误的记账凭证登记日记账。

职业能力训练

一、单项选择题

1. 在信用卡透支额的有关规定中，信用卡透支期限最长为（　　）。

A. 30 天　　B. 40 天

C. 60 天　　D. 80 天

2. 信用卡中的单位卡账户的资金（　　）。

A. 一律从基本存款账户转账存入　　B. 只能交存现金

C. 允许交存现金　　D. 可以将销货款收入存入

二、多项选择题

1. 信用卡按发卡机构不同，可分为（　　）。

A. 银行卡　　B. 非银行卡

C. 普通卡　　D. 金卡

2. 信用卡办理销户手续的条件包括（　　）。

A. 信用卡挂失满 45 天后，没有附属卡且不更换新卡的

B. 信用卡被列入止付名单，发卡银行已收回其信用卡 45 天的

C. 持卡人要求销户或者担保人撤销担保，并已交回全部银行卡 45 天的

D. 信用卡账户两年以上（含两年）未发生交易的

三、判断题

1. 信用卡的可用额度不可能超过发卡行所给予的信用额度。（　　）

2. 持卡人在异地办理信用卡还款业务，银行将收取还款手续费。（　　）

3. 主卡申请人在提交申请表的同时，必须提交本人的身份证件、住所证明文件。（　　）

4. 信用卡单位卡的资金一律从基本存款账户转账存入，不得交存现金，不得将销货款收入的款项存入其账户。单位卡可以支取现金，但不得用于 10 万元以上的商品交易、劳务供应款项的结算。（　　）

任务九　完成银行存款的清查

任务导入

辰新商贸有限公司每月进行一次银行对账。6 月 1 日，对账人员在银行存款日记账上输入期初数据，2 日到企业开户银行领取银行对账单（或者在网银上下载 5 月份的对账单），6 月 3 日，将企业 5 月份银行存款日记账与 5 月银行对账单进行核对，出具“银行存款余额调节表”。

知识准备

银行存款的清查是采用与开户银行核对账目的方法进行的，即通过将本单位的银行存款日记账与开户银行转来的对账单逐笔进行核对，来查明银行存款的账存数与实有数额。银行存款的清查一般在月末进行。

一、银行存款日记账与银行对账单不一致的原因

将截止到清查日所有银行存款的收付业务都登记入账后，对发生的错账、

漏账应及时查清更正，再与银行的对账单逐笔核对。如果二者余额相符，通常说明没有错误；如果二者余额不相符，则可能是企业或银行一方或双方记账过程有错误，经确定后企业应立即更正；属于银行方面的记账差错，应通知银行更正。如果双方均无错误，企业的银行存款日记账余额与银行对账单余额往往也不一致，这种不一致一般是由未达账项造成的。

所谓未达账项，是指企业和开户银行之间，对于同一款项的收付业务，由于凭证传递时间和记账时间的不同，发生一方已经入账而另一方尚未入账的款项。企业与开户银行之间的未达账项，有以下四种情况：

（1）企业已收，银行未收。即企业已收款入账，而银行尚未收款入账。例如，企业销售产品收到支票，送存银行后，可根据银行盖章后返回的“记账单”回单联登记银行存款的增加，而银行则要等款项收妥后再记增加。如果此时对账，就会出现企业已记银行存款增加，而开户银行尚未记增加的情况。

（2）企业已付，银行未付。即企业已付款入账，而银行尚未付款入账。例如，企业开出一张支票支付购料款，企业可根据支票存根登记银行存款的减少，而此时银行由于尚未接到支付款项的凭证尚未记减少。如果此时对账，就会出现企业已记银行存款减少，而开户银行尚未记减少的情况。

（3）银行已收，企业未收。即银行已收款入账，而企业尚未收款入账。例如，外地某单位给本企业汇来款项，银行收到汇款单后，马上登记企业银行存款增加，而企业由于尚未收到收账通知而未登记银行存款增加。如果此时对账，就会出现开户银行已记企业银行存款增加，而企业尚未记增加的情况。

二维码4.2
银行存款余额调节表由谁编制？

（4）银行已付，企业未付。即银行已付款入账，而企业尚未付款入账。例如，银行收取企业借款的利息，银行已从企业存款账户中收取并已记作企业银行存款减少，而企业尚未接到银行计付利息通知单，尚未记作银行存款的减少。如果此时对账，就会出现银行已记企业银行存款减少，而企业尚未记减少的情况。

知识扩展

未达账项的核对周期没有硬性的规定，出纳人员可以根据自己所任职企业的业务多少灵活选择。一般情况下，业务不多的企业可以在月末对账，业务多的可以在对账单满页时核对，也可以通过网上银行、电话银行等随时核对。

上述任何一种未达账项的存在，都会造成企业银行存款日记账的余额和银行对账单的余额不符。因此，在清查银行存款时，如果发现存在未达账项，应通过编制“银行存款余额调节表”，确定企业银行存款实有数。“银行存款余额调节表”的格式如表 4－64 所示。

表 4－64　　银行存款余额调节表

年　月　日

单位名称：　　　　开户银行：　　　　账号：

项　目	金　额	项　目	金　额
企业银行存款日记账余额 加：银行已收，企业未收 减：银行已付，企业未付		开户银行对账单余额 加：企业已收，银行未收 减：企业已付，银行未付	
调节后的存款余额		调节后的存款余额	

会计主管：　　　　制单：

二、银行存款清查的步骤

银行存款的清查按以下四个步骤进行，如图 4－13 所示。

将本单位银行存款日记账与银行对账单，以结算凭证的种类、号码和金额为依据，逐日逐笔核对。凡双方都有记录的，用铅笔在金额旁打上记号“√”

↓

找出未达账项（即银行存款日记账和银行对账单中没有打“√”的款项）

↓

将银行存款日记账和银行对账单的月末余额及找出的未达账项填入“银行存款余额调节表”，并计算出调节后的余额

↓

将调整平衡的“银行存款余额调节表”，经主管会计签章后，呈报开户银行

图 4－13　银行存款清查步骤图

凡有几个银行户头以及设有外币存款户头的单位，应分别按存款户头开设“银行存款日记账”。每月月底，应分别将各户头的“银行存款日记账”与各户头的“银行对账单”核对，并分别编制各户头的“银行存款余额调节表”。

“银行存款余额调节表”的编制，是以双方账面余额为基础，各自分别加上对方已收款入账而己方尚未入账的数额，减去对方已付款入账而己方尚未入账的数额。其计算公式如下：

企业银行存款日记账余额＋银行已收企业未收款－银行已付企业未付款＝银行对账单余额＋企业已收银行未收款－企业已付银行未付款

知识扩展

在实际工作中，银行已收企业未收和银行已付企业未付的每笔款项，正常情况下，在本月月初可以在银行拿到回单，不会超过一个月，如果出现遗失回单的情况，要及时去银行补齐回单，尽量在月内处理完。拖延时间过长，一方面不利于查清造成该笔款项的缘由，另一方面也不利于对资金的有效使用。如果有未勾销的企业已收银行未收的情况，需要着重查看企业票据支付记录。如果票据开出日期超过有效期而银行还未支付的，应主动与客户联系，要求收回过期票据并作废。一般企业已收银行未收不会超过一个月，企业已付银行未付原则上要求在到期当月处理完。

任务实施

任务实施 查找未达账项并编制银行存款余额调节表

2020 年 5 月 31 日，北京市辰新商贸有限公司银行存款日记账账面记录与银行出具的对账单记录如表 4－65、表 4－66 所示。

表 4－65

银行存款日记账 1

2020 年		凭证编号	摘要	对应科目	借方 百十万千百十元角分	✓	贷方 百十万千百十元角分	✓	余额 百十万千百十元角分
月	日								
5	1	略	期初余额						60000000
5	3		销售产品		38000000				98000000
5	5		收到货款		20000000				118000000
5	10		支付货款				60000000		58000000
5	16		销售产品		32000000				90000000
5	20		提取现金				17000000		73000000
5	29		支付货款				4000000		69000000
5	30		销售产品		15000000				84000000

表 4－66

中国工商银行客户存款对账单

币种：人民币（本位币）　　单位：元　　2020年

账号：23456798731 开户单位：北京市辰新商贸有限公司						上页余额：600 000.00
日期	凭证种类	凭证号	摘要	借方发生额	贷方发生额	余额
05-01			结余			600 000.00
05-03	支票	00439	存入		380 000.00	980 000.00
05-06	支票	00156	存入		200 000.00	1 180 000.00
05-11	支票	00127	支取	600 000.00		580 000.00
05-17	支票	00649	存入		320 000.00	900 000.00
05-26	支票	00193	支取	40 000.00		860 000.00
05-27	支票	00187	存入		130 000.00	990 000.00
05-30	支票	00198	支取	90 000.00		900 000.00

实施步骤：

第一步：核对未达账项，北京市辰新商贸有限公司核对的未达账项结果如表 4－67、表 4－68 所示。

表 4－67

银行存款日记账　　1

2020年 月	日	凭证编号	摘要	对应科目	借方（百十万千百十元角分）	✓	贷方（百十万千百十元角分）	✓	余额（百十万千百十元角分）
5	1	略	期初余额						60000000
5	3		销售产品		38000000	✓			98000000
5	5		收到货款		20000000	✓			118000000
5	10		支付货款				60000000	✓	58000000
5	16		销售产品		32000000	✓			90000000
5	20		提取现金				17000000		73000000
5	29		支付货款				4000000	✓	69000000
5	30		销售产品		15000000				84000000

表 4－68

中国工商银行客户存款对账单

币种：人民币（本位币）　　单位：元　　2020年

账号：23456798731　开户单位：北京市辰新商贸有限公司　　上页余额：600 000.00

日期	凭证种类	凭证号	摘要	借方发生额		贷方发生额		余额
05-01			结余					600 000.00
05-03	支票	00439	存入			380 000.00	√	980 000.00
05-06	支票	00156	存入			200 000.00	√	1 180 000.00
05-11	支票	00127	支取	600 000.00	√			580 000.00
05-17	支票	00649	存入			320 000.00	√	900 000.00
05-26	支票	00193	支取	40 000.00	√			860 000.00
05-27	支票	00187	存入			130 000.00		990 000.00
05-30	支票	00198	支取	90 000.00				900 000.00

第二步：找出未达账项，编制银行存款余额调节表，如表 4－69 所示。

表 4－69

银行存款余额调节表

2020 年 5 月 31 日

单位名称：北京市辰新商贸有限公司　　开户银行：工商银行北京市马神庙支行　　账号：23456798731

项　目	金　额	项　目	金　额
企业银行存款日记账余额	840 000	开户银行对账单余额	900 000
加：银行已收，企业未收	130 000	加：企业已收，银行未收	150 000
减：银行已付，企业未付	90 000	减：企业已付，银行未付	170 000
调节后的存款余额	880 000	调节后的存款余额	880 000

会计主管：李宏　　制单：周云

任务拓展

北京市辰新商贸有限公司 2020 年 5 月基本存款账户的“银行存款日记账”和 5 月底开户银行送来的“银行对账单”，如表 4－70、表 4－71 所示。

要求：查找北京市辰新商贸有限公司 2020 年 5 月的未达账项并编制“银行存款余额调节表”（见表 4－72）。

表 4－70

银行存款日记账　　1

2020年 月	日	凭证编号	摘要	对应科目	借方（百十万千百十元角分）	✓	贷方（百十万千百十元角分）	✓	余额（百十万千百十元角分）
5	1		期初余额						50000000
5	3		销售产品		38000000				88000000
5	5		收到货款		9000000				97000000
5	10		支付货款				40000000		57000000
5	16		销售产品		2000000				59000000
5	20		提取现金				3600000		55400000
5	29		支付货款				7000000		48400000
5	30		销售产品		11000000				59400000

表 4－71

中国工商银行客户存款对账单

币种：人民币（本位币）　　单位：元　　2020年

账号：23456798731	开户单位：北京市辰新商贸有限公司				上页余额：	500 000.00
日期	凭证种类	凭证号	摘要	借方发生额	贷方发生额	余额
05-01			结余			500 000.00
05-03	支票	00439	存入		380 000.00	880 000.00
05-11	支票	00127	支取	400 000.00		480 000.00
05-17	支票	00649	存入		20 000.00	500 000.00
05-26	支票	00193	支取	70 000.00		430 000.00
05-27	支票	00187	存入		50 000.00	480 000.00
05-31	支票	00198	支取	80 000.00		400 000.00

表 4－72

银行存款余额调节表

2020 年 5 月 31 日

单位名称：北京市辰新商贸有限公司　　开户银行：工商银行北京市马神庙支行　　账号：23456798731

项　目	金　额	项　目	金额
企业银行存款日记账余额		开户银行对账单余额	
加：银行已收，企业未收		加：企业已收，银行未收	
减：银行已付，企业未付		减：企业已付，银行未付	
调节后存款余额		调节后存款余额	

会计主管：　　　　制单：

职业能力训练

一、单项选择题

1. 某公司2020年9月30日银行存款日记账余额为150万元，经逐笔核对，未达账项如下：银行已收企业未收的3万元，银行已付企业未付的2万元，调整后的银行存款余额为（　　）万元。

A. 150　　B. 151

C. 155　　D. 167

2. 在记账无误的情况下，银行对账单与银行存款日记账账面余额不一致的原因是存在（　　）。

A. 应付账款　　B. 应收账款

C. 外埠存款　　D. 未达账项

3. 某公司2020年6月30日银行存款日记账的余额为100万元，经逐笔核对，未达账项如下：银行已收企业未收的2万元；银行已付企业未付的1.5万元。该公司银行存款余额为（　　）。

A. 103.5万元　　B. 102万元

C. 100.5万元　　D. 100万元

4. 银行存款清查中发现未达账项，一般应当进行调整，下列各项中，属于应该编制的调整表是（　　）。

A. 对账单　　B. 银行存款余额调节表

C. 盘存单　　D. 实存账存对比表

二、多项选择题

1. 关于银行存款余额调节表的编制，下列项目中属于调减项目的有（　　）。

A. 企业已收，银行未收　　B. 企业已付，银行未付

C. 银行已收，企业未收　　D. 银行已付，企业未付

2. 银行存款清查应根据（　　）进行核对。

A. 银行存款余额调节表　　B. 银行总分类账

C. 银行存款日记账　　D. 银行对账单

3. 编制银行存款余额调节表时，应调整企业银行存款日记账余额的业务有（　　）。

A. 企业已收，银行未收　　B. 企业已付，银行未付

C. 银行已收，企业未收　　D. 银行已付，企业未付

4. 银行存款日记账余额与银行对账单余额不一致，可能是（　　）。

A. 银行记账有错误　　B. 企业记账有错误

C. 双方记账均有错误　　D. 存在未达账项

三、判断题

1. 对于查出的未达账项，企业应根据“银行存款余额调节表”及时调整账簿记录。 （ ）

2. 所有的未达账项已进行调整而银行存款余额调节表仍然不平，则说明银行和企业一方或双方记账有错误。 （ ）

3. 企业主要采用与银行核对账目的方法进行银行存款清查。 （ ）

4. 未达账项是指银行已经记账，而企业因未接到有关凭证而尚未记账的款项。 （ ）

四、业务题

某企业 2020 年 8 月 31 日银行存款日记账余额为 238 000 元，银行提供的对账单余额为 243 000 元。经逐笔核对，发现有如下未达账项：

（1）企业偿还 A 公司货款 25 000 元已登记入账，但银行尚未登记入账。

（2）企业收到销售商品款 35 100 元已登记入账，但银行尚未登记入账。

（3）银行已划转支付电费 4 900 元登记入账，但企业尚未收到付款通知单，未登记入账。

（4）银行已收到外地汇入货款 20 000 元登记入账，但企业尚未收到收款通知单，未登记入账。

要求：根据上述资料，编制该企业 2020 年 8 月的“银行存款余额调节表”（见表 4－73）。

表 4－73　　银行存款余额调节表

项　目	金　额	项　目	金额
企业银行存款日记账余额 加：银行已收，企业未收 减：银行已付，企业未付		开户银行对账单余额 加：企业已收，银行未收 减：企业已付，银行未付	
调节后存款余额		调节后存款余额	

会计主管：　　　　　　　　　　　　制单：

项目五
其他相关业务办理

本项目集中了一些出纳工作中常遇到的重要业务，例如网银结算、支付宝微信转账、工资和“五险一金”相关业务处理，以及出纳账簿的登记等。本项目主要通过讲解网银结算、社会保险、工资发放等相关业务办理流程，帮助会计工作人员提升对工资、社会保险等业务的执业能力。

项目导航

知识目标	技能目标	职业目标
➢ 认识网银结算、支付宝、微信转账流程 ➢ 熟悉工资、社会保险、住房公积金核算岗位职责 ➢ 熟悉工资、社会保险和住房公积金相关制度 ➢ 认识企业年度报告公示制度	➢ 认识职工薪酬计算分配及发放过程中涉及的原始凭证 ➢ 掌握职工薪酬计算、发放的程序和方法 ➢ 掌握支付宝、微信转账操作 ➢ 掌握现金日记账和银行存款日记账登记	➢ 掌握工资、社会保险等相关核算制度 ➢ 具备发放工资和缴纳社会保险的处理能力 ➢ 具备现金日记账和银行存款日记账登记能力

任务一　办理网银结算业务

任务导入

辰新商贸有限公司向三江电子设备厂采购10台笔记本电脑作为办公用品，每台笔记本电脑含税单价7 020元，共计70 200元，通过网银支付相应的款项，取得三江电子设备厂开具的增值税专用发票，请问辰新商贸有限公司出纳如何处理？

知识准备

一、网银结算的概念、特点及规定

（一）网银结算的概念及特点

二维码5.1 会计改革与发展——“十四五”时期会计信息化工作面临的形势与挑战、总体目标和主要任务

网银又称网络银行、在线银行或电子银行，它是各银行在互联网中设立的虚拟柜台，银行利用网络技术，通过互联网向客户提供开户、销户、查询、对账、行内转账、跨行转账、信贷、网上证券投资理财等传统服务项目，使客户足不出户就能够安全、便捷地管理活期和定期存款、支票、信用卡、结算及个人投资等业务。

企业网上银行主要针对企业、事业单位等客户。企业、事业单位可以通过企业网上银行服务实时了解企业财务运作情况，及时在单位内部调配资金，轻松处理大批量的网上支付和工资发放业务及相关业务。同时，也可以大大降低银行经营成本，有效提高银行盈利能力，有利于银行进行服务创新，向客户提供多种类、个性化服务。网银的运用使企业和银行形成了双赢的局面。

（二）网银结算的规定

1. 以网上银行方式支付款项，应严格执行制单、提交支付、授权批准岗位分设制度，相关经办人员不得相互间及向第三方透露操作密码，不得一人完成网上银行付款的全过程。为保证公司网上银行资金的安全，出纳人员和复核人员应不定期修改操作密码。

2. 对银行预留印鉴章、网上银行上网U盾以及支付密码器应分别由出纳人员、复核人员或其他相关人员（根据每个企业具体人员安排而定）负责保管，严禁一人保管支付款项所需的全部印章和密码器。

3. 实行网上银行支付时，应先由出纳人员根据凭证逐笔足额办理支付手续，出纳人员操作完成后，由复核人员分别对凭证、客户名、客户账号、金额等项目进行复核，复核一致后，方能使用U盾进行实际支付。支付流程完毕后，

资金调度应按日期打印网上银行支付清单，由财务经理不定期进行复核。

二、网银转账操作流程（见图 5－1）

图 5－1　网银转账操作流程

实际中，各银行在不同时期均有不同，此处以中国建设银行为例。

第一步：企业的网银一般有两个网银盾，一个用来制单，一个用来复核。首先将企业制单网银的 U 盾插入电脑，页面会弹出一个确认证书，点击【确认】。之后，页面会弹出密码输入框，输入密码。在电脑上打开银行的官方网站，点击企业网上银行登录（见图 5－2）。

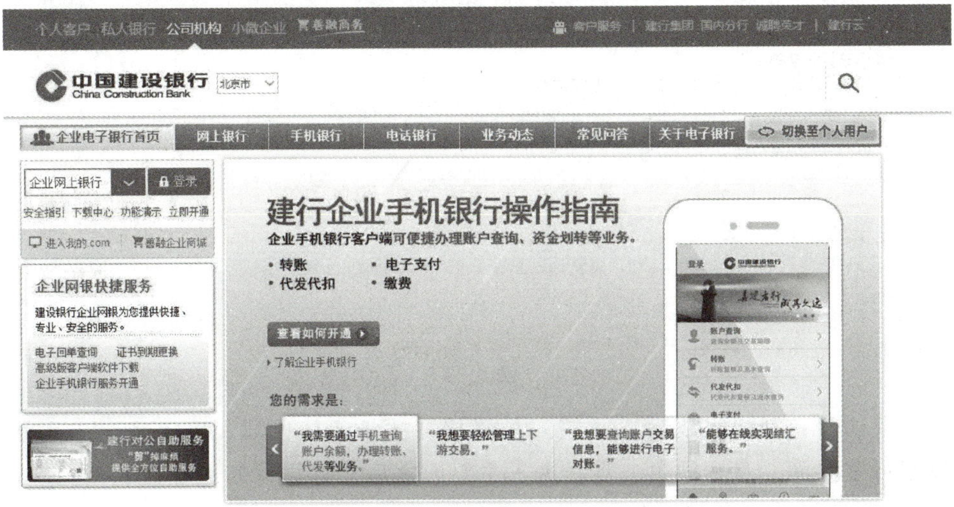

图 5－2

第二步：输入登录信息，点击“登录”，进入下一个界面，进入建设银行的主界面。点击页面右边的【进入操作页面】（见图 5－3）。

图 5－3

小贴士：

中国建设银行最新的网银 U 盾在插入电脑后，会自动识别出用户的客户识别号、操作员代码，用户只要输入登录密码即可登录。

第三步：点击【转账业务】，再点击【转账制单】下面的【单笔付款】。如果是同行转账，就点击活期转账汇款，然后输入页面要填写的信息，点击下一步，核对信息，输入验证码，点击“确认”，完成同行转账。如果是跨行转账，就点击“跨行转账”，再选择“跨行转他行”，选择普通模式，点击“现在转账”，然后在跳出的页面输入需要填写的信息，填写完成后点击下一步，最后核对信息，点击“确认”，完成跨行转账（见图5－4）。

图5－4

第四步：制单完成后，复核人员复核，插入复核网盾，输入密码进入建设银行主界面，步骤同第一步。进入主界面之后，选择【转账业务】，再选择【转账复核】下面的【单笔复核】（见图5－5）。

图5－5

第五步：选择单笔复核之后，页面会弹出所有的制单信息。然后选择需要复核的款项。选择好之后，点击【确定】。页面会弹出密码输入框，输入密码，款项就复核成功。复核是转账汇款的最后一步，一经复核款项就会从自己的账户转到对方的账户。

第六步：网银支付交易成功后，出纳就可以在网银上查找已经付款的信息，并可以打印盖有银行章的电子回单；也可以去开户银行打印或到回单柜领取回单（见表5－1）。

表5－1

中国建设银行　网上银行电子回单

电子回单号码：09988018559

付款人	户名	北京市辰新商贸有限公司	收款人	户名	北京斯景文化用品有限公司
	账号	23456798731		账号	5008952238578677778
	开户银行	建行银行北京市马神庙支行		开户银行	建行亚和路支行
金额		人民币（大写）：贰仟元整			¥2,000.00 元
摘要		支付办公用品耗材货款	业务种类		网银转账
用途		货款			
交易流水号		99110304072799	时间戳		2020-06-06
		备注： 验证码：57012400			中国建设银行 北京海淀中关村支行 2020.06.06 业务受理专用章
记账网点	993	记账柜员	472	记账日期	2020年06月06日

打印日期：2020年06月06日

任务二　办理微信、支付宝业务

任务导入

随着科技的不断进步，支付宝、微信支付让人们享受到了付款的便利，同时也为企业商家带来便利，越来越多的收付款采用支付宝、微信方式进行，面对这些非传统收付方式，出纳该如何操作？

知识准备

一、企业支付宝的使用

（一）企业支付宝相关规定

支付宝转账方式分为转账到户（支付宝账户）和转账到卡（银行卡）两种方式。在转账到卡方式下，支付宝是不支持转账给银行卡对公账户的，此处的转账到卡仅支持个人类型的储蓄卡。但是，在转账到户方式下，企业支付宝账户是可以和企业支付宝账户相互转账的，也支持转账给个人账户和个人储蓄卡。

如果想要开通企业支付宝账户，企业需要登录支付宝官网（www. alipay. com）进行专门的企业支付宝账户注册，然后绑定企业银行卡账户，就可以用支付宝开展各项业务了。

（二）企业支付宝转账操作流程

转账到支付宝账户操作流程：

第一步：电脑端登录企业支付宝账户，进入转账页面，选择【转账到支付宝账户】或者【转账到银行账户】（见图5－6）。

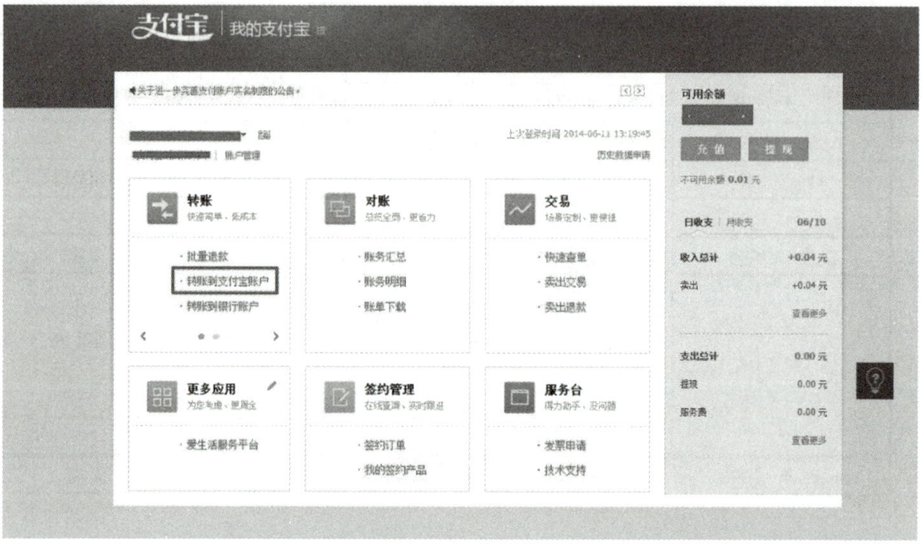

图5－6

第二步：认真填写收款账户的相关信息，点击【下一步】（见图5－7）。

图5－7

第三步：确认付款信息，选择付款方式：【电脑付款】或【手机付款】；系统默认选择【手机付款】方式。

第四步：点击【电脑付款】→【确认信息并付款】，根据页面提示完成操作即可。

二、企业微信的使用

（一）微信支付模式

企业微信支付的主体为企业、个体户、政府、组织机构、社团、媒体等，个人用户是无法开通企业微信支付的。主要支付模式有以下几种：

1. 付款码支付。通过用户展示微信钱包内的“刷卡条码/二维码”给商户系统扫描后直接完成支付的模式。主要应用于线下面对面收银的场景。扫码支付有两个模式：“二维码永久有效”和“二维码两小时有效”。

2. APP支付。又称为移动端支付，是商户通过在移动端应用APP中集成开放SDK调起微信支付模块完成支付的模式。

3. 公众号支付。商户已有H5商城网站，用户通过消息或扫描二维码在微信内打开网页后，可以调用微信支付完成下单购买。

4. 小程序支付。该方式是专门被定义使用在小程序中的支付产品。目前在小程序中能且只能使用小程序支付的方式来唤起微信支付。

（二）企业微信的使用

1. 公众号支付接入。扫码支付接入（含PC网站支付）和刷卡支付接入微信支付的申请步骤如图5-8所示。

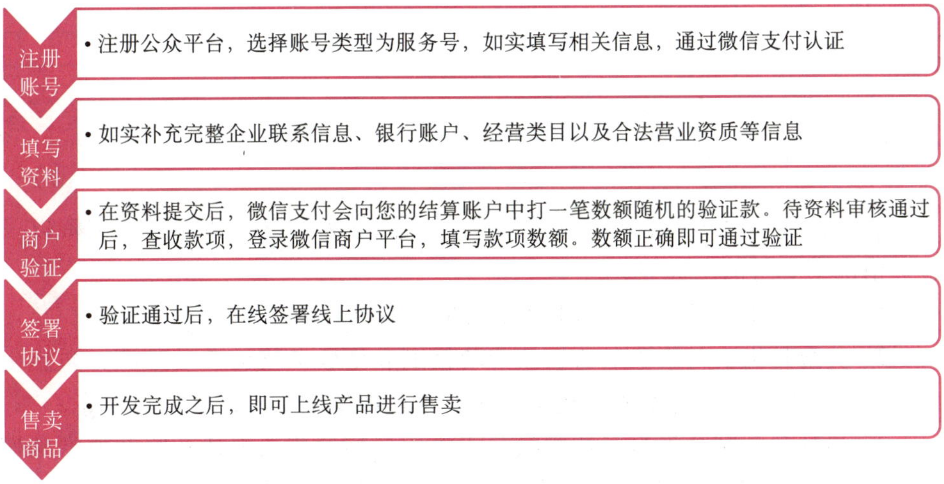

图5-8

2. APP支付接入流程如图5-9所示。

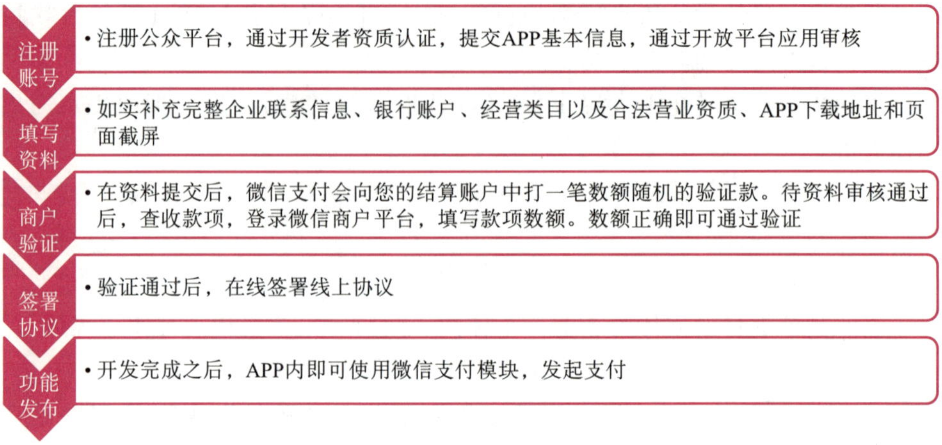

图 5－9

任务三　办理工资相关业务

任务导入

出纳周云收到一张工资明细表，栏内有各位职工的岗位工资、奖金、职务补贴、交通补贴、综合补贴、社会保险、住房公积金和实际发放工资，请问出纳应如何处理？

知识准备

一、工资的相关知识准备

（一）工资的构成

工资包括计时工资、计件工资、奖金、津贴和补贴、加班加点工资以及特殊情况下支付的工资等。

1. 狭义的工资是指支付给职工的计时工资和计件工资。

2. 奖金是指支付给职工的超额劳动报酬和增收节支的劳动报酬，包括生产奖，节约奖，劳动竞赛奖，机关、事业单位的奖励工资，其他奖金等。

3. 津贴和补贴是指为了补偿职工特殊或额外的劳动消耗和因其他特殊原因支付给职工的津贴，以及为了保证职工工资水平不受物价影响而支付的物价补贴。津贴包括：补偿职工特殊或额外劳动消耗的津贴、保健性津贴、技术性津贴、年功性津贴及其他津贴。物价补贴包括：为保证职工工资水平不受物价上涨或变动影响而支付的各种补贴。

4. 加班加点工资是指按规定支付的加班工资和加点工资。

5. 特殊情况下支付的工资包括：

（1）根据国家有关法律、法规和政策规定，因病与工伤及产假、计划生育假、婚丧假、事假、探亲假、定期休假、停工学习、执行国家或社会义务等原因按计时工资标准或计时工资标准的一定比例支付的工资。

（2）附加工资、保留工资。

（二）工资的发放方式

在企业中，一般都是由出纳人员来进行工资发放的，这其中包括两种发放形式：一是银行转账，二是现金发放。在发放工资时，出纳人员为了防止出错，可以采用以下技巧：

1. 银行转账。

（1）按照部门进行归类，可以使工资数据一目了然。

（2）在归类整理后，进行网银转账。对于转账成功的进行标记，防止重复发放或者漏发。也可以通过银行代发工资，只需要提供姓名、账户、金额等相关信息并保证数据正确，银行可以进行批量发放。

2. 现金发放。由于特殊情况，部分员工的工资可能需要现金发放。通常出纳需要制作一张现金工资表，然后将需要发放现金的员工姓名和工资金额分别列入。在发工资时，要求员工在自己的工资栏中签字。待全部发放完毕后，可以将该表当作原始凭证交给会计做账。

知识扩展

不计入工资总额的项目有哪些？

根据《关于工资总额组成的规定》第十一条，下列各项不列入工资总额的范围：

（一）根据国务院发布的有关规定颁发的发明创造奖、自然科学奖、科学技术进步奖和支付的合理化建议和技术改进奖以及支付给运动员、教练员的奖金；

（二）有关劳动保险和职工福利方面的各项费用；

（三）有关离休、退休、退职人员待遇的各项支出；

（四）劳动保护的各项支出；

（五）稿费、讲课费及其他专门工作报酬；

（六）出差伙食补助费、误餐补助、调动工作的旅费和安家费；

（七）对自带工具、牲畜来企业工作职工所支付的工具、牲畜等的补偿费用；

（八）实行租赁经营单位的承租人的风险性补偿收入；

（九）对购买本企业股票和债券的职工所支付的股息（包括股金分红）和利息；

（十）劳动合同制职工解除劳动合同时由企业支付的医疗补助费、生活补助费等；

（十一）因录用临时工而在工资以外向提供劳动力单位支付的手续费或管理费；

（十二）支付给家庭工人的加工费和按加工订货办法支付给承包单位的发包费用；

（十三）支付给参加企业劳动的在校学生的补贴；

（十四）计划生育独生子女补贴。

第十二条 前条所列各项按照国家规定另行统计。

此外，由单位缴纳的各项社会保险、住房公积金；按照国家政策为职工建立的企业年金和补充医疗保险，其中单位按政策规定比例缴纳部分，也不计入工资总额。

小贴士：

每个单位工资发放时间是不一定的，一般有两种情况，当月发当月工资和当月发上月工资。很多单位选择的是当月发上月工资，本书案例也采用该方式，本月发放上个月工资，同时计提本月工资，以便留待下月及时发放。

二、社会保险费的相关知识准备

（一）社会保险费的组成

社会保险费是指企业按照国务院、各级地方人民政府或企业年金计划规定的基数和比例计算，向社会保险经办机构缴纳的养老保险费、医疗保险费、失业保险费、工伤保险费和生育保险费。其中养老保险、医疗保险和失业保险是由单位和个人共同缴纳保费，工伤保险和生育保险完全由单位承担，个人不需要缴纳。灵活就业者，个人全额负担缴纳养老保险和医疗保险。“五险”是法定的，具有法定强制性。

（二）社保缴纳比例和基数

1. 社保缴纳比例（见表 5 - 2）。

表 5 - 2

名称	单位承担部分比例	个人承担部分比例
养老保险	16%	8%
医疗保险	10%	2%
失业保险	0.8%	0.2%
生育保险	0.8%	—
工伤保险	0.2% ~1.9%	—

近年来，社保改革在持续进行，社保缴纳比例逐年略有变化，各地、各单位也有差异，此处采用 2019 年北京市单位职工社保缴纳标准为例。

2. 社保缴纳基数。

（1）社保缴纳基数是以社会平均工资的 60% ~300% 为缴纳基数。

（2）缴纳基数计算一般以上一年度本人工资收入为缴费基数：

①职工工资收入高于当地上年度职工平均工资 300% 的，以当地上年度职工平均工资的 300% 为缴费基数；

②职工工资收入低于当地上一年职工平均工资 60% 的，以当地上年度职工平均工资的 60% 为缴费基数；

③职工工资在 60% ~300% 之间的，按实申报。

职工工资收入无法确定时，其缴费基数按当地劳动行政部门公布的当地上一年职工平均工资为缴费工资确定。

每年社保都会在固定的时间（3 月或者 7 月，各地不同）核定基数，根据职工上年度的月平均工资申报新的基数，需要准备工资表这些证明。

知识扩展

生育保险改革

按照国务院办公厅2019年3月印发的《关于全面推进生育保险和职工基本医疗保险合并实施的意见》，2019年底前实现生育保险和职工基本医疗保险合并实施。

生育保险和职工基本医疗保险合并实施后，并不意味着取消了生育保险，因为两险合并的实施并不是说两个险种合并为一个险种，而是合并经办管理，生育保险还是存在的。随着国家鼓励生育，以后生育风险面临更大的压力，所以生育保险还需保留。

两项保险合并实施之后，单位和职工缴费会有什么变化？

对于单位来说，按照用人单位参加生育保险和职工基本医疗保险的缴费比例之和确定新的用人单位职工基本医疗保险费率。

对于个人来说，依然不用缴纳生育保险费，只需要缴纳医保中个人承担的那部分，缴费比例不会有变化。

三、住房公积金的相关知识准备

住房公积金是指国家机关、国有企业、城镇集体企业、外商投资企业、城镇私营企业及其他城镇企业、事业单位、民办非企业单位、社会团体及其在职职工，缴存的长期住房储蓄。

住房公积金一部分由职工所在单位缴存，另一部分由职工个人缴存，职工个人缴存部分由单位代扣后，连同单位缴存部分一并缴存到住房公积金个人账户内。每个职工只能有一个住房公积金账户。

根据2019年修订的《住房公积金管理条例》规定，住房公积金应当用于职工购买、建造、翻建、大修自住住房，任何单位和个人不得挪作他用。

职工和单位住房公积金的缴存比例均不得低于职工上一年度月平均工资的5%；有条件的城市，可以适当提高缴存比例。具体缴存比例由住房公积金管理委员会拟订，经本级人民政府审核后，报省、自治区、直辖市人民政府批准。大部分地区职工和单位住房公积金的缴存比例不低于5%、不高于12%；缴存比例一经确定，一年不变。

小贴士：

为了防止误解生育保险已取消，本教材案例中均单独列出生育保险并进行单独计算。

四、工会经费和职工教育经费

（一）工会经费

工会经费是工会组织开展各项活动所需要的费用。根据我国《工会法》的规定，企业按规定计提的工会经费比例为每月全部职工实际工资总额的2%，必须收到专用收据才可以进行所得税税前扣除。计提的工会经费主要分为两部分上交：一是上交当地工会部分，二是企业工会留用的部分。同时每个工会会员每月按基本工资的5‰缴纳会费。

（二）职工教育经费

职工教育经费是指企业按工资总额的一定比例提取用于职工教育事业的

小贴士：

一般私营企业是没有工会的，所以不用提取工会经费，但如果你所在单位有工会，或当地要求必须设立工会，那就应该提取工会经费。

一项费用，是企业为职工学习先进技术和提高文化水平而支付的费用。新会计准则下，职工教育经费不再按比例计提，发生时直接计入成本费用项目，但是在年末涉及企业所得税汇算清缴时，对实际支出的职工教育经费，在工资总额相应比例范围内准予抵扣，超过部分，准予在以后纳税年度结转扣除。

根据《关于企业职工教育经费提取与使用管理的意见》规定，以下两种情况不得从职工教育经费中列支：

（1）企业职工参加社会上的学历教育以及个人为取得学位而参加的在职教育，所需费用应由个人承担，不能挤占企业的职工教育培训经费；

（2）企业高层管理人员境外培训和考察，其一次性单项支出较高的费用应从管理费用中支出，避免挤占企业的职工教育培训经费。

知识扩展

税法中的“职工教育经费”

根据《关于企业职工教育经费税前扣除政策的通知》（财税〔2018〕51号），自2018年1月1日起普通企业和技术先进型服务企业、高新企业、文化创意和设计服务企业发生的职工教育经费支出，不超过工资薪金总额8%的部分，准予在计算企业所得税应纳税所得额时扣除；超过部分，准予在以后纳税年度结转扣除。

集成电路设计企业和软件企业的职工培训费用、航空企业空勤训练费、核电厂操纵员培养费一直在按实际发生额的100%税前扣除。

五、账务处理（见表5-3）

表5-3

	计提	支付
工资账务处理	借：生产成本——直接人工（生产部门人员的职工薪酬） 制造费用——工资（车间管理人员的职工薪酬） 管理费用——工资（管理部门人员的职工薪酬） 销售费用——工资（销售部门人员的职工薪酬） 贷：应付职工薪酬——工资（应发数）	借：应付职工薪酬——工资（实发数） 贷：银行存款（实发数）
社保账务处理	借：管理费用——社会保险 销售费用——社会保险 生产成本——直接人工 制造费用——社会保险 贷：应付职工薪酬——社会保险（公司承担部分） 借：应付职工薪酬——工资 贷：其他应付款——社保（个人承担部分）	借：应付职工薪酬——社会保险（公司承担部分） 其他应付款——社会保险（个人承担部分） 贷：银行存款

续表

	计提	支付
公积金 账务 处理	借：管理费用——公积金 销售费用——公积金 生产成本——直接人工 制造费用——公积金 贷：应付职工薪酬——公积金（公司承担部分） 借：应付职工薪酬——工资 贷：其他应付款——公积金（个人承担部分）	借：应付职工薪酬——公积金（公司承担部分） 其他应付款——公积金（个人承担部分） 贷：银行存款
个人 所得税	借：应付职工薪酬——工资 贷：应交税费——个人所得税	借：应交税费——个人所得税 贷：银行存款

六、业务处理流程图

1. 缴纳社会保险费和住房公积金（见图 5－10）。

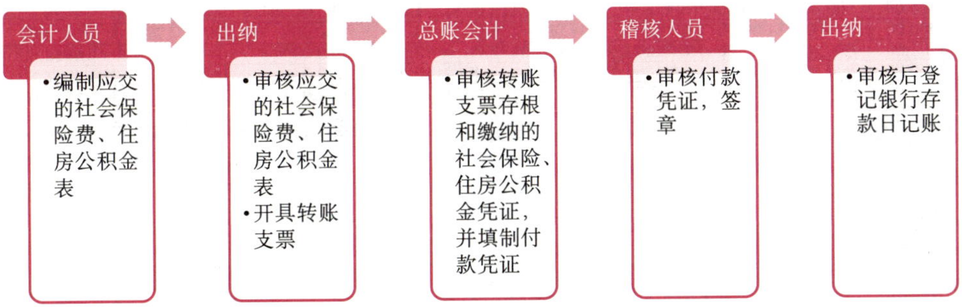

图 5－10　缴纳社会保险费和住房公积金流程图

2. 发放工资和缴纳个人所得税。北京市辰新商贸有限公司 2020 年 4 月职工薪酬结算汇总表如表 5－4 所示，5 月 15 日缴纳 4 月的职工住房公积金（见图 5－11）。

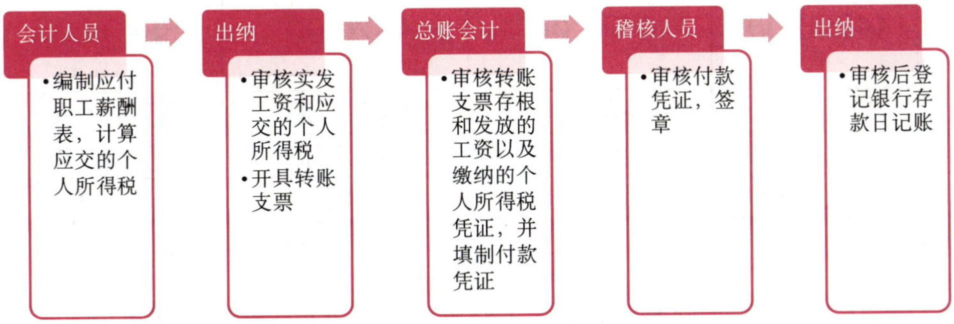

图 5－11　发放工资和缴纳个人所得税流程图

任务实施

任务实施一　住房公积金的确认

北京市辰新商贸有限公司 2020 年 4 月职工薪酬结算明细表如表 5－4 所示，5 月 15 日缴纳 4 月的职工住房公积金，应如何处理？

实施步骤：

第一步：收集、审核工资结算单，编制“职工薪酬结算明细表”（见表 5－4）。

表 5－4　　**职工薪酬结算明细表**

2020 年 4 月

编号	姓名	部门	短期薪酬				代扣款项					扣款合计	实发金额
			基本工资	岗位工资	奖金	应发合计	养老保险 个人8%	医疗保险 个人2%	失业保险 个人0.2%	住房公积金 个人10%	个人所得税		
1	马进	综合管理部	6000.00	1500.00	500.00	8000.00	640.00	160.00	16.00	800.00	41.52	1657.52	6342.48
2	王琴	综合管理部	5000.00	1000.00	500.00	6500.00	520.00	130.00	13.00	650.00	5.61	1318.61	5181.39
3	张菲菲	综合管理部	4500.00	800.00	500.00	5800.00	464.00	116.00	11.60	580.00	0	1171.60	4628.40
6	李宏	财务部	5000.00	1000.00	500.00	6500.00	520.00	130.00	13.00	650.00	5.61	1318.61	5181.39
7	孙娟	财务部	4500.00	800.00	500.00	5800.00	464.00	116.00	11.60	580.00	0	1171.60	4628.40
8	王丽	财务部	4500.00	800.00	500.00	5800.00	464.00	116.00	11.60	580.00	0	1171.60	4628.40
9	周云	财务部	4500.00	800.00	500.00	5800.00	464.00	116.00	11.60	580.00	0	1171.60	4628.40
10	严浩	采购部	5000.00	1000.00	800.00	6800.00	544.00	136.00	13.60	680.00	12.79	1386.39	5413.61
11	张华	采购部	4500.00	800.00	800.00	6100.00	488.00	122.00	12.20	610.00	0	1232.20	4867.80
12	李佳	采购部	4500.00	800.00	800.00	6100.00	488.00	122.00	12.20	610.00	0	1232.20	4867.80
13	孙健	销售部	5000.00	1000.00	800.00	6800.00	544.00	136.00	13.60	680.00	12.79	1386.39	5413.61
14	白雪	销售部	4500.00	800.00	800.00	6100.00	488.00	122.00	12.20	610.00	0	1232.20	4867.80
合计			57500.00	11100.00	7500.00	76100.00	6088.00	1522.00	152.20	7610.00	78.32	15450.52	60649.48

审核：李宏　　　　制单：孙娟

注：本案例中的个人所得税从简计算。

第二步：审核“住房公积金计算表”（该表应在计提当月编制完成）（见表 5－5）。

表 5－5　　**住房公积金计算表**

2020 年 4 月

部门	应发工资	住房公积金		
		单位承担部分 10%	个人承担部分 10%	小计
管理部门（包括综合管理部、财务部）	44200.00	4420.00	4420.00	8840.00
采购部门	19000.00	1900.00	1900.00	3800.00
销售部门	12900.00	1290.00	1290.00	2580.00
合计	76100.00	7610.00	7610.00	15220.00

审核：李宏　　　　制单：周云

第三步：会计人员将编制好的工资表和住房公积金计算表交由分管领导审批，也可以与社会保险费计算表一并审核审批。

第四步：领导审批后交由出纳。

第五步：出纳人员填写“支票领用登记簿”交给会计主管审核签字，并按要求填写“转账支票及存根”。

第六步：会计主管在“转账支票”的正面加盖公司财务专用章及法人印章（如果该章在其他工作人员处，还需另外找相关人员加盖此章），在支票背面加盖公司财务专用章。

第七步：出纳将转账支票正联剪下，交由开户银行，办理转账业务缴纳住房公积金（见表5-6、表5-7）。

表5-6

中国工商银行
转账支票存根
10200020
43981873
附加信息
出票日期 2020 年 05 月 15 日
收款人：住房公积金管理处
金　额：¥15,220.00
用　途：缴纳住房公积金
单位主管 李宏　会计 孙娟

中国工商银行　转账支票　10200020 43981873

付款期限自出票之日起十天

出票日期（大写）　贰零贰零 年 零伍 月 壹拾伍日　付款行名称：工商银行北京市马神庙支行

收款人：住房公积金管理处　出票人账号：23456798731

人民币（大写）	亿	千	百	十	万	千	百	十	元	角	分
壹万伍仟贰佰贰拾元整				¥	1	5	2	2	0	0	0

用途 缴纳住房公积金　密码 4880361396624021

上列款项请从
我账户内支付
出票人签章　北京市辰新商贸有限公司 财务专用章　马进印　复核　记账

表5-7

住房公积金汇（补）缴书

2020 年 05 月 15 日　附清册 1 张

收款单位	全　称	北京市辰新商贸有限公司	缴款单位	全　称	北京市辰新商贸有限公司
	公积金账号	410088880007		账　号	23456798731
	开户银行	工商银行北京市马神庙支行		开户银行	工商银行北京市马神庙支行

汇缴类型	汇缴时间	金额									汇缴人数：14 人
汇缴 ☑ 补缴 ☐	2020 年 04 月—04 月	百	十	万	千	百	十	元	角	分	
缴款方式：转账 ☑ 现金 ☐			¥	1	5	2	2	0	0	0	

金额(人民币大写)　零 佰 零 拾 壹 万 伍 仟 贰 佰 贰 拾 零 元 零 角 零 分

上月汇缴		本月增加汇缴		本月减少汇缴		本月汇缴	
人数	金额	人数	金额	人数	金额	人数	金额

上述款项已划转至市住房公积金管理中心住房公积金账户内。（银行盖章　）

中国工商银行 北京马神庙支行 转讫

第四联　银行盖章后退缴款单位记账

第八步：出纳办理完相关业务，及时将银行开具的缴款凭证、住房公积金汇缴书和支票存根传递给总账会计，会计填制付款凭证（见表5－8）。

表5－8

付　款　凭　证

2020年 05 月 15 日　　　　付款 10 号

摘要	科目		√	借方余额									贷方余额								
	总账科目	明细科目		百	十	万	千	百	十	元	角	分	百	十	万	千	百	十	元	角	分
缴纳住房公积金	应付职工薪酬	住房公积金					7	6	1	0	0	0									
	其他应付款	住房公积金					7	6	1	0	0	0									
	银行存款	工行账户													1	5	2	2	0	0	0
合计					¥	1	5	2	2	0	0	0		¥	1	5	2	2	0	0	0

（附件 4 张）

会计主管 李宏　记账 周云　出纳 周云　稽核 李宏　填制 孙娟

第九步：出纳根据会计主管审核无误的记账凭证，复核后登记银行存款日记账。

任务实施二　社会保险费的确认

北京市辰新商贸有限公司2020年4月职工薪酬结算明细表如表5－4所示，5月15日缴纳4月的社会保险，应如何处理？

实施步骤：

第一步：收集、审核工资结算单，编制“职工薪酬结算明细表”（见表5－4）。

第二步：审核企业编制的“社会保险费计算表”（该表应在计提当月编制完成）（见表5－9）。

表5－9

社会保险费计算表

2020年4月

部门	应发工资	短期薪酬				离职后福利				小计
		医疗保险		工伤保险	生育保险	养老保险		失业保险		
		单位承担部分	个人承担部分	全部单位承担	全部单位承担	单位承担部分	个人承担部分	单位承担部分	个人承担部分	
		10%	2%	1%	0.80%	16%	8%	0.80%	0.20%	
管理部门（包括综合管理部、财务部）	44200.00	4420.00	884.00	442.00	353.60	7072.00	3536.00	353.60	88.40	17149.60
采购部门	19000.00	1900.00	380.00	190.00	152.00	3040.00	1520.00	152.00	38.00	7372.00
销售部门	12900.00	1290.00	258.00	129.00	103.20	2064.00	1032.00	103.20	25.80	5005.20
合计	76100.00	7610.00	1522.00	761.00	608.80	12176.00	6088.00	608.80	152.20	29526.80

审核：李宏　　　　制单：周云

第三步：计提人员编制好工资表和个人承担的各种社会保险后，交由分管领导审批。

第四步：领导审批后交由出纳。

第五步：出纳人员填写“支票领用登记簿”交给会计主管审核签字，并按要求填写“转账支票及存根”。

第五步：出纳人员填写“支票领用登记簿”交给会计主管审核签字，并按要求填写“转账支票及存根”。

第六步：会计主管在“转账支票”的正面加盖公司财务专用章及法人印章（如果该章在其他工作人员处，还需另外找相关人员加盖此章），在支票背面加盖公司财务专用章。

第七步：出纳将转账支票正联剪下，交由开户银行，办理转账业务缴纳住房公积金（见表5－6、表5－7）。

表5－6

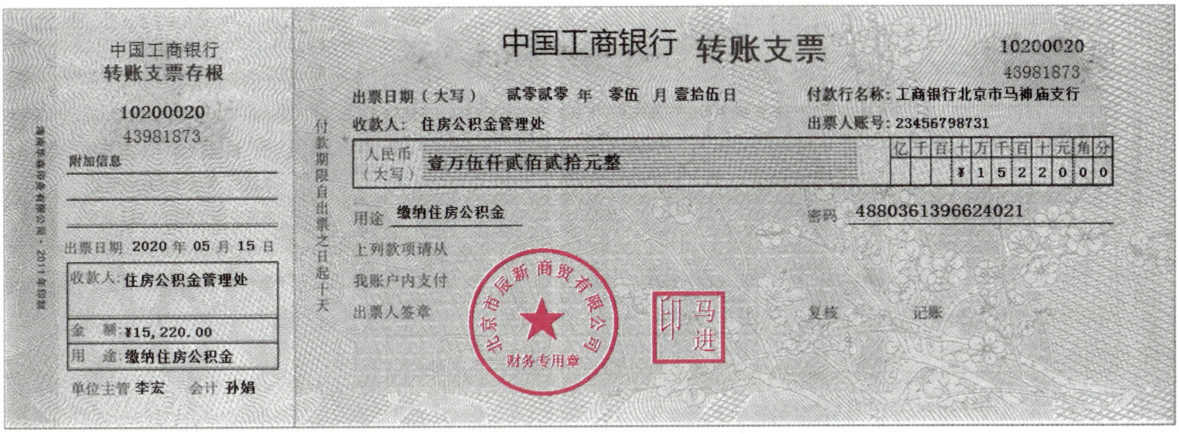

中国工商银行
转账支票存根
10200020
43981873
附加信息
出票日期 2020 年 05 月 15 日
收款人：住房公积金管理处
金　额：¥15,220.00
用　途：缴纳住房公积金
单位主管 李宏　会计 孙娟

中国工商银行 转账支票　10200020　43981873
出票日期（大写）　贰零贰零 年　零伍 月　壹拾伍 日　付款行名称：工商银行北京市马神庙支行
收款人：住房公积金管理处　出票人账号：23456798731
人民币（大写）　壹万伍仟贰佰贰拾元整　亿千百十万千百十元角分　¥1522000
用途　缴纳住房公积金　密码　4880361396624021
上列款项请从
我账户内支付
出票人签章　复核　记账
付款期限自出票之日起十天
北京市辰新商贸有限公司 财务专用章
马进印

表5－7

住房公积金汇（补）缴书

2020 年　05　月　15　日　　附清册　1　张

收款单位	全称	北京市辰新商贸有限公司	缴款单位	全称	北京市辰新商贸有限公司
	公积金账号	410088880007		账号	23456798731
	开户银行	工商银行北京市马神庙支行		开户银行	工商银行北京市马神庙支行

汇缴类型	汇缴时间	金额	汇缴人数：14 人
汇缴 ☑　补缴 □	2020 年 04 月—04 月	百 十 万 千 百 十 元 角 分	
缴款方式：转账 ☑　现金 □		¥ 1 5 2 2 0 0 0	
金额(人民币大写)	零 佰 零 拾 壹 万 伍 仟 贰 佰 贰 拾 零 元 零 角 零 分		

上月汇缴		本月增加汇缴		本月减少汇缴		本月汇缴	
人数	金额	人数	金额	人数	金额	人数	金额

上述款项已划转至市住房公积金管理中心住房公积金账户内。（银行盖章　）

中国工商银行 北京马神庙支行 转讫

第四联　银行盖章后退缴款单位记账

第八步：出纳办理完相关业务，及时将银行开具的缴款凭证、住房公积金汇缴书和支票存根传递给总账会计，会计填制付款凭证（见表5－8）。

表5－8

付 款 凭 证

2020年 05 月 15 日 付款 10 号

摘要	科目		√	借方余额									贷方余额								
	总账科目	明细科目		百	十	万	千	百	十	元	角	分	百	十	万	千	百	十	元	角	分
缴纳住房公积金	应付职工薪酬	住房公积金					7	6	1	0	0	0									
	其他应付款	住房公积金					7	6	1	0	0	0									
	银行存款	工行账户													1	5	2	2	0	0	0
合计					¥	1	5	2	2	0	0	0		¥	1	5	2	2	0	0	0

（附件 4 张）

会计主管 李宏 记账 周云 出纳 周云 稽核 李宏 填制 孙娟

第九步：出纳根据会计主管审核无误的记账凭证，复核后登记银行存款日记账。

任务实施二 社会保险费的确认

北京市辰新商贸有限公司2020年4月职工薪酬结算明细表如表5－4所示，5月15日缴纳4月的社会保险，应如何处理？

实施步骤：

第一步：收集、审核工资结算单，编制“职工薪酬结算明细表”（见表5－4）。

第二步：审核企业编制的“社会保险费计算表”（该表应在计提当月编制完成）（见表5－9）。

表5－9

社会保险费计算表

2020年4月

部门	短期薪酬					离职后福利				小计
	应发工资	医疗保险		工伤保险	生育保险	养老保险		失业保险		
		单位承担部分	个人承担部分	全部单位承担	全部单位承担	单位承担部分	个人承担部分	单位承担部分	个人承担部分	
		10%	2%	1%	0.80%	16%	8%	0.80%	0.20%	
管理部门（包括综合管理部、财务部）	44200.00	4420.00	884.00	442.00	353.60	7072.00	3536.00	353.60	88.40	17149.60
采购部门	19000.00	1900.00	380.00	190.00	152.00	3040.00	1520.00	152.00	38.00	7372.00
销售部门	12900.00	1290.00	258.00	129.00	103.20	2064.00	1032.00	103.20	25.80	5005.20
合计	76100.00	7610.00	1522.00	761.00	608.80	12176.00	6088.00	608.80	152.20	29526.80

审核：李宏 制单：周云

第三步：计提人员编制好工资表和个人承担的各种社会保险后，交由分管领导审批。

第四步：领导审批后交由出纳。

第五步：出纳人员填写“支票领用登记簿”交给会计主管审核签字，并按要求填写“转账支票及存根”。

第六步：会计主管在“转账支票”的正面加盖公司财务专用章及法人印章（如果该章在其他工作人员处，还需另外找相关人员加盖此章），在支票背面加盖公司财务专用章。

第七步：出纳将转账支票正联剪下，交由开户银行，办理转账业务缴纳社会保险（见表 5－10）。

表 5－10

中国工商银行　　凭证

电子缴税付款凭证

缴税日期：2020 年 05 月 15 日　　凭证字号：20200010

纳税人全称及纳税人识别号：北京市辰新商贸有限公司　91M410221625

付款人全称：北京市辰新商贸有限公司

付款人账号：23456798731　　征收机关名称：北京市税务局

付款人开户行：工商银行北京市马神庙支行　　收款国库（银行）名称：国家金库北京市海淀区支库

小写（合计）金额：¥29,526.80 元　　缴款书交易流水号：94098438

大写（合计）金额 贰万玖仟伍佰贰拾陆元捌角整　　税票号码：353285198768122196

税（费）种名称	所属日期		实缴金额（单位：元）
社保费（养老）	20200401	20200430	¥18,264.00
社保费（医疗）	20200401	20200430	¥9,132.00
社保费（失业）	20200401	20200430	¥761.00
社保费（工伤）	20200401	20200430	¥761.00
社保费（生育）	20200401	20200430	¥608.80

中国工商银行 2020.05.15 转讫

第 1 次打印　　打印时间：2020 年 05 月 15 日

客户回单联　　验证码：410237　　复核：　　记账：

第八步：出纳办理完相关业务后，及时将银行出具的缴款凭证和支票存根传递给总账会计，会计填制付款凭证（见表 5－11）。

表 5－11

付　款　凭　证

2020年 05 月 15 日　　付款 11 号

摘要	科目 总账科目	科目 明细科目	√	借方余额 百	十	万	千	百	十	元	角	分	贷方余额 百	十	万	千	百	十	元	角	分
缴纳社会保险费	应付职工薪酬	社会保险				2	1	7	6	4	6	0									
	其他应付款	社会保险					7	7	6	2	2	0									
	银行存款	工行账户													2	9	5	2	6	8	0
	合计				¥	2	9	5	2	6	8	0		¥	2	9	5	2	6	8	0

（附件 4 张）

会计主管 李宏　记账 周云　出纳 周云　稽核 李宏　填制 孙娟

第九步：出纳根据会计主管审核无误的记账凭证，复核后登记银行存款日记账。

任务实施三　发放工资

2020 年 5 月 15 日，发放 4 月份工资。

实施步骤：

第一步：收集、审核工资结算单，编制“职工薪酬结算明细表”（见表 5－12）。

表 5－12

职工薪酬结算明细表

2020 年 4 月

编号	姓名	部门	短期薪酬				代扣款项					扣款合计	实发金额
			基本工资	岗位工资	奖金	应发合计	养老保险 个人8%	医疗保险 个人2%	失业保险 个人0.2%	住房公积金 个人10%	个人所得税		
1	马进	综合管理部	6000.00	1500.00	500.00	8000.00	640.00	160.00	16.00	800.00	41.52	1657.52	6342.48
2	王琴	综合管理部	5000.00	1000.00	500.00	6500.00	520.00	130.00	13.00	650.00	5.61	1318.61	5181.39
3	张菲菲	综合管理部	4500.00	800.00	500.00	5800.00	464.00	116.00	11.60	580.00	0	1171.60	4628.40
6	李宏	财务部	5000.00	1000.00	500.00	6500.00	520.00	130.00	13.00	650.00	5.61	1318.61	5181.39
7	孙娟	财务部	4500.00	800.00	500.00	5800.00	464.00	116.00	11.60	580.00	0	1171.60	4628.40
8	王丽	财务部	4500.00	800.00	500.00	5800.00	464.00	116.00	11.60	580.00	0	1171.60	4628.40
9	周云	财务部	4500.00	800.00	500.00	5800.00	464.00	116.00	11.60	580.00	0	1171.60	4628.40
10	严浩	采购部	5000.00	1000.00	800.00	6800.00	544.00	136.00	13.60	680.00	12.79	1386.39	5413.61
11	张华	采购部	4500.00	800.00	800.00	6100.00	488.00	122.00	12.20	610.00	0	1232.20	4867.80
12	李佳	采购部	4500.00	800.00	800.00	6100.00	488.00	122.00	12.20	610.00	0	1232.20	4867.80
13	孙健	销售部	5000.00	1000.00	800.00	6800.00	544.00	136.00	13.60	680.00	12.79	1386.39	5413.61
14	白雪	销售部	4500.00	800.00	800.00	6100.00	488.00	122.00	12.20	610.00	0	1232.20	4867.80
合计			57500.00	11100.00	7500.00	76100.00	6088.00	1522.00	152.20	7610.00	78.32	15450.52	60649.48

审核：李宏　　　　制单：孙娟

第二步：出纳人员填写“支票领用登记簿”交给会计主管审核签字，并按要求填写“转账支票及存根”（见表 5－13）。

表 5－13

支票领用登记簿

支票类别：转账支票　　2020 年 05 月　　银行账号：23456798731

日期		支票号码	支票用途	金额										领用人	报销日期		备注
月	日			千	百	十	万	千	百	十	元	角	分		月	日	
05	15	1020112022699320	发放工资				6	0	6	4	9	4	8	周云	05	15	

第三步：会计主管在“转账支票”的正面加盖公司财务专用章及法人印章（如果该章在其他工作人员处，还需另外找相关人员加盖此章），在支票背面加盖公司财务专用章（见表 5－14）。

第四步：出纳将转账支票正联剪下，交由开户银行办理转账业务发放工资。

表 5－14

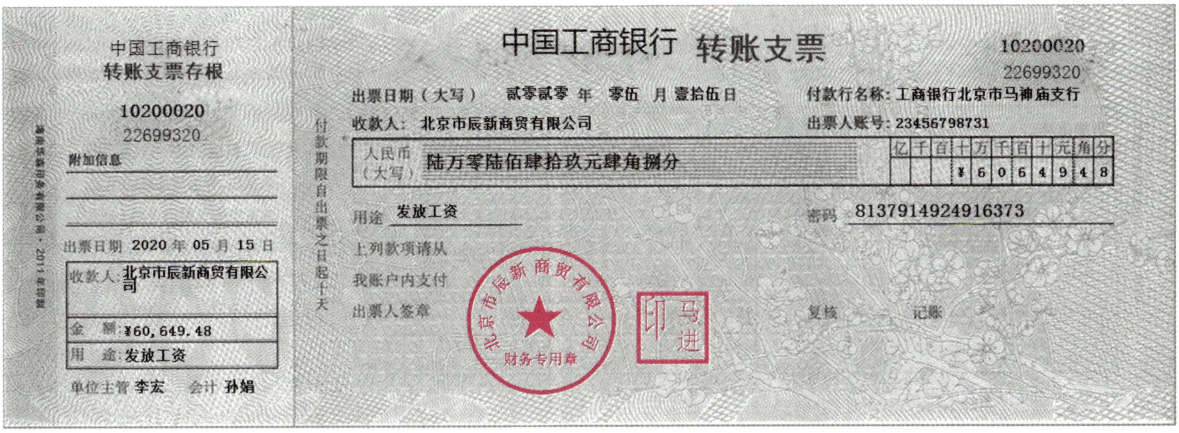
中国工商银行
转账支票存根
10200020
22699320
附加信息
出票日期 2020 年 05 月 15 日
收款人：北京市辰新商贸有限公司
金　额：¥60,649.48
用　途：发放工资
单位主管 李宏　会计 孙娟

中国工商银行 转账支票　10200020 22699320
出票日期（大写）贰零贰零 年 零伍 月 壹拾伍 日　付款行名称：工商银行北京市马神庙支行
收款人：北京市辰新商贸有限公司　出票人账号：23456798731
人民币（大写）陆万零陆佰肆拾玖元肆角捌分　¥ 6 0 6 4 9 4 8
付款期限自出票之日起十天
用途 发放工资　密码 8137914924916373
上列款项请从
我账户内支付
出票人签章　北京市辰新商贸有限公司 财务专用章　印马进
复核　记账

第五步：出纳办理完相关业务后，及时将银行开具的转款回单和支票存根传递给总账会计，会计填制付款凭证（见表 5－15）。

表 5－15

付　款　凭　证

2020年 05 月 15 日　　付款 12 号

摘要	科目		√	借方余额									贷方余额								
	总账科目	明细科目		百	十	万	千	百	十	元	角	分	百	十	万	千	百	十	元	角	分
发放工资	应付职工薪酬	工资				6	0	6	4	9	4	8									
	银行存款	工行账户													6	0	6	4	9	4	8
合计					¥	6	0	6	4	9	4	8		¥	6	0	6	4	9	4	8

（附件 2 张）

会计主管 李宏　记账 周云　出纳 周云　稽核 李宏　填制 孙娟

第六步：出纳根据会计主管审核无误的记账凭证，复核后登记银行存款日记账。

任务实施四　缴纳个人所得税的确认

北京市辰新商贸有限公司 2020 年 5 月 15 日缴纳 4 月份个人所得税。

实施步骤：

第一步：收集、审核工资结算单，编制“职工薪酬结算明细表”（见表 5－16）。

第二步：会计人员编制好应交个人所得税表，交由分管领导审批。

第三步：领导审批后交由出纳。

表 5－16 **职工薪酬结算明细表**

2020 年 4 月

编号	姓名	部门	短期薪酬				代扣款项					扣款合计	实发金额
			基本工资	岗位工资	奖金	应发合计	养老保险 个人8%	医疗保险 个人2%	失业保险 个人0.2%	住房公积金 个人10%	个人所得税		
1	马进	综合管理部	6000.00	1500.00	500.00	8000.00	640.00	160.00	16.00	800.00	41.52	1657.52	6342.48
2	王琴	综合管理部	5000.00	1000.00	500.00	6500.00	520.00	130.00	13.00	650.00	5.61	1318.61	5181.39
3	张菲菲	综合管理部	4500.00	800.00	500.00	5800.00	464.00	116.00	11.60	580.00	0	1171.60	4628.40
6	李宏	财务部	5000.00	1000.00	500.00	6500.00	520.00	130.00	13.00	650.00	5.61	1318.61	5181.39
7	孙娟	财务部	4500.00	800.00	500.00	5800.00	464.00	116.00	11.60	580.00	0	1171.60	4628.40
8	王丽	财务部	4500.00	800.00	500.00	5800.00	464.00	116.00	11.60	580.00	0	1171.60	4628.40
9	周云	财务部	4500.00	800.00	500.00	5800.00	464.00	116.00	11.60	580.00	0	1171.60	4628.40
10	严浩	采购部	5000.00	1000.00	800.00	6800.00	544.00	136.00	13.60	680.00	12.79	1386.39	5413.61
11	张华	采购部	4500.00	800.00	800.00	6100.00	488.00	122.00	12.20	610.00	0	1232.20	4867.80
12	李佳	采购部	4500.00	800.00	800.00	6100.00	488.00	122.00	12.20	610.00	0	1232.20	4867.80
13	孙健	销售部	5000.00	1000.00	800.00	6800.00	544.00	136.00	13.60	680.00	12.79	1386.39	5413.61
14	白雪	销售部	4500.00	800.00	800.00	6100.00	488.00	122.00	12.20	610.00	0	1232.20	4867.80
合计			57500.00	11100.00	7500.00	76100.00	6088.00	1522.00	152.20	7610.00	78.32	15450.52	60649.48

审核：李宏　　　　制单：孙娟

第四步：出纳人员填写“支票领用登记簿”交给会计主管审核签字，并按要求填写“转账支票及存根”。

第五步：会计主管在“转账支票”的正面加盖公司财务专用章及法人印章（如果该章在其他工作人员处，还需另外找相关人员加盖此章），在支票背面加盖公司财务专用章（见表 5－17）。

表 5－17

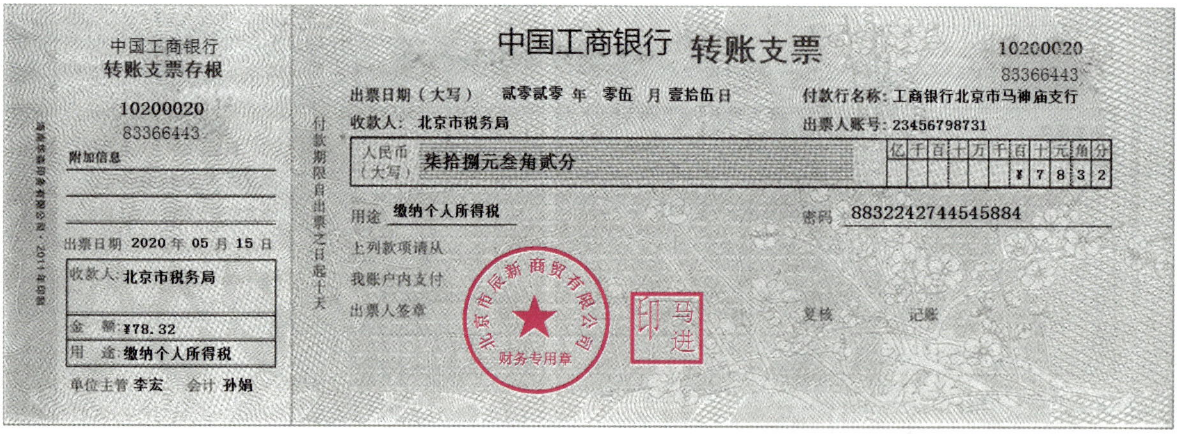
中国工商银行
转账支票存根
10200020
83366443
附加信息
出票日期 2020 年 05 月 15 日
收款人：北京市税务局
金额：¥78.32
用途：缴纳个人所得税
单位主管 李宏　会计 孙娟

中国工商银行 转账支票　10200020 83366443
出票日期（大写）贰零贰零 年 零伍 月 壹拾伍 日　付款行名称：工商银行北京市马神庙支行
收款人：北京市税务局　出票人账号：23456798731
人民币（大写）柒拾捌元叁角贰分　¥7832
付款期限自出票之日起十天
用途 缴纳个人所得税　密码 8832242744545884
上列款项请从我账户内支付
出票人签章　北京市辰新商贸有限公司 财务专用章　马进印
复核　记账

第六步：出纳将转账支票正联剪下，交由开户银行，办理转账业务缴纳个人所得税（见表 5－18）。

表 5－18

中国工商银行　　凭证

电子缴税付款凭证

缴税日期：　2020 年 05 月 15 日　　　　凭证字号：　20200010

纳税人全称及纳税人识别号：北京市辰新商贸有限公司　　91M410221625

付款人全称：北京市辰新商贸有限公司

付款人账号：23456798731　　征收机关名称：　北京市税务局

付款人开户行：　工商银行北京市马神庙支行　　收款国库（银行）名称：　国家金库北京市海淀区支库

小写（合计）金额：　¥78.32　元　　缴款书交易流水号：　30044032

大写（合计）金额　柒拾捌元叁角贰分　　税票号码：　723642133087888685

税（费）种名称	所属日期		实缴金额（单位：元）
个人所得税	20200401	20200430	¥78.32

中国工商银行　2020.05.15　转讫

第　1　次打印　　　　打印时间：　2020 年 05 月 15 日

客户回单联　　验证码：　097385　　复核：　　记账：

第七步：出纳办理完相关业务后，及时将银行开具的缴款凭证和支票存根传递给总账会计，会计填制付款凭证（见表 5－19）。

表 5－19

付　款　凭　证

2020年 05 月 15 日　　　　付款　13　号

摘要	科目		√	借方余额									贷方余额								
	总账科目	明细科目		百	十	万	千	百	十	元	角	分	百	十	万	千	百	十	元	角	分
缴纳个人所得税	应交税费	应交个人所得税							7	8	3	2									
	银行存款	工行账户																7	8	3	2
合计								¥	7	8	3	2					¥	7	8	3	2

（附件 2 张）

会计主管 李宏　记账 周云　出纳 周云　稽核 李宏　填制 孙娟

第八步：出纳根据会计主管审核无误的记账凭证，复核后登记银行存款日记账。

任务实施五　缴纳工会经费

2020 年 5 月 16 日，北京市辰新商贸有限公司按应付工资总额的 2% 缴纳上个月的工会经费。

实施步骤：

第一步：会计人员收集、审核工资结算单，编制好应交工会经费表，交由分管领导审批（见表 5－20）。

表 5－20　　**工会经费计算表**

2020 年 4 月

部门	应发工资	应缴纳的工会经费
管理部门（包括综合管理部、财务部）	44200.00	884.00
采购部门	19000.00	380.00
销售部门	12900.00	258.00
合计	76100.00	1522.00

审核：李宏　　　　制单：周云

第二步：领导审批后交由出纳。

第三步：出纳人员填写“支票领用登记簿”交给会计主管审核签字，并按要求填写“转账支票及存根”。

第四步：会计主管在“转账支票”的正面加盖公司财务专用章及法人印章（如果该章在其他工作人员处，还需另外找相关人员加盖此章），在支票背面加盖公司财务专用章。

第五步：出纳将转账支票正联剪下，交由开户银行，按照规定比例分别办理转账业务，在本例中 60% 部分拨给本企业基层工会（见表 5－21），40% 部分上缴上级主管工会（见表 5－22）。

表 5－21

工会专用结算凭证（行政拨交工会经费缴款书）

缴款日期 2020年05月16日

<table>
<tr><td rowspan="3">付款单位</td><td>全称</td><td colspan="3">北京市辰新商贸有限公司</td><td rowspan="6">收款单位</td><td colspan="2">（1）全称</td><td>北京市辰新商贸有限公司工会委员会</td><td colspan="7">金额</td></tr>
<tr><td>账号</td><td colspan="3">23456798731</td><td rowspan="2">比例 60%</td><td>账号</td><td>423523523523</td><td>万</td><td>千</td><td>百</td><td>十</td><td>元</td><td>角</td><td>分</td></tr>
<tr><td>开户银行</td><td colspan="3">工商银行北京市马神庙支行</td><td>开户银行</td><td>工商银行北京市马神庙支行</td><td></td><td>¥</td><td>9</td><td>1</td><td>3</td><td>2</td><td>0</td></tr>
<tr><td colspan="2">所属月份</td><td>2020年4月</td><td>职工人数</td><td>14</td><td colspan="2">（2）全称</td><td>北京市工会委员会</td><td colspan="7">金额</td></tr>
<tr><td colspan="2">上月职工工资总额</td><td>76100.00</td><td>按2%计应交缴经费</td><td>1522.00</td><td rowspan="2">比例 40%</td><td>账号</td><td>4235252342342</td><td>万</td><td>千</td><td>百</td><td>十</td><td>元</td><td>角</td><td>分</td></tr>
<tr><td colspan="2">迟交天数</td><td></td><td>按1%计应缴滞纳金</td><td></td><td>开户银行</td><td>工商银行北京市皂君庙支行</td><td></td><td></td><td></td><td></td><td></td><td></td><td></td></tr>
<tr><td colspan="9" rowspan="2">合计金额（人民币大写）玖佰壹拾叁元贰角整</td><td>万</td><td>千</td><td>百</td><td>十</td><td>元</td><td>角</td><td>分</td></tr>
<tr><td></td><td>¥</td><td>9</td><td>1</td><td>3</td><td>2</td><td>0</td></tr>
<tr><td colspan="4">缴款单位盖章
（北京辰新商贸有限公司 财务专用章）</td><td colspan="4">工会委员会盖章</td><td colspan="8">银行盖章
（中国工商银行北京马神庙支行 业务专用章 (1)）</td></tr>
</table>

表 5－22

中国工商银行　凭证

电子缴税付款凭证

缴税日期：　2020 年 05 月 16 日　　　　凭证字号：　20200010

纳税人全称及纳税人识别号：北京市辰新商贸有限公司　　91M410221625

付款人全称：北京市辰新商贸有限公司

付款人账号：23456798731　　征收机关名称：　北京市税务局

付款人开户行：　工商银行北京市马神庙支行　　收款国库（银行）名称：　国家金库北京市海淀支库

小写（合计）金额：　¥608.80　元　　缴款书交易流水号：　04785992

大写（合计）金额　陆佰零捌元捌角整　　税票号码：　098721533337857617

税（费）种名称	所属日期		实缴金额（单位：元）
工会经费	20200401	20200430	¥608.80

中国工商银行
2020.05.16
转讫

第 1 次打印　　打印时间：　2020 年 05 月 16 日

客户回单联　　验证码：　256773　　复核：　　记账：

第六步：出纳收到银行回执后，及时将银行开具的缴款凭证、支票存根传递给总账会计，会计填制付款凭证（见表 5－23）。

表 5－23

付　款　凭　证

2020年 05 月 16 日　　　　付款 16 号

摘要	科目		√	借方余额									贷方余额								
	总账科目	明细科目		百	十	万	千	百	十	元	角	分	百	十	万	千	百	十	元	角	分
缴纳工会经费	应付职工薪酬	工会经费					1	5	2	2	0	0									
	银行存款	工行账户														1	5	2	2	0	0
合计						¥	1	5	2	2	0	0			¥	1	5	2	2	0	0

（附件 4 张）

会计主管 李宏　记账 周云　出纳 周云　稽核 李宏　填制 孙娟

第七步：出纳根据会计主管审核无误的记账凭证，复核后登记银行存款日记账。

小贴士：

工会经费采用分级缴纳，企业计算出要缴纳的总金额，然后按一定比例分别交给企业基层工会和代收的税务局。在此案例中60%缴纳给本企业的工会，40%由税务局代收。

任务拓展

北京市辰新商贸有限公司2020年5月应付职工薪酬明细表如下，试分别计算社会保险费和住房公积金数额（见表5－24至表5－27）。

表5－24　应付职工薪酬明细表

2020年5月

编号	姓名	部门	短期薪酬			
			基本工资	岗位工资	奖金	应发合计
1	马进	综合管理部	6000.00	1500.00	500.00	8000.00
2	王琴	综合管理部	5000.00	1000.00	500.00	6500.00
3	张菲菲	综合管理部	4500.00	800.00	500.00	5800.00
6	李宏	财务部	5000.00	1000.00	700.00	6700.00
7	孙娟	财务部	4500.00	800.00	700.00	6000.00
8	王丽	财务部	4500.00	800.00	700.00	6000.00
9	周云	财务部	4500.00	800.00	700.00	6000.00
10	严浩	采购部	5000.00	1000.00	500.00	6500.00
11	张华	采购部	4500.00	800.00	500.00	5800.00
12	李佳	采购部	4500.00	800.00	500.00	5800.00
13	孙健	销售部	5000.00	1000.00	500.00	6500.00
14	白雪	销售部	4500.00	800.00	500.00	5800.00
合计			57500.00	11100.00	6800.00	75400.00

审核：李宏　　　　制单：孙娟

表5－25　社会保险费计算表

2020年5月

部门	短期薪酬					离职后福利				
	应发工资	医疗保险		工伤保险	生育保险	养老保险		失业保险		小计
		单位承担部分	个人承担部分	全部单位承担	全部单位承担	单位承担部分	个人承担部分	单位承担部分	个人承担部分	
		10%	2%	1%	0.80%	16%	8%	0.80%	0.20%	
管理部门（包括综合管理部、财务部）										
采购部门										
销售部门										
合计										

审核：李宏　　　　制单：周云

表5－26　住房公积金计算表

2020年5月

部门	应发工资	住房公积金		
		单位承担部分	个人承担部分	小计
		10%	10%	
管理部门（包括综合管理部、财务部）				
采购部门				
销售部门				
合计				

审核：李宏　　　　制单：周云

表5－27　工会经费计算表

2020年5月

部门	应发工资	应缴纳的工会经费
管理部门（包括综合管理部、财务部）		
采购部门		
销售部门		
合计		

审核：李宏　　　　制单：周云

任务四　掌握出纳相关账簿登记

任务导入

出纳需要登记现金日记账和银行存款日记账，在登账过程中需要注意哪些事项呢？

知识准备

一、账簿的启用

启用会计账簿时，应当在账簿封面上写明单位名称和账簿名称，并在账簿扉页上附启用表。出纳所负责登记的现金日记账和银行存款日记账必须采用订本式账簿，在启用订本式账簿时应当从第一页到最后一页顺序编定页数，不得跳页、缺号（见表5－28）。

表5－28

账簿启用表

单位名称	北京市辰新商贸有限公司												单位盖章
账簿名称	现金日记账												北京市辰新商贸有限公司 财务专用章
账簿编号	2020 年 总 1 册 第 1 册												
账簿页数	50 页												
启用日期	2020 年 01 月 01 日												
经管人员	财务负责人			主办会计					记账				
	职别	姓名	盖章	职别	姓名		盖章		职别	姓名		盖章	
		李宏	李宏		孙娟		孙娟			周云		周云	
交接记录	职称	姓名		接管				移交					印花票粘贴处
				年	月	日	盖章	年	月	日	盖章		

二、登账要求

（一）总体要求

登记现金日记账总的要求是：分工明确，专人负责，凭证齐全，内容完整，登记及时，账款相符，数字真实，表达准确，书写工整，摘要清楚，便于查阅，不重记，不漏记，不错记，按期结账；不拖延积压，按规定方法更小贴士：

现金日记账和银行存款日记账是由出纳登记，账簿启用表上记账人姓名一栏需填写出纳姓名，如果是总账、明细账等由会计登记的账簿，其账簿启用表上记账人姓名一栏则需填写会计姓名。

正错账等。

（二）具体要求

1. 根据审核无误的记账凭证记账。

2. 所记载的内容必须同会计凭证相一致，不得随便增减。登记完毕，应当逐项复核，复核无误后在记账凭证上的“账页”一栏内做出“过账”符号“√”，表示已经登记入账。

3. 逐笔、序时登记日记账，做到日清月结。现金日记账必须做到当日账务当日记录，并于当日结出余额。

4. 必须连续登记，不得跳行、隔页，不得随便更换账页和撕去账页。如不慎发生跳行、隔页时，应在空页或空行中间划线加以注销，或注明“此行空白”“此页空白”字样，并由记账人员盖章，以示负责。

5. 文字和数字必须整洁清晰，准确无误。

6. 每一账页记完后，必须按规定转页。为便于计算了解日记账中连续记录的累计数额，并使前后账页的合计数据相互衔接，在每一账页登记完毕结转下页时，应结出当月发生额合计数及余额，写在本页最后一行和下页第一行的有关栏内，并在“摘要”栏注明“过次页”和“承前页”字样。也可以在本页最后一行用铅笔字结出发生额合计数和余额，核对无误后，用蓝、黑色墨水在下页第一行写出上页的发生额合计数及余额，在摘要栏内写上“承前页”字样，不再在本页最后一行写“过次页”的发生额和余额。

7. 现金日记账必须逐日结出余额，每月月末必须按规定结账。现金日记账不得出现贷方余额（或红字余额）。

8. 记录发生错误时，必须按规定方法更正。为了提供在法律上有证明效力的核算资料，保证日记账的合法性，账簿记录不得随意涂改，严禁刮、擦、挖、补，或使用化学药物清除字迹。发现差错必须根据差错的具体情况采用划线更正、红字更正、补充登记等方法更正。

三、出纳账簿的登记方法

（一）现金日记账登账

现金日记账是由出纳人员根据审核无误的现金收付凭证，序时逐笔登记的账簿。现金日记账必须采用订本式账簿，其账页格式一般采用“收入”（借方）、“支出”（贷方）和“余额”三栏式（见图5－12）。

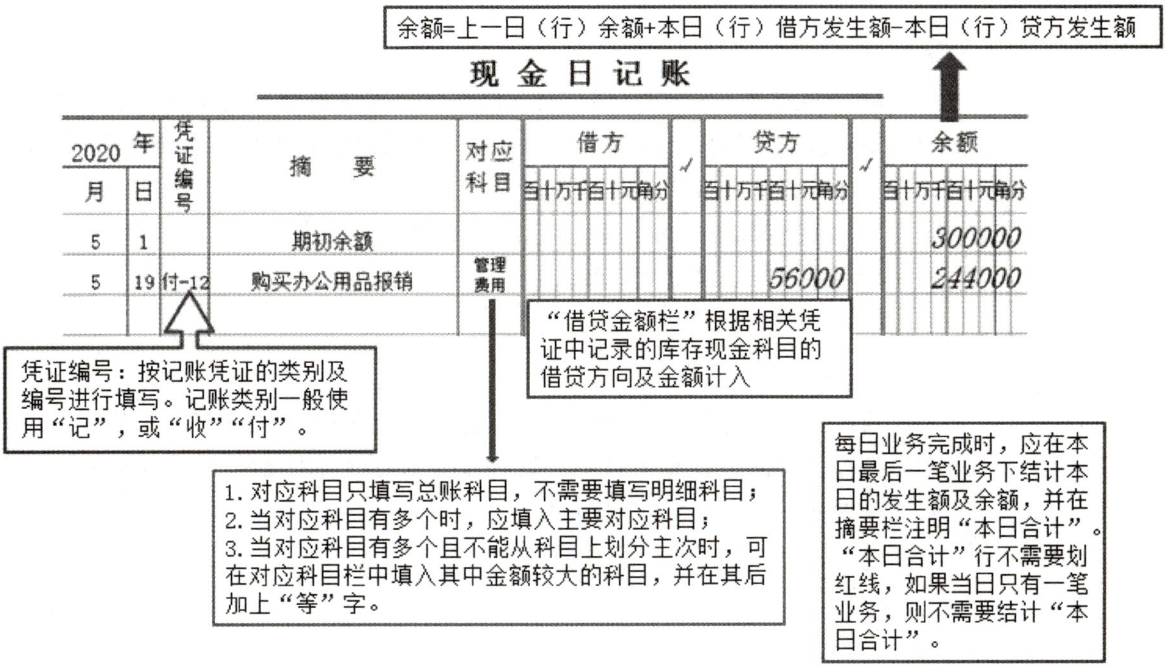

图 5－12

（二）银行存款日记账登账

银行存款日记账是由出纳人员根据审核无误的银行存款收付凭证，序时逐笔登记的账簿。银行存款日记账必须采用订本式账簿，其账页格式一般采用“收入（借方）”、“支出（贷方）”和“余额”三栏式。

银行存款日记账是用来核算和监督银行存款每日的收入、支出和结余情况的账簿，应根据企业在银行开立的账户和币种分别设置，每个银行账户设置一本日记账。

银行存款日记账的登记方法与现金日记账相同。银行存款日记账应由出纳人员根据审核无误的涉及银行存款收、付的记账凭证按经济业务发生时间的先后顺序，逐日逐笔进行登记，并且每日结出存款余额。

> 小贴士：
> 由于从银行提取现金的业务，只填制银行存款付款凭证，不填制现金收款凭证，因而从银行提取现金的现金收入数额应根据有关的银行存款、付款凭证登记。

四、对账（见表 5－29）

表 5－29

账证核对	账账核对	账实核对
账簿与会计凭证核对，日期、凭证字号、内容、金额、记账方向等信息均要核对一致	现金日记账和银行存款日记账期末余额与相对应的总分类账户的期末余额核对，确保相等	现金日记账余额与库存现金核对一致 银行存款日记账与银行存款对账单核对一致

五、结账

1. 月度结账——单红线。每月结账时，要在最后一笔经济业务记录下面通栏划单红线，结出本月发生额和余额，在摘要栏内注明“本月合计”字样，并在下面通栏划单红线。

2. 年度结账——双红线。12月末的“本年累计”就是全年累计发生额，并在全年累计发生额下划双红线。

任务拓展

请根据书后附件一“2020年5月记账凭证合集”登记本月的现金日记账和银行存款日记账（见附件二和附件三，库存现金期初余额为5 000元，银行存款期初余额为2 586 700元）。

任务五　认识企业工商年报申报

任务导入

每年5月，辰新商贸有限公司出纳周云就要开始着手准备进行企业工商年报申报，今年他准备将这个工作交给实习出纳丁海完成，丁海第一次进行企业工商年报申报，请问需要如何完成？

知识准备

一、企业工商年报的概念和影响

我国从2014年3月1日起，取消了企业年检制度，改为企业年度报告公示制度，即企业只需要按年度在规定的期限内，通过商事主体登记及信用信息公示平台，向登记机关提交年度报告并向社会公示，由企业自己对年度报告的真实性、合法性负责。建立企业信息公示制度，有利于通过运用信息公示、社会监督等手段保障公平竞争，强化对企业的信用约束，保护交易相对人和债权人利益，保证交易安全，维护市场秩序，促进企业诚信自律。

（一）企业工商年报的概念

企业工商年报是指企业在规定的期限内，通过国家信用信息公示系统向工商机关报送年度经营情况报告，并向社会公示，供单位和个人查询。凡是经过注册登记的企业单位、个体工商户、专业合作社等都要参加年报公示。

（二）企业工商年报的影响

根据《企业信息公示暂行条例》（以下简称《条例》）第十七条规定，有下列情形之一的，由县级以上工商行政管理部门列入经营异常名录，通过企业信用信息公示系统向社会公示，提醒其履行公示义务。情节严重的，由有关主管部门依照有关法律、行政法规规定给予行政处罚；造成他人损失的，依法承担赔偿责任；构成犯罪的，依法追究刑事责任：

1. 企业未按照本《条例》规定的期限公示年度报告或者未按照工商行政管理部门责令的期限公示有关企业信息的。

2. 企业公示信息隐瞒真实情况、弄虚作假的。

被列入经营异常名录的企业依照本《条例》规定履行公示义务的，可由县级以上工商行政管理部门移出经营异常名录。

满3年未依照本《条例》规定履行公示义务的，由国务院工商行政管理部门或者省、自治区、直辖市人民政府工商行政管理部门列入严重违法企业名单，并通过企业信用信息公示系统向社会公示。被列入严重违法企业名单的企业法定代表人、负责人，3年内不得担任其他企业的法定代表人、负责人。

企业自被列入严重违法企业名单之日起满5年未再发生第一款规定情形的，由国务院工商行政管理部门或者省、自治区、直辖市人民政府工商行政管理部门移出严重违法企业名单。

二、企业工商年报的相关要求（见表5－30）

表5－30

工商年报期限	企业应当于每年1月1日至6月30日，通过企业信用信息公示系统向工商行政管理部门报送上一年度年度报告，并向社会公示。当年设立登记的企业，自下一年起报送并公示年度报告
工商年报内容	（1）企业通信地址、邮政编码、联系电话、电子邮箱等信息 （2）企业开业、歇业、清算等存续状态信息 （3）企业投资设立企业、购买股权信息 （4）企业为有限责任公司或者股份有限公司的，其股东或者发起人认缴和实缴的出资额、出资时间、出资方式等信息 （5）有限责任公司股东股权转让等股权变更信息 （6）企业网站以及从事网络经营的网店的名称、网址等信息 （7）企业从业人数、资产总额、负债总额、对外提供保证担保、所有者权益合计、营业总收入、主营业务收入、利润总额、净利润、纳税总额信息 前款第（1）项至第（6）项规定的信息应当向社会公示，第（7）项规定的信息由企业选择是否向社会公示。经企业同意，公民、法人或者其他组织可以查询企业选择不公示的信息
其他相关内容	企业应当自下列信息形成之日起20个工作日内通过企业信用信息公示系统向社会公示： （1）有限责任公司股东或者股份有限公司发起人认缴和实缴的出资额、出资时间、出资方式等信息 （2）有限责任公司股东股权转让等股权变更信息 （3）行政许可取得、变更、延续信息 （4）知识产权出质登记信息 （5）受到行政处罚的信息 （6）其他依法应当公示的信息 工商行政管理部门发现企业未依照前款规定履行公示义务的，应当责令其限期履行

三、企业工商年报申报流程

1. 登录国家企业信用信息公示系统官方网站（网址：http://www.gsxt.gov.cn）（见图5－13）。

图5－13

2. 进入企业信息填报的年报公示系统，根据企业真实情况顺次填写选项卡相关信息，其中包括对外担保信息、党建信息、海关信息等，没有可以不填（见表5－31）。

表5－31

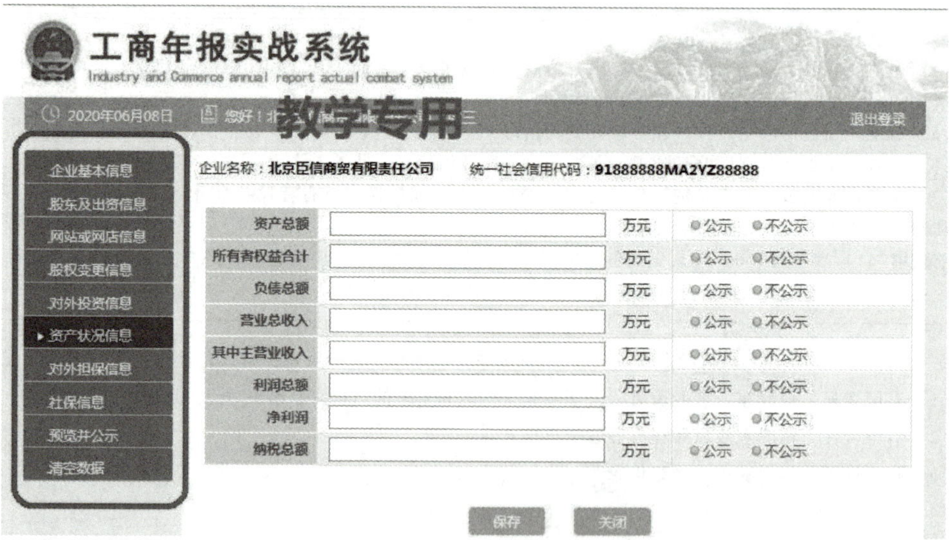

3. 预览并公示。

通过预览检查确保所填信息正确，再次和本单位领导确认无误后，点击

【提交并公示】，报送成功之后会自动显示记录，最后在公示系统的首页中，输入自己企业的名称查询，有显示【已报送】的，就表明已经完成工商年报的填写，如果没有这样的提示，建议在 24 小时后再查询。

职业能力训练

一、单项选择题

1. 企业从应付职工薪酬中扣除的个人所得税，贷记的会计科目是（　　）。

A. “其他应收款”　　B. “应交税费——应交个人所得税”

C. “银行存款”　　D. “其他应付款”

2. 企业支付工会经费和职工教育经费用于工会活动和职工培训，应借记的会计科目是（　　）。

A. “管理费用”　　B. “其他应收款”

C. “应付职工薪酬”　　D. “其他应交款”

3. 企业发生的下列费用中，应计入管理费用的有（　　）。

A. 广告费　　B. 业务招待费

C. 发生的现金折扣　　D. 汇兑损益

4. 职工个人承担的社会保险和住房公积金应贷记的科目是（　　）。

A. “应付职工薪酬”　　B. “其他应付款”

C. “其他应收款”　　D. “银行存款”

5. 日记账必须采用（　　）。

A. 订本账　　B. 活页账

C. 卡片账　　D. 不限账簿形式

二、多项选择题

1. 按照《企业会计准则第 9 号——职工薪酬》的规定，职工薪酬的内容包括（　　）。

A. 医疗保险费等社会保险费　　B. 住房公积金

C. 工会经费和职工教育经费　　D. 职工出差报销的差旅费

2. 下列各项开支中，应通过“应付职工薪酬”反映的有（　　）。

A. 职工差旅费　　B. 职工生活困难补助

C. 职工社会保险费　　D. 业务招待费

三、业务题

根据下列数据（见表 5－32 至表 5－34），写出计提工资、社保、公积金的相关会计分录。

表 5－32

职工薪酬结算汇总表

2019年2月

部门	短期薪酬				代扣工资						实发工资
	基本工资	岗位工资	各种补贴	应付工资	养老保险	医疗保险	失业保险	住房公积金	个人所得税	代扣合计	
					8%	2%	1%	10%			
管理部门	80 000	24 000	16 000	120 000	9 600	2 400	1 200	12 000	2 000	17 600	102 400
销售部门	60 000	12 000	8 000	80 000	6 400	1 600	800	8 000	1 000	11 400	68 600
合计	140 000	36 000	24 000	200 000	16 000	4 000	2 000	20 000	3 000	29 000	171 000

审核：李宏　　　　制单：孙娟

表 5－33

住房公积金计算表

2019年2月

部门	短期薪酬（应付工资）	短期薪酬（住房公积金）		
		企业承担部分	个人承担部分	小计
		10%	10%	
管理部门	120 000	12 000	12 000	24 000
销售部门	80 000	8 000	8 000	16 000
合计	200 000	20 000	20 000	40 000

审核：李宏　　　　制单：孙娟

表 5－34

社会保险费计算表

2019年2月

部门	短期薪酬					离职后福利				小计
	应付工资	医疗保险		工伤保险	生育保险	养老保险		失业保险		
		企业承担部分	个人承担部分	全部企业承担	全部企业承担	企业承担部分	个人承担部分	企业承担部分	个人承担部分	
		8.00%	2.00%	0.50%	0.50%	20.00%	8.00%	2.00%	1.00%	
管理部门	120 000	9 600	2 400	600	600	24 000	9 600	2 400	1 200	50 400
销售部门	80 000	6 400	1 600	400	400	16 000	6 400	1 600	800	33 600
合计	200 000	16 000	4 000	1 000	1 000	40 000	16 000	4 000	2 000	84 000

审核：李宏　　　　制单：孙娟

项目六

出纳相关工作处理规范

出纳资料的交接和保管是出纳工作岗位的一项重要技能。本项目通过讲解出纳工作交接的内容、程序和要求以及出纳岗位所涉及的会计档案内容、会计档案管理的要求，帮助出纳人员提升出纳资料交接和保管的技能。

项目导航

知识目标	技能目标	职业目标
➢ 理解出纳工作交接的重点内容和程序 ➢ 熟悉出纳会计档案的基本内容	➢ 能按实际业务情况完成出纳工作岗位交接	➢ 具备出纳工作岗位交接的能力 ➢ 具备整理、移交会计档案的能力

任务一　办理出纳工作交接手续

任务导入

北京市辰新商贸有限公司的出纳周云离职，将出纳工作交给李霞接管，李霞应该如何接手出纳任务，开展自己的工作呢？

知识准备

一、出纳工作交接的原因或情形

出纳人员办理交接手续主要有以下几个方面的原因：

（1）出纳人员辞职或离开单位；

（2）企业内部工作变动不再担任出纳职务，例如出纳岗位轮换到会计岗位；

（3）出纳岗位内部增加工作人员重新进行分工；

（4）因病假、事假或临时调用，不能继续从事出纳工作；

（5）因特殊情况如停职审查等按规定不宜从事出纳工作；

（6）企业因其他情况按规定应办理出纳交接工作的，如企业解散、破产、兼并、合并、分立等情况发生时，出纳人员应向接收单位或清算组移交。

二、出纳工作交接的作用

我国《会计法》第四十一条规定："会计人员调动工作或者离职，必须与接管人员办理交接手续。一般会计人员办理交接手续，由会计机构负责人（会计主管人员）监交；会计会计机构负责人（会计主管人员）办理交接手续，由单位负责人监交，必要时主管单位可以派人会同监交。"出纳人员因故不能在原出纳岗位工作时，必须按有关规定和要求办理好工作的交接手续，做好移交工作。出纳工作交接的作用主要有：

（1）可以明确工作责任；

（2）便于接管的出纳人员熟悉工作，能够尽快进入工作角色；

（3）有利于账目清晰与账簿归档；

（4）有利于发现和处理出纳工作以及资金管理工作中存在的问题；

（5）预防经济责任事故与经济犯罪的发生；

（6）防止资金流失。

交接后，如发现移交人在交接前经办的出纳业务有违反财务会计制度和财经纪律的，仍应由移交人负责；交接后、移交前的未了事项，移交人仍有责任协助接交人办理。

三、出纳工作交接前的准备工作

为了使出纳工作移交清楚，防止遗漏，确保出纳交接工作顺利进行，出纳人员在办理交接手续前，必须做好以下准备工作：

（1）将出纳日记账登记完毕，并在最后一笔余额后加盖经办人员印章。

（2）出纳日记账与现金、银行存款总账核对相符，现金账面余额与实际库存现金核对一致，银行存款账面余额与银行对账单核对无误。

（3）在出纳日记账启用表上填写移交日期，并加盖名章。

（4）对需要移交的各种资料进行清点核查，对未了事项作出书面说明。

（5）编制移交清册。移交清册的内容包括：列明支票张数及支票号码；现金金额及票面额；发票张数及号码；账簿名称及册数；印章及其他类物品。

实施会计电算化的企业，从事出纳工作的移交人还应当在移交清册中列明会计软件及出纳人员的账号、密码以及使用的磁盘、U 盘等磁性介质。

四、出纳工作交接的内容

出纳工作交接的内容涉及出纳人员经手的会计资料、工作机具、密码印鉴、工作物品等，既有实物又有文件，其中还有一些涉及资金安全的密码、密钥等。由于各单位的具体情况不同，导致出纳工作交接的具体内容也不可能完全相同。但是，从大的方面来看，出纳工作的交接应包括以下一些基本内容：

（1）出纳凭证：包括与现金、银行存款及其他货币资金有关的原始凭证和记账凭证。

（2）出纳账簿：包括现金日记账和银行存款日记账等。

（3）现金：包括库存的人民币和外币。

（4）支票：空白支票、支票领用备查登记簿。

（5）有价证券：包括债券、股票等。

（6）用于银行结算的各种银行汇票、银行本票、商业汇票等票据。

（7）各种收款收据：包括空白收据、已用或作废收据的存根联等。

（8）印章：包括财务专用章、银行预留印鉴以及“现金收讫”“现金付讫”“银行收讫”“银行付讫”“作废”等业务专用章。

（9）会计文件：如应由出纳人员保管的相关文件、银行对账单、合同、协议等。

（10）会计用品：如报销单据、借据等。

（11）办公室、办公桌与保险工具的钥匙、各种保密号码。

（12）本部门保管的各种档案资料和公用会计工具、器具等。

（13）各种文件资料和其他业务资料。

（14）经办未了事项。

五、出纳工作交接流程及注意事项

（一）出纳工作交接流程（见图 6－1）

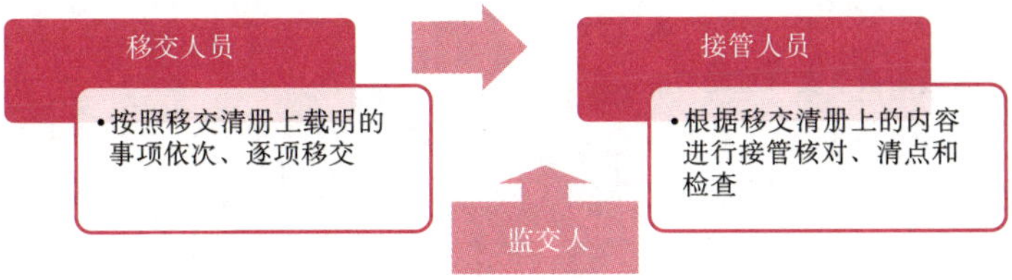

图 6－1

出纳工作的交接必须在规定的期限内，向移交人移交清楚。交接工作开始后，出纳人员与接替人员应在财务主管或者会计主管的监督下进行工作交接（监交），按照移交清册上载明的事项依次、逐项移交。移交工作应遵照以下原则实施：

1. 现金、有价证券及贵重物品要根据出纳日记账和备查账簿等相关资料的记录，由出纳人员当面清点后交给接交人员，交接过程中如发现实物与账簿记录不一致，移交人必须限期查清。

2. 会计凭证、会计账簿等会计资料必须完整无缺。尤其在账簿交接时，接交人应着重核对账账、账实是否一致，核对无误后，交接双方还应在账簿的“经管人员一览表”上签章，并注明交接的年、月、日。

3.“银行存款”账户余额要与银行对账单核对，如不一致，应当编制银行存款余额调节表调节相符。

4. 移交人经管的票据、印章和其他实物等，必须交接清楚，同时由接交人更换预留在银行的印鉴。

5. 保险柜密码，重要工作台、室的钥匙应先按实际情况进行交接，待交接完毕后，要重新更换保险柜密码和重要工作台、室的锁具。

6. 实行会计电算化的单位交接双方应在电子计算机上对有关数据进行实际操作确认有关数字，正确无误后，再将账页打印出来，装订成册后，再进行交接。

7. 工作计划移交时，为了方便接交人开展工作，移交人应向接交人详细介绍工作计划执行情况以及今后在执行过程中应注意的问题，以保证出纳工作的延续性。

8. 交接完毕后填妥移交清册，由交、接、监三方签字盖章。移交清册一般一式三份，其中交接双方各执一份，另一份作为会计档案，在交接结束后归档保管。在移交清册上必须填明：单位名称、交接日期、交接双方和监交人的职务和姓名，以及移交清册页数、份数和其他需要说明的问题和意见。移交清册如表 6－1 所示。

表 6－1　　出纳工作移交清册

一、原出纳人员________因工作调动，将出纳工作移交给________接管。现办理如下交接。交接日期为________年________月________日。
二、具体业务的移交。
1. 库存现金：账面余额________元，与实存相符，日记账余额与总账余额相符。
2. 库存国库券________元，经核对无误。
3. 银行存款余额________元，与银行存款余额调节表核对相符。
三、移交的会计凭证、账簿、文件。
1. 本年度现金日记账一本。
2. 本年度银行存款日记账一本。
3. 空白现金支票________张（号码________）。

续表

4. 空白转账支票________张（号码________）。 5. 托收承付登记簿一本。 6. 付款委托书一本。 7. 信汇登记簿一本。 8. 金库暂存物品明细表一份，与实物核对相符。 9. 银行对账单________月份________本，________月份未达账项说明________份。 四、印鉴。 1. 财务处现金收讫印章一枚。 2. 财务处现金付讫印章一枚。 3. 财务处转讫印章一枚。 五、保险柜钥匙。 1. 保险柜钥匙一枚。 2. 银行存单处钥匙一枚。 3. 密码。 六、其他工具。 1. 验钞机一台。 2. 支票打印机一台。 七、交接后工作责任的划分。 ________年________月________日前的出纳责任事项由________负责，________年________月________日起的出纳责任事项由________负责，以上移交事项均经交接双方认定无误。 八、本清册一式三份，双方各执一份，存档一份。 移交人： 接交人： 监交人： ××公司财务处 ××××年×月×日

若出纳工作较为复杂，可先按交接的内容编制各类移交表（见表6－2至表6－6）。交接完毕后，进行整理并编制移交清册。

表6－2　库存现金移交表

移交日期：　年　月　日　　单位：元　　第　页

币别	数量（张）	移交金额	接交金额	备注

单位领导：　移交人：　监交人：　接交人：

表 6－3 **银行存款移交表**

移交日期：　　年　月　日　　　　单位：元　　　　第　　页

开户银行	币种	截止日	账面数	实存数	备注

单位领导：　　移交人：　　监交人：　　接交人：

表 6－4 **有价证券、贵重物品移交表**

移交日期：　　年　月　日　　　　单位：元　　　　第　　页

名称	购入日期	单位	数量	面值	到期日期	备注

单位领导：　　移交人：　　监交人：　　接交人：

表 6－5 **核算资料移交表**

移交日期：　　年　月　日

名称	年度	数量	起止时间	备注

单位领导：　　移交人：　　监交人：　　接交人：

注：核算资料主要包括出纳账簿、收据、借据、银行结算凭证、票据领用、票据使用及其他文件资料。

表 6－6　物品工具移交表

移交日期：　　年　月　日

名称	编号	型号	购入日期	单位	数量	备注

单位领导：　　移交人：　　监交人：　　接交人：

（二）出纳工作交接应注意的事项

1. 出纳人员进行交接时，一般由会计机构负责人（会计主管人员）监交，必要时，还可请上级领导一同监交。

2. 移交时，交接双方一定要当面看清、点数、核对，不得由别人代替。

3. 监交过程中，如果移交人交代不清，或者接交人故意为难，监交人应及时处理裁决。移交人不作交代或者交代不清的，不得离职，否则，监交人和单位领导均应负连带责任。

4. 接交的出纳人员应继续使用移交的账簿，不得自行另立新账，以保持会计记录的连续性。对于移交的银行票据和未使用的支票，应继续使用，不要将其浪费、搁置，以免单位遭到损失。

5. 交接完成后，接交的出纳人员应及时向开立账户的银行办理更换出纳人员印鉴的手续，检查保险柜的使用是否正常、妥善，保管现金、有价证券、贵重物品、公章等的条件和周围环境是否安全，如不够妥善、安全，要立即采取改善措施。

6. 交接完成后，移交人应对自己经办的已经移交的资料合法性、真实性承担法律责任，不能因为资料已经移交而推脱责任。

任务实施

任务实施　办理出纳工作交接

2020 年 5 月 13 日，北京市辰新商贸有限公司出纳周云因离职，将出纳工作交接给李霞，要求按照规范完成出纳工作交接相关手续。

实施步骤：

1. 移交人周云完成日记账登记工作；

2. 开展库存现金和银行存款清查工作；

3. 移交相关财务、票据和账册；

4. 编写出纳工作移交清册。

第一步：完成日记账未登记业务。

移交人周云清理未入账会计凭证，发现2020年5月12日一笔300元现金已审核收款凭证（见表6－7），尚未登记现金日记账。

表6－7

收 款 凭 证

2020年 05 月 12 日　　收字 10 号

摘要	总账科目	明细科目	√	借方余额（百十万千百十元角分）	贷方余额（百十万千百十元角分）
收回借款	库存现金			30000	
	其他应收款	王涛			30000
				¥30000	¥30000

（附件 1 张）

会计主管 李宏　记账 周云　出纳 周云　稽核 李宏　填制 孙娟

出纳员周云根据上述记账凭证登记“现金日记账”（见表6－8），并作移交账册签章。

表6－8

现 金 日 记 账　　1

2020年 月	日	凭证编号	摘要	对应科目	借方（百十万千百十元角分）	✓	贷方（百十万千百十元角分）	✓	余额（百十万千百十元角分）
5	1	略	期初余额						321586
5	12		收回借款		30000				351586
									周云

移交人周云清理未入账会计凭证，发现2020年5月12日和13日一张以银行存款预收30 000元货款的收款凭证（见表6－9），一张支付1 800元办公用品费的付款凭证（见表6－10），尚未登记银行存款日记账。

出纳员周云根据上述会计凭证登记“银行存款日记账”（见表6－11），并作移交账册签章。

表 6－9

收　款　凭　证

2020年 05 月 12 日　　　　收字 11 号

摘要	总账科目	明细科目	√	借方余额	贷方余额
预收货款	银行存款	工商银行		3000000	
	预收账款	华盛公司			3000000
				¥3000000	¥3000000

（附件 1 张）

会计主管 李宏　记账 周云　出纳 周云　稽核 李宏　填制 孙娟

表 6－10

付　款　凭　证

2020年 05 月 13 日　　　　付字 08 号

摘要	总账科目	明细科目	√	借方余额	贷方余额
支付办公用品费	管理费用	办公用品费		180000	
	银行存款	工商银行			180000
				¥180000	¥180000

（附件 1 张）

会计主管 李宏　记账 周云　出纳 周云　稽核 李宏　填制 孙娟

表 6－11

银行存款日记账　　1

2020年 月	日	凭证编号	摘要	对应科目	借方（百十万千百十元角分）	√	贷方（百十万千百十元角分）	√	余额（百十万千百十元角分）
5	1	略	期初余额						258670000
5	12		预收货款		3000000				261670000
5	13		支付办公用品费				180000		261490000
									周云

第二步：清点库存现金。

2020 年 5 月 13 日上午 11 时，财务主管李宏会同刘玲，对出纳员周云经管的库存现金进行了实地盘点，对比现金日记账（见表 6－8），发现账款相符，编制“库存现金盘点报告表”（见表 6－12）。

表 6－12　　库存现金盘点报告表

单位名称：北京市辰新商贸有限公司　　2020 年 5 月 13 日

账面余额	实存余额	清查结果		备注
		长款	短款	
3 515.86	3 515.86	0	0	
现金使用情况	（1）库存现金限额：未超过 （2）白条抵库情况：无 （3）违反规定的现金支出情况：无 （4）其他违规行为：无			
处理决定				

第三步：清查银行存款余额。

2020 年 5 月 13 日下午 15 时，财务主管李宏会同刘玲，对出纳员周云经管的银行存款基本账户（企业未开设一般存款账户）进行了实地盘存。对比“银行存款日记账”和“银行对账单”，发现账实相符。

第四步：移交相关财务、票据及账表等资料，编制出纳工作移交清册。

二维码 6.1
好出纳的“七心丹”

任务拓展

北京市辰新商贸有限公司原出纳员周云因工作调动，财务部已决定将出纳工作移交给李霞接管。现办理交接过程如下：

第一步：在 2020 年 5 月 13 日前，由移交人周云将应移交的有关出纳资料准备齐全，并编制移交清册。

第二步：2020 年 5 月 13 日，在监交人李宏监督下，移交人周云按移交清册所列项目将准备齐全的相关资料逐一交给接交人李霞，并由李霞逐一清点、核对。

第三步：双方移交完毕并无误后，由移交人周云、接交人李霞和监交人李宏在移交清单上签名盖章。

相关出纳资料为：

一、具体业务

1. 库存现金：5 月 12 日账面余额 3 515.86 元，与实存数相符，日记账余额与总账相符。

2. 库存国库券：689 000 元，经核对无误。

3. 银行存款余额：2 614 900 元，经编制银行存款余额调节表，核对相符。

二、会计凭证、账簿、文件

1. 本年度现金日记账1本；
2. 本年度银行存款日记账2本；
3. 空白现金支票15张（00113458号至00113472号）；
4. 空白转账支票8张（00782356号至00782363号）；
5. 托收承付、委托收款收款登记簿1本；
6. 托收承付、委托收款付款登记簿1本；
7. 应收票据备查登记簿1本；
8. 应付票据备查登记簿1本；
9. 转账支票领用登记簿1本；
10. 贵重物品明细表1份，与实物核对相符；
11. 银行对账单1—6月份6份；6月份未达账项说明1份；
12. 收据1本。

三、印鉴

1. 北京市辰新商贸有限公司财务部转讫印章1枚；
2. 北京市辰新商贸有限公司财务部现金收讫印章1枚；
3. 北京市辰新商贸有限公司财务部现金付讫印章1枚；
4. 北京市辰新商贸有限公司财务部银行收讫印章1枚；
5. 北京市辰新商贸有限公司财务部银行付讫印章1枚；
6. 北京市辰新商贸有限公司财务专用章1枚；
7. 北京市辰新商贸有限公司法人章1枚。

四、其他

保险柜1个，文件柜2个，点钞机1台，打印机1台，密码箱1个，保险柜钥匙1枚，银行存单处钥匙1枚，密码。

要求：根据上述所给资料编写出纳工作移交清册（见表6-13）。

表6-13　　出纳工作移交清册

一、原出纳人员________因工作调动，将出纳工作移交给________接管。现办理如下交接。交接日期为________年________月________日。
二、具体业务的移交。
1. 库存现金：账面余额________元，与实存相符，日记账余额与总账余额相符。
2. 库存国库券________元，经核对无误。
3. 银行存款余额________元，与银行存款调节表核对相符。
三、移交的会计凭证、账簿、文件。
1. 本年度现金日记账________本。
2. 本年度银行存款日记账________本。

续表

3. 空白现金支票________张（号码________________）。

4. 空白转账支票________张（号码________________）。

5. 托收承付登记簿________本。

6. 付款委托书________本。

7. 信汇登记簿________本。

8. 金库暂存物品明细表________份，与实物核对相符。

9. 银行对账单________月份________本，________月份未达账项说明________份。

10. 其他。

四、印鉴。

1. 财务处现金收讫印章一枚。

2. 财务处现金付讫印章一枚。

3. 财务处转讫印章一枚。

4. 其他。

五、保险柜钥匙。

1. 保险柜钥匙一枚。

2. 银行存单处钥匙一枚。

3. 密码。

4. 其他。

六、其他工具。

1. 验钞机一台。

2. 支票打印机一台。

3. 其他。

七、交接后工作责任的划分。

________年________月________日前的出纳责任事项由________负责，________年________月________日起的出纳责任事项由________负责，以上移交事项均经交接双方认定无误。

八、本清册一式三份，双方各执一份，存档一份。

移交人：

接交人：

监交人：

北京市辰新商贸有限公司财务部

2020 年 5 月 13 日

二维码 6.2 移交清册标准答案

任务二　熟悉会计档案保管的相关规定

任务导入

北京市辰新商贸有限公司的会计档案保管工作由财务部的王丽负责，会计档案具体包括哪些内容？应如何进行规范管理呢？

知识准备

会计档案是记录和反映经济业务事项的重要史料和证据。《会计法》和《会计基础工作规范》对会计档案管理做出了原则性规定；财政部、国家档案局于1984年6月1日发布，1998年8月21日修订，2015年12月11日第二次修订，自2016年1月1日起施行的《会计档案管理办法》，对会计档案管理有关内容做出了具体规定。单位应当加强会计档案管理工作，建立和完善会计档案的收集、整理、保管、利用和鉴定销毁等管理制度，采取可靠的安排防护技术和措施，保证会计档案的真实、完整、可用、安全。

一、会计档案及其分类

（一）会计档案的含义

会计档案是指单位在进行会计核算等过程中接收或形成的，记录和反映单位经济业务事项的，具有保存价值的文字、图表等各种形式的会计资料，包括通过计算机等电子设备形成、传输和储存的电子会计档案。各单位的预算、计划、制度等文件材料属于文书档案，不属于会计档案。

（二）会计档案的分类

1. 会计凭证类：原始凭证、记账凭证、汇总凭证、其他会计凭证。

2. 会计账簿类：总账、明细账、日记账、固定资产卡片及其他辅助性账簿。

3. 财务会计报告类：月度、季度、半年度财务会计报告和年度财务会计报告。

4. 其他会计资料类：银行存款余额调节表、银行对账单、纳税申报表、会计档案移交清册、会计档案保管清册、会计档案销毁清册、会计档案鉴定意见书及其他应当保存的会计核算专业资料。

二、会计档案的归档要求

根据《会计档案管理办法》，各单位每年形成的会计档案，都应由会计机构按照归档的要求，负责整理立卷，装订成册，编制会计档案保管清册。

当年形成的会计档案，在会计年度终了后，由单位会计管理机构临时保管1年，再移交单位档案管理机构保管。因工作需要确需推迟移交的，应当经单位档案管理机构同意。单位会计管理机构临时保管会计档案最长不超过3年。临时保管期间，会计档案的保管应当符合国家档案管理的有关规定，且出纳人员不得兼管会计档案。会计档案归档流程图如图6－2所示。

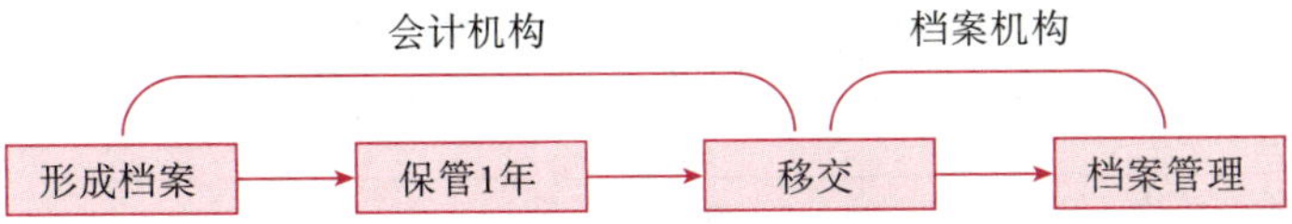

图6－2　会计档案归档流程图

移交本单位档案部门保管的会计档案，原则上应当保持原卷册的封装，个别需要拆封重新整理的，档案部门应当会同财务部门和经办人共同拆封整理，以分清责任。

各单位对会计档案应当科学管理，做到妥善保管、存放有序、查找方便。同时，严格执行安全和保密制度，不得随意堆放，严防毁损、散失和泄密。

三、会计档案的移交和利用

（一）会计档案的移交

单位会计管理机构在办理会计档案移交时，应当编制会计档案移交清册，并按照国家档案管理的有关规定办理移交手续。

纸质会计档案移交时应当保持原卷的封装。电子会计档案移交时应当将电子会计档案及其元数据一并移交，且文件格式应当符合国家档案管理的有关规定。特殊格式的电子会计档案应当与其读取平台一并移交。

单位档案管理机构接收电子会计档案时，应当对电子会计档案的准确性、完整性、可用性和安全性进行检测，符合要求的才能接收。

（二）会计档案的利用

单位应当严格按照相关制度利用会计档案，在进行会计档案查阅、复制、借出时履行登记手续，严禁篡改和损坏。

单位保存的会计档案一般不得对外借出。确因工作需要且根据国家有关规定必须借出的，应当严格按照规定办理相关手续。会计档案借用单位应当妥善保管和利用借入的会计档案，确保借入会计档案的安全完整，并在规定时间内归还。

小贴士：

会计档案在利用过程中有以下注意事项：

- 各单位保存的会计档案不得出借。
- 如果有特殊需要，经本单位负责人批准，可以提供查阅或者复制，并办理登记手续。
- 查阅或者复制会计档案的人员，严禁涂画、拆封、抽换。
- 我国境内所有单位的会计档案不得携带出境。
- 各单位应当建立健全会计档案查阅、复制登记制度。

四、会计档案的保管期限

会计档案保管期限分为永久和定期两类。会计档案的保管期限是从会计年度终了后的第一天算起。永久，是指会计档案须永久保存；定期，是指会计档案保存应达到法定的时间，定期保管期限一般为 10 年和 30 年。《会计档案管理办法》规定的会计档案保管期限为最低保管期限。《会计档案保管办法》规定的各类会计档案保管期限如表 6－14、表 6－15 所示。

表 6－14　企业和其他组织会计档案保管期限表

序号	档案名称	保管期限	备注
一	会计凭证		
1	原始凭证	30 年	
2	记账凭证	30 年	
二	会计账簿		
3	总账	30 年	

续表

序号	档案名称	保管期限	备注
4	明细账	30 年	
5	日记账	30 年	
6	固定资产卡片		固定资产报废清理后保管 5 年
7	其他辅助性账簿	30 年	
三	财务会计报告		
8	月度、季度、半年度财务报告	10 年	
9	年度财务报告	永久	
四	其他会计资料		
10	银行存款余额调节表	10 年	
11	银行对账单	10 年	
12	纳税申报表	10 年	
13	会计档案移交清册	30 年	
14	会计档案保管清册	永久	
15	会计档案销毁清册	永久	
16	会计档案鉴定意见书	永久	

表 6-15　财政总预算、行政单位、事业单位和税收会计档案保管期限表

序号	档案名称	保管期限			备注
		财政总预算	行政单位事业单位	税收会计	
一	会计凭证				
1	国家金库编送的各种报表及缴库退库凭证	10 年		10 年	
2	各收入机关编送的报表	10 年			
3	行政单位和事业单位的各种会计凭证		30 年		包括：原始凭证、记账凭证和传票汇总表
4	财政总预算拨款凭证和其他会计凭证	30 年			包括：拨款凭证和其他会计凭证
二	会计账簿				
5	日记账		30 年	30 年	
6	总账	30 年	30 年	30 年	
7	税收日记账（总账）			30 年	
8	明细分类、分户账或登记簿	30 年	30 年	30 年	
9	行政单位和事业单位固定资产卡片				固定资产报废清理后保管 5 年
三	财务会计报告				
10	政府综合财务报告	永久			下级财政、本级部门和单位报送的保管 2 年
11	部门财务报告		永久		所属单位报送的保管 2 年

续表

序号	档案名称	保管期限			备注
		财政总预算	行政单位事业单位	税收会计	
12	财政总预算	永久			下级财政、本级部门和单位报送的保管2年
13	部门决算		永久		所属单位报送的保管2年
14	税收年报（决算）			永久	
15	国家金库年报（决算）	10年			
16	基本建设拨、贷款年报（决算）	10年			
17	行政单位和事业单位会计月、季度报表		10年		所属单位报送的保管2年
18	税收会计报表			10年	所属税务机关报送的保管2年
四	其他会计资料				
19	银行存款余额调节表	10年	10年		
20	银行对账单	10年	10年	10年	
21	会计档案移交清册	30年	30年	30年	
22	会计档案保管清册	永久	永久	永久	
23	会计档案销毁清册	永久	永久	永久	
24	会计档案鉴定意见书	永久	永久	永久	

五、会计档案的鉴定和销毁

（一）会计档案的鉴定

单位应当定期对已到保管期限的会计档案进行鉴定，并形成会计档案鉴定意见书。经鉴定，仍需继续保存的会计档案，应当重新划定保管期限；对保管期满，确无保存价值的会计档案，可以销毁。会计档案监督工作应当由单位档案管理机构牵头，组织单位会计、审计、纪检监察等机构或人员共同进行。

（二）会计档案的销毁

经鉴定可以销毁的会计档案，销毁的基本程序和要求为：

1. 单位档案管理机构编制会计档案销毁清册，列明拟销毁会计档案的名称、卷号、册数、起止年度、档案编号、应保管期限、已保管期限和销毁时间等内容。

2. 单位负责人、档案管理机构负责人、会计管理机构负责人、档案管理机构经办人、会计管理机构经办人在会计档案销毁清册上签署意见。

3. 单位档案管理机构负责组织会计档案销毁工作，并与会计管理机构共同派员监销；国家机关销毁会计档案时，还应当由同级财政、审计部门派员监销；财政部门销毁会计档案时，应当由同级审计部门派员监销。监销人在会计档案销毁前应当按照会计档案销毁清册所列内容进行清点核查；在会计档案销毁后，应当在会计档案销毁清册上签名或盖章。

电子会计档案的销毁还应当符合国家有关电子档案的规定，并由单位档案管理机构、会计管理机构和信息系统管理机构共同派员监销。

4. 不得销毁的会计档案。保管期满但尚未结清的债权债务原始凭证和涉及其他未了事项的会计凭证不得销毁，纸质会计档案应当单独抽出立卷，电子会计档案单独转存，保管到未了事项完结时为止。单独抽出立卷或转存的会计档案，应当在会计档案鉴定意见书、会计档案销毁清册和会计档案保管清册中列明。

职业能力训练

一、单项选择题

1. 以下（　　）不属于出纳工作交接的资料。

A. 应收账款明细账　　B. 现金日记账
C. 交易性金融资产备查登记簿　　D. 银行存款日记账

2. 出纳工作交接时，应由（　　）进行监交。

A. 单位会计人员　　B. 单位领导人
C. 单位监事会人员　　D. 单位会计机构负责人

3. 以下会计资料中，（　　）不应由出纳保管。

A. 库存现金　　B. 各种有价证券
C. 会计档案　　D. 银行预留印鉴

4. 接替人员在接替出纳工作后发现接替以前的账簿出现问题时，应当（　　）。

A. 自己改过来
B. 上报领导，由领导修改
C. 与交接人联系，取得相应书面说明后再改正
D. 把有问题的账簿换掉

5. 出纳对归档资料进行整理，一般包括分类、装订和（　　）三个步骤。

A. 成册　　B. 清点
C. 核对　　D. 盘点

6. 下列各项中，不属于会计档案的是（　　）。

A. 会计档案移交清册　　B. 会计档案保管清册
C. 财务会计报告　　D. 年度工作计划

7. 下列各项中，属于单位会计管理机构在办理会计档案移交时应当编制的清册是（　　）。

A. 会计档案移交清册　　B. 会计档案保管清册

C. 会计档案销毁清册　　D. 会计档案鉴定意见书

8. 下列各项中，属于修订后的《会计档案管理办法》施行日期是（　　）。

A. 2016 年 1 月 1 日　　B. 2016 年 3 月 1 日

C. 2016 年 6 月 1 日　　D. 2016 年 9 月 1 日

9. 下列会计档案中，保管期限为 30 年的是（　　）。

A. 银行对账单　　B. 会计凭证

C. 纳税申报表　　D. 银行存款余额调节表

10. 下列各项中，属于单位会计管理机构临时保管会计档案的最长年限是（　　）。

A. 不超过 2 年　　B. 不超过 3 年

C. 不超过 4 年　　D. 不超过 5 年

二、多项选择题

1. 以下（　　）属于出纳工作需交接的资料。

A. 银行存款日记账　　B. 现金日记账

C. 银行对账单　　D. 电算化软件的出纳账号和密码

2. 下列关于出纳工作交接中的注意事项，正确的有（　　）。

A. 监交过程中，如果移交人不作交代，或者交代不清的，不得离职

B. 移交时，交接双方一定要当面看清、点准、核对，不得由别人代替

C. 接管的出纳人员交接后可自行另立新账

D. 交接后，移交人应对自己经办的已经移交的资料的合法性、真实性承担法律责任，不能因为资料已经移交而解除责任

3. 根据《会计基础工作基础规范》的规定，会计工作交接完毕后，交接双方和监交人要在移交清册上签名盖章，并在移交清册上注明（　　）等。

A. 单位名称

B. 交接双方和监交人的职务、姓名

C. 交接日期

D. 移交清册页数及需要说明的问题和意见

4. 会计人员工作交接，移交人员对移交的会计资料的（　　）负责。

A. 真实性　　B. 合法性

C. 先进性　　D. 合理性

5. 下列关于会计工作交接后的有关事宜表述正确的有（　　）。

A. 会计工作交接完成后，交接双方和监交人在移交清册上签名盖章

B. 接交人员应继续使用移交前的账簿

C. 移交清册应填制一式三份，交接双方各执一份，存档一份

D. 原账簿登记混乱，经单位负责人同意，接交人员可以另立账簿登记移交后的经济业务，以明确责任

6. 下列会计档案中，保管期限为永久的有（　　）。
A. 会计档案移交清册　B. 会计档案保管清册
C. 会计档案销毁清册　D. 会计档案鉴定意见书

7. 下列各项中，属于应归档的会计资料有（　　）。
A. 会计凭证　B. 会计账簿
C. 财务会计报告　D. 其他会计资料

8. 下列会计档案中，保管期限为 10 年的有（　　）。
A. 月度财务报告　B. 季度财务报告
C. 半年度财务报告　D. 年度财务报告

9. 下列各项中，属于应在会计档案销毁清册上签署意见的人员有（　　）。
A. 单位负责人　B. 档案管理机构负责人
C. 会计管理机构负责人　D. 档案管理机构经办人

10. 下列各项中，属于会计档案定期保管期限的有（　　）。
A. 10 年　B. 20 年
C. 30 年　D. 40 年

三、判断题

1. 会计人员工作交接后，如事后发现问题，仍应由原移交人员负责，原移交人员不应以会计资料已经移交而推脱责任。（　　）

2. 因出纳人员变更，为明确责任，新任出纳应更换新的现金日记账进行登记。（　　）

3. 出纳人员应在正式移交工作前，在出纳账的账簿启用表上填写移交日期，并加盖名章。（　　）

4. 企业因解散、破产、兼并、合并等原因应办理出纳交接工作的，出纳人员应向原单位财务负责人移交有关资料。（　　）

5. 会计档案是指单位在进行会计核算等过程中接收或形成的，记录和反映单位经济业务事项的，具有保存价值的文字、图表等各种形式的会计资料，包括通过计算机等电子设备形成、传输和存储的电子会计档案。（　　）

6. 会计档案的保管期限分为永久、定期两类。（　　）

7. 会计档案的保管期限，从会计年度终了后的第一天算起。（　　）

8. 不管是行政单位、事业单位还是企业，按照规定，固定资产卡片的保管期限应为固定资产报废清理后保管 5 年。（　　）

9. 根据《会计档案管理办法》规定，当年形成的会计档案，在会计年度终了后，可由单位会计管理机构临时保管 1 年，因工作需要确需推迟移交的，应当经单位档案管理机构同意。但是单位会计管理机构临时保管会计档案最长不超过两年。（　　）

10. 单位应当定期对已到保管期限的会计档案进行鉴定，并形成会计档案

鉴定意见书。会计档案鉴定工作应当由单位会计机构牵头进行。（ ）

四、业务题

1. 2020 年 5 月 5 日，辰新商贸有限公司采购部张华要去出差，向财务部预借差旅费 7 000 元，请根据相关材料完成以下任务。

（1）以张华的身份填写一张借款单（见表 6－16）。

表 6－16

借 款 单

申请日期： 年 月 日

借款人部门		借款人	
借款金额	（大写）		（小写）
借款用途			
借款方式	汇款（ ） 现金（ ） 其他（ ）		
备注			
部门负责人：	总经理：		财务审核：

（2）出纳付款，完成相关签章（假设该借款单完全符合公司规定，并已经完成相关人员审批签字），并根据借款单及会计填制的记账凭证，登记现金日记账（见表 6－17、表 6－18）。

表 6－17

付 款 凭 证

年 月 日　　　　付字＿＿号

摘要	科目		√	借方余额									贷方余额								
	总账科目	明细科目		百	十	万	千	百	十	元	角	分	百	十	万	千	百	十	元	角	分
合计																					

（附件　张）

会计主管　记账　出纳　稽核　填制

表 6－18

现 金 日 记 账　　1

年		凭证编号	摘　要	对应科目	借方	✓	贷方	✓	余额
月	日				百十万千百十元角分		百十万千百十元角分		百十万千百十元角分

2. 2020 年 5 月 9 日，采购部张华出差回来，到财务部进行差旅费报销，张华带回来 8 张原始报销单据，其中往返机票共计 3 200 元，住宿费发票 1 张，金额为 980 元，餐费发票 5 张，共计金额为 870 元（见表 6－19、表 6－20）。请根据相关材料完成以下任务。

表 6－19

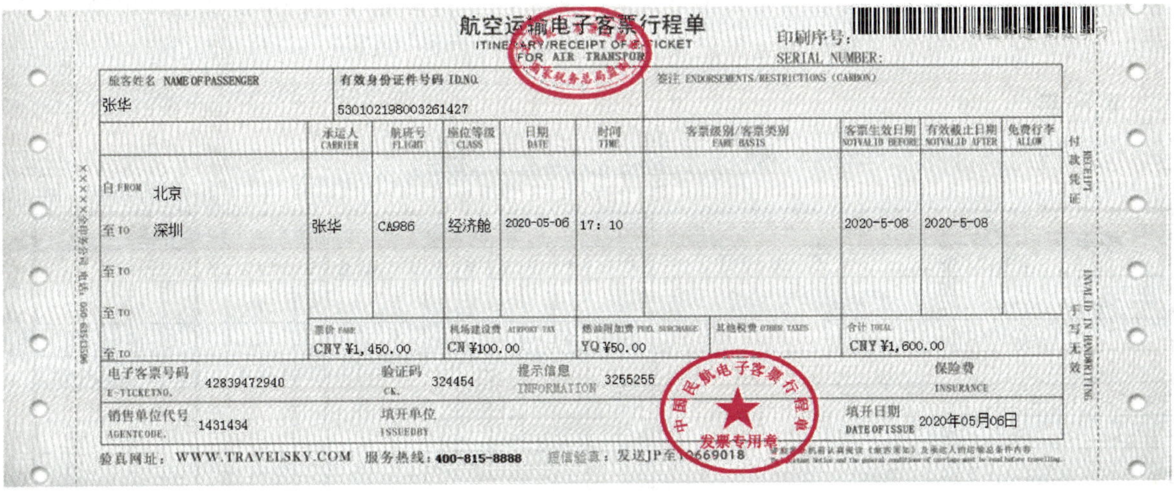

航空运输电子客票行程单
ITINERARY/RECEIPT OF E-TICKET FOR AIR TRANSPORT
印刷序号: SERIAL NUMBER:
旅客姓名 NAME OF PASSENGER：张华
有效身份证件号码 ID.NO.：530102198003261427
签注 ENDORSEMENTS/RESTRICTIONS (CARBON)

	承运人 CARRIER	航班号 FLIGHT	座位等级 CLASS	日期 DATE	时间 TIME	客票级别/客票类别 FARE BASIS	客票生效日期 NOT VALID BEFORE	有效截止日期 NOT VALID AFTER	免费行李 ALLOW
自 FROM 北京									
至 TO 深圳	张华	CA986	经济舱	2020-05-06	17：10		2020-5-08	2020-5-08	
至 TO									
至 TO									
至 TO	票价 FARE CNY ¥1，450.00		机场建设费 AIRPORT TAX CN ¥100.00		燃油附加费 FUEL SURCHARGE YQ ¥50.00	其他税费 OTHER TAXES	合计 TOTAL CNY ¥1，600.00		

电子客票号码 E-TICKET NO. 42839472940　验证码 CK. 324454　提示信息 INFORMATION 3255255　保险费 INSURANCE
销售单位代号 AGENT CODE 1431434　填开单位 ISSUED BY　填开日期 DATE OF ISSUE 2020年05月06日
验真网址：WWW.TRAVELSKY.COM　服务热线：400-815-8888　短信验真：发送JP至10669018
付款凭证 RECEIPT　手写无效 INVALID IN HANDWRITING

表 6－20

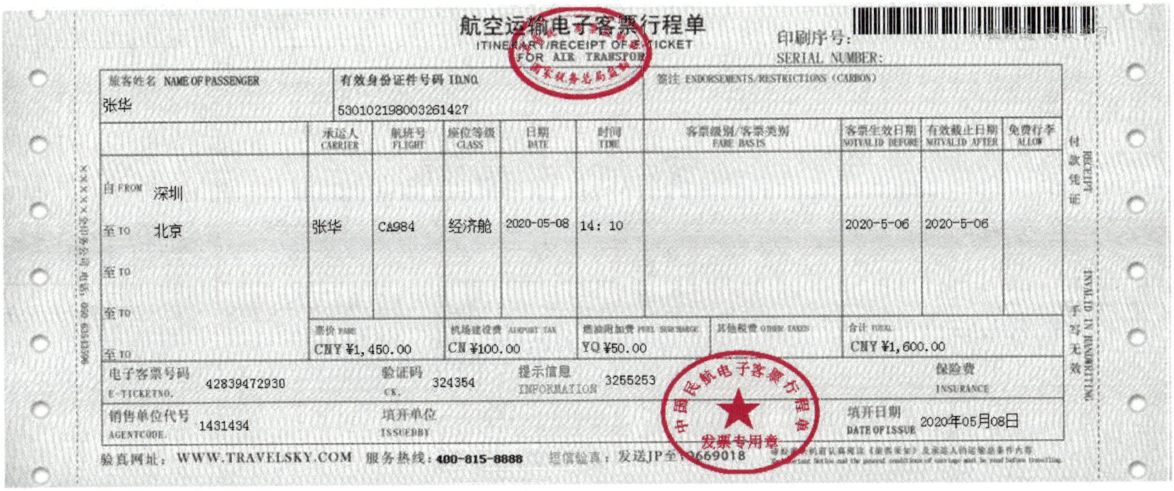

航空运输电子客票行程单
ITINERARY/RECEIPT OF E-TICKET FOR AIR TRANSPORT
印刷序号: SERIAL NUMBER:
旅客姓名 NAME OF PASSENGER：张华
有效身份证件号码 ID.NO.：530102198003261427
签注 ENDORSEMENTS/RESTRICTIONS (CARBON)

	承运人 CARRIER	航班号 FLIGHT	座位等级 CLASS	日期 DATE	时间 TIME	客票级别/客票类别 FARE BASIS	客票生效日期 NOT VALID BEFORE	有效截止日期 NOT VALID AFTER	免费行李 ALLOW
自 FROM 深圳									
至 TO 北京	张华	CA984	经济舱	2020-05-08	14：10		2020-5-06	2020-5-06	
至 TO									
至 TO									
至 TO	票价 FARE CNY ¥1，450.00		机场建设费 AIRPORT TAX CN ¥100.00		燃油附加费 FUEL SURCHARGE YQ ¥50.00	其他税费 OTHER TAXES	合计 TOTAL CNY ¥1，600.00		

电子客票号码 E-TICKET NO. 42839472930　验证码 CK. 324354　提示信息 INFORMATION 3255253　保险费 INSURANCE
销售单位代号 AGENT CODE 1431434　填开单位 ISSUED BY　填开日期 DATE OF ISSUE 2020年05月08日
验真网址：WWW.TRAVELSKY.COM　服务热线：400-815-8888　短信验真：发送JP至10669018
付款凭证 RECEIPT　手写无效 INVALID IN HANDWRITING

（1）以张华的身份填写一张差旅费报销单（见表6－21）。

表6－21

差旅费报销单

部门＿＿＿＿＿＿＿＿ 年 月 日

出差人								出差事由							
出发				到达				交通工具	交通费		出差补贴		其他费用		
月	日	时	地点	月	日	时	地点		单据张数	金额	天数	金额	项目	单据张数	金额
													住宿费		
													市内车费		
													邮电费		
													办公用品费		
													不买卧铺补贴		
													其他		
合计															
报销总额	人民币（大写）								预借金额				补领金额		
													退还金额		

附件 张

主管 审核 出纳 领款人

（2）出纳收款，完成相关单据处理和签章（假设该报销单完全符合公司规定，并已经完成相关人员审批签字），并根据相应的单据及会计填制的记账凭证，登记现金日记账（见表6－22、表6－23）。

表6－22

收款凭证

年 月 日 收字 号

摘要	科目		√	借方余额									贷方余额								
	总账科目	明细科目		百	十	万	千	百	十	元	角	分	百	十	万	千	百	十	元	角	分
合计																					

（附件 张）

会计主管 记账 出纳 稽核 填制

表6－23

现金日记账

1

年		凭证编号	摘要	对应科目	借方									✓	贷方									✓	余额								
月	日				百	十	万	千	百	十	元	角	分		百	十	万	千	百	十	元	角	分		百	十	万	千	百	十	元	角	分

3. 2020 年 5 月 28 日，在财务部会计主管李宏的参与下，由王丽监盘，出纳周云采用实地盘点法对库存现金进行盘点。盘点的结果为 100 张 25 元，50 元 10 张，10 元 7 张，5 元 6 张，1 元 15 张，共计金额 3 115 元。同时出纳周云手中还有 1 笔 240 元的收款业务和 1 笔 160 元的付款业务，这两笔业务均已进行现金结算，但是相关票据还未传递给总账会计孙娟，周云也没有登记现金日记账，截至 3 月 22 日，现金日记账账面余额显示为 3 050 元，这项业务应该如何处理（见表 6－24）？

表 6－24　　库存现金盘点表

被审单位名称			索引号		
盘点日期			监盘人		
货币面值	张（枚）数	金　额	项　　目	行次	金　额
100 元			调整前现金账面余额	①	
50 元			加：已收入但未记账	②	
20 元			减：已付出但未记账	③	
10 元			调整后实际账面余额	④＝①＋②－③	
5 元			盘点日实有现金数额	⑤	
2 元			长款	⑥＝⑤－④	
1 元			短款	⑦＝⑤－④	
5 角					
2 角					
1 角					
5 分					
2 分			长款（短款）原因：		
1 分					
实点数					

会计主管：　　　　监盘人：　　　　出纳：

附件一

2020 年 5 月记账凭证汇总

附表 1

付　款　凭　证

2020年 05 月 05 日　　　　付字 01 号

摘要	科目		√	借方余额									贷方余额								
	总账科目	明细科目		百	十	万	千	百	十	元	角	分	百	十	万	千	百	十	元	角	分
申领信用卡	其他货币资金	信用卡存款			1	0	0	0	0	0	0	0									
	银行存款	农业银行												1	0	0	0	0	0	0	0
合计				¥	1	0	0	0	0	0	0	0	¥	1	0	0	0	0	0	0	0

（附件 1 张）

会计主管 李宏　记账 周云　出纳 周云　稽核 李宏　填制 孙娟

附表 2

付　款　凭　证

2020年 05 月 05 日　　　　付字 02 号

摘要	科目		√	借方余额									贷方余额								
	总账科目	明细科目		百	十	万	千	百	十	元	角	分	百	十	万	千	百	十	元	角	分
支付运费	在途物资	乙材料						9	0	0	0	0									
	库存现金																9	0	0	0	0
合计							¥	9	0	0	0	0				¥	9	0	0	0	0

（附件 1 张）

会计主管 李宏　记账 周云　出纳 周云　稽核 李宏　填制 孙娟

附表 3

付　款　凭　证

2020年 05 月 06 日　　　　付字 03 号

摘要	科目		√	借方余额									贷方余额								
	总账科目	明细科目		百	十	万	千	百	十	元	角	分	百	十	万	千	百	十	元	角	分
购买鼠标	库存商品	鼠标					2	5	0	0	0	0									
	应交税费	应交增值税（进项税额）						3	2	5	0	0									
	银行存款	工行账户														2	8	2	5	0	0
合计						¥	2	8	2	5	0	0			¥	2	8	2	5	0	0

（附件 3 张）

会计主管 李宏　记账 周云　出纳 周云　稽核 李宏　填制 孙娟

附表 4

收　款　凭　证

2020年 05 月 07 日　　　　收字 06 号

摘要	科目		√	借方余额									贷方余额								
	总账科目	明细科目		百	十	万	千	百	十	元	角	分	百	十	万	千	百	十	元	角	分
零售鼠标	库存现金							3	3	9	0	0									
	主营业务收入																3	0	0	0	0
	应交税费	应交增值税（销项税额）																3	9	0	0
合计							¥	3	3	9	0	0				¥	3	3	9	0	0

（附件 2 张）

会计主管 李宏　记账 周云　出纳 周云　稽核 李宏　填制 孙娟

附表 5

收　款　凭　证

2020年 05 月 08 日　　　　收字 07 号

摘要	科目		√	借方余额									贷方余额								
	总账科目	明细科目		百	十	万	千	百	十	元	角	分	百	十	万	千	百	十	元	角	分
收取押金	库存现金							8	0	0	0	0									
	其他应付款	恒宇科技有限公司															8	0	0	0	0
合计							¥	8	0	0	0	0				¥	8	0	0	0	0

（附件 1 张）

会计主管 李宏　记账 周云　出纳 周云　稽核 李宏　填制 孙娟

附表 6

付 款 凭 证

2020年 05 月 08 日　　　　付字 04 号

摘要	科目		√	借方余额									贷方余额								
	总账科目	明细科目		百	十	万	千	百	十	元	角	分	百	十	万	千	百	十	元	角	分
申请银行汇票	其他货币资金	银行汇票			1	0	0	0	0	0	0	0									
	银行存款	工行账户												1	0	0	0	0	0	0	0
合计				¥	1	0	0	0	0	0	0	0	¥	1	0	0	0	0	0	0	0

（附件 2 张）

会计主管 李宏　记账 周云　出纳 周云　稽核 李宏　填制 孙娟

附表 7

转 账 凭 证

2020年 05 月 08 日　　　　转字 02 号

摘要	科目		√	借方余额									贷方余额								
	总账科目	明细科目		百	十	万	千	百	十	元	角	分	百	十	万	千	百	十	元	角	分
购买电子配件	在途物资	甲型原件				8	5	0	0	0	0	0									
	应交税费	应交增值税（进项税额）				1	1	0	5	0	0	0									
	其他货币资金	银行汇票													9	6	0	5	0	0	0
合计					¥	9	6	0	5	0	0	0		¥	9	6	0	5	0	0	0

（附件 2 张）

会计主管 李宏　记账 孙娟　出纳　稽核 李宏　填制 孙娟

附表 8

收 款 凭 证

2020年 05 月 08 日　　　　收字 08 号

摘要	科目		√	借方余额									贷方余额								
	总账科目	明细科目		百	十	万	千	百	十	元	角	分	百	十	万	千	百	十	元	角	分
退回余款	银行存款	工行存款					3	9	5	0	0	0									
	其他货币资金	银行汇票														3	9	5	0	0	0
合计						¥	3	9	5	0	0	0			¥	3	9	5	0	0	0

（附件 1 张）

会计主管 李宏　记账 周云　出纳 周云　稽核 李宏　填制 孙娟

附表 9

付　款　凭　证

2020年 05 月 11 日　　　　付字 06 号

摘要	科目		√	借方余额									贷方余额								
	总账科目	明细科目		百	十	万	千	百	十	元	角	分	百	十	万	千	百	十	元	角	分
提取备用金	库存现金						5	0	0	0	0	0									
	银行存款	工行账户														5	0	0	0	0	0
合计						¥	5	0	0	0	0	0			¥	5	0	0	0	0	0

（附件 1 张）

会计主管 李宏　记账 周云　出纳 周云　稽核 李宏　填制 孙娟

附表 10

收　款　凭　证

2020年 05 月 12 日　　　　收字 10 号

摘要	科目		√	借方余额									贷方余额								
	总账科目	明细科目		百	十	万	千	百	十	元	角	分	百	十	万	千	百	十	元	角	分
收回借款	库存现金							3	0	0	0	0									
	其他应收款	王涛															3	0	0	0	0
							¥	3	0	0	0	0				¥	3	0	0	0	0

（附件 1 张）

会计主管 李宏　记账 周云　出纳 周云　稽核 李宏　填制 孙娟

附表 11

收　款　凭　证

2020年 05 月 12 日　　　　收字 11 号

摘要	科目		√	借方余额									贷方余额								
	总账科目	明细科目		百	十	万	千	百	十	元	角	分	百	十	万	千	百	十	元	角	分
预收货款	银行存款	工商银行				3	0	0	0	0	0	0									
	预收账款	华盛公司													3	0	0	0	0	0	0
						¥3	0	0	0	0	0	0			¥3	0	0	0	0	0	0

（附件 1 张）

会计主管 李宏　记账 周云　出纳 周云　稽核 李宏　填制 孙娟

附表 12

付　款　凭　证

2020年 05 月 13 日　　　　付字 08 号

摘要	总账科目	明细科目	√	借方百	借方十	借方万	借方千	借方百	借方十	借方元	借方角	借方分	贷方百	贷方十	贷方万	贷方千	贷方百	贷方十	贷方元	贷方角	贷方分
支付办公用	管理费用	办公用品费					1	8	0	0	0	0									
品费	银行存款	工商银行														1	8	0	0	0	0
						¥	1	8	0	0	0	0			¥	1	8	0	0	0	0

（附件 1 张）

会计主管 李宏　记账 周云　出纳 周云　稽核 李宏　填制 孙娟

附表 13

付　款　凭　证

2020年 05 月 14 日　　　　付字 09 号

摘要	总账科目	明细科目	√	借方百	借方十	借方万	借方千	借方百	借方十	借方元	借方角	借方分	贷方百	贷方十	贷方万	贷方千	贷方百	贷方十	贷方元	贷方角	贷方分
申请银行本票	其他货币资金	银行本票			1	0	1	7	0	0	0	0									
	银行存款	工行账户												1	0	1	7	0	0	0	0
合计				¥	1	0	1	7	0	0	0	0	¥	1	0	1	7	0	0	0	0

（附件 2 张）

会计主管 李宏　记账 周云　出纳 周云　稽核 李宏　填制 孙娟

附表 14

转　账　凭　证

2020年 05 月 14 日　　　　转字 04 号

摘要	总账科目	明细科目	√	借方百	借方十	借方万	借方千	借方百	借方十	借方元	借方角	借方分	贷方百	贷方十	贷方万	贷方千	贷方百	贷方十	贷方元	贷方角	贷方分
购买电脑原件	原材料	电脑原件				9	0	0	0	0	0	0									
	应交税费	应交增值税（进项税额）				1	1	7	0	0	0	0									
	其他货币资金	银行本票												1	0	1	7	0	0	0	0
合计				¥	1	0	1	7	0	0	0	0	¥	1	0	1	7	0	0	0	0

（附件 2 张）

会计主管 李宏　记账 孙娟　出纳　稽核 李宏　填制 孙娟

附表 15

转　账　凭　证

2020年 05 月 14 日　　　　转字 05 号

摘要	科目		√	借方余额									贷方余额								
	总账科目	明细科目		百	十	万	千	百	十	元	角	分	百	十	万	千	百	十	元	角	分
收到商业承兑汇票	应收票据	青云四季旅社				3	5	9	3	4	0	0									
	主营业务收入	打印机													3	1	8	0	0	0	0
	应交税费	应交增值税（销项税额）														4	1	3	4	0	0
合计					¥	3	5	9	3	4	0	0		¥	3	5	9	3	4	0	0

（附件 2 张）

会计主管 李宏　记账 孙娟　出纳　稽核 李宏　填制 孙娟

附表 16

付　款　凭　证

2020年 05 月 15 日　　　　付款 10 号

摘要	科目		√	借方余额									贷方余额								
	总账科目	明细科目		百	十	万	千	百	十	元	角	分	百	十	万	千	百	十	元	角	分
缴纳住房公积金	应付职工薪酬	住房公积金					7	6	1	0	0	0									
	其他应付款	住房公积金					7	6	1	0	0	0									
	银行存款	工行账户													1	5	2	2	0	0	0
合计					¥	1	5	2	2	0	0	0		¥	1	5	2	2	0	0	0

（附件 4 张）

会计主管 李宏　记账 周云　出纳 周云　稽核 李宏　填制 孙娟

附表 17

付　款　凭　证

2020年 05 月 15 日　　　　付款 11 号

摘要	科目		√	借方余额									贷方余额								
	总账科目	明细科目		百	十	万	千	百	十	元	角	分	百	十	万	千	百	十	元	角	分
缴纳社会保险费	应付职工薪酬	社会保险				2	1	7	6	4	6	0									
	其他应付款	社会保险					7	7	6	2	2	0									
	银行存款	工行账户													2	9	5	2	6	8	0
合计					¥	2	9	5	2	6	8	0		¥	2	9	5	2	6	8	0

（附件 4 张）

会计主管 李宏　记账 周云　出纳 周云　稽核 李宏　填制 孙娟

附表 18

付 款 凭 证

2020年 05 月 15 日　　　　付款 12 号

摘要	科目		√	借方余额									贷方余额								
	总账科目	明细科目		百	十	万	千	百	十	元	角	分	百	十	万	千	百	十	元	角	分
发放工资	应付职工薪酬	工资				6	0	6	4	9	4	8									
	银行存款	工行账户													6	0	6	4	9	4	8
合计					¥	6	0	6	4	9	4	8		¥	6	0	6	4	9	4	8

（附件 2 张）

会计主管 李宏　记账 周云　出纳 周云　稽核 李宏　填制 孙娟

附表 19

付 款 凭 证

2020年 05 月 15 日　　　　付款 13 号

摘要	科目		√	借方余额									贷方余额								
	总账科目	明细科目		百	十	万	千	百	十	元	角	分	百	十	万	千	百	十	元	角	分
缴纳个人所得税	应交税费	应交个人所得税							7	8	3	2									
	银行存款	工行账户																7	8	3	2
合计								¥	7	8	3	2					¥	7	8	3	2

（附件 2 张）

会计主管 李宏　记账 周云　出纳 周云　稽核 李宏　填制 孙娟

附表 20

付 款 凭 证

2020年 05 月 16 日　　　　付款 16 号

摘要	科目		√	借方余额									贷方余额								
	总账科目	明细科目		百	十	万	千	百	十	元	角	分	百	十	万	千	百	十	元	角	分
缴纳工会经费	应付职工薪酬	工会经费					1	5	2	2	0	0									
	银行存款	工行账户														1	5	2	2	0	0
合计						¥	1	5	2	2	0	0			¥	1	5	2	2	0	0

（附件 4 张）

会计主管 李宏　记账 周云　出纳 周云　稽核 李宏　填制 孙娟

附表 21

转 账 凭 证

2020年 05 月 18 日　　　　转字 09 号

摘要	科目		√	借方余额									贷方余额								
	总账科目	明细科目		百	十	万	千	百	十	元	角	分	百	十	万	千	百	十	元	角	分
购买电子设备	原材料	丙设备			1	0	0	0	0	0	0	0									
	应交税费	应交增值税（进项税额）				1	3	0	0	0	0	0									
	应付票据	三江电子设备有限公司												1	1	3	0	0	0	0	0
合计				¥	1	1	3	0	0	0	0	0	¥	1	1	3	0	0	0	0	0

（附件 3 张）

会计主管 李宏　记账 孙娟　出纳　稽核 李宏　填制 孙娟

附表 22

付 款 凭 证

2020年 05 月 19 日　　　　付字 20 号

摘要	科目		√	借方余额									贷方余额								
	总账科目	明细科目		百	十	万	千	百	十	元	角	分	百	十	万	千	百	十	元	角	分
购买办公用品报销	管理费用	办公费						5	6	0	0	0									
	库存现金																5	6	0	0	0
合计							¥	5	6	0	0	0				¥	5	6	0	0	0

（附件 2 张）

会计主管 李宏　记账 周云　出纳 周云　稽核 李宏　填制 孙娟

附表 23

付 款 凭 证

2020年 05 月 20 日　　　　付字 21 号

摘要	科目		√	借方余额									贷方余额								
	总账科目	明细科目		百	十	万	千	百	十	元	角	分	百	十	万	千	百	十	元	角	分
预借差旅费	其他应收款	应收个人款					5	0	0	0	0	0									
	库存现金															5	0	0	0	0	0
合计						¥	5	0	0	0	0	0			¥	5	0	0	0	0	0

（附件 1 张）

会计主管 李宏　记账 周云　出纳 周云　稽核 李宏　填制 孙娟

附表 24

付　款　凭　证

2020年 05 月 20 日　　　　付字 22 号

摘要	科目		√	借方余额									贷方余额								
	总账科目	明细科目		百	十	万	千	百	十	元	角	分	百	十	万	千	百	十	元	角	分
信汇支付前欠货款	应付账款	温州腾策				6	5	0	0	0	0	0									
	银行存款	工行账户													6	5	0	0	0	0	0
合计					¥	6	5	0	0	0	0	0		¥	6	5	0	0	0	0	0

（附件 1 张）

会计主管 李宏　记账 周云　出纳 周云　稽核 李宏　填制 孙娟

附表 25

付　款　凭　证

2020年 05 月 22 日　　　　付字 29 号

摘要	科目		√	借方余额									贷方余额								
	总账科目	明细科目		百	十	万	千	百	十	元	角	分	百	十	万	千	百	十	元	角	分
报销差旅费	管理费用	差旅费					4	1	0	0	0	0									
	应交税费	应交增值税（进项税额）						2	7	0	0	0									
	其他应收款	应收个人款														4	0	0	0	0	0
	库存现金																3	7	0	0	0
合计						¥	4	3	7	0	0	0			¥	4	3	7	0	0	0

（附件 4 张）

会计主管 李宏　记账 周云　出纳 周云　稽核 李宏　填制 孙娟

附表 26

付　款　凭　证

2020年 05 月 25 日　　　　付字 35 号

摘要	科目		√	借方余额									贷方余额								
	总账科目	明细科目		百	十	万	千	百	十	元	角	分	百	十	万	千	百	十	元	角	分
缴存现金	银行存款	工行账户					3	4	5	6	0	0									
	库存现金															3	4	5	6	0	0
合计						¥	3	4	5	6	0	0			¥	3	4	5	6	0	0

（附件 1 张）

会计主管 李宏　记账 周云　出纳 周云　稽核 李宏　填制 孙娟

附表 27

转　账　凭　证

2020年 05 月 26 日　　　　转字 15 号

摘要	科目		√	借方余额									贷方余额								
	总账科目	明细科目		百	十	万	千	百	十	元	角	分	百	十	万	千	百	十	元	角	分
销售商品	应收账款	成都兴利有限责任公司			2	2	6	0	0	0	0	0									
	主营业务收入	台式机												2	0	0	0	0	0	0	0
	应交税费	应交增值税（销项税额）													2	6	0	0	0	0	0
合计				¥	2	2	6	0	0	0	0	0	¥	2	2	6	0	0	0	0	0

（附件 2 张）

会计主管 李宏　记账 孙娟　出纳　稽核 李宏　填制 孙娟

附表 28

收　款　凭　证

2020年 05 月 27 日　　　　收字 17 号

摘要	科目		√	借方余额									贷方余额								
	总账科目	明细科目		百	十	万	千	百	十	元	角	分	百	十	万	千	百	十	元	角	分
现金盘盈	库存现金									6	0	0									
	待处理财产损溢	待处理流动资产损溢																	6	0	0
合计									¥	6	0	0						¥	6	0	0

（附件 1 张）

会计主管 李宏　记账 周云　出纳 周云　稽核 李宏　填制 孙娟

附表 29

转　账　凭　证

2020年 05 月 27 日　　　　转字 26 号

摘要	科目		√	借方余额									贷方余额								
	总账科目	明细科目		百	十	万	千	百	十	元	角	分	百	十	万	千	百	十	元	角	分
现金盘盈	待处理财产损溢	待处理流动资产损溢								6	0	0									
	营业外收入																		6	0	0
合计									¥	6	0	0						¥	6	0	0

（附件 1 张）

会计主管 李宏　记账 孙娟　出纳　稽核 李宏　填制 孙娟

附表 30

收款凭证

2020年 05 月 28 日　　　　收字 18 号

摘要	科目		√	借方余额									贷方余额								
	总账科目	明细科目		百	十	万	千	百	十	元	角	分	百	十	万	千	百	十	元	角	分
收到款项	银行存款	工行账户			2	2	6	0	0	0	0	0									
	应收账款	成都兴利有限责任公司												2	2	6	0	0	0	0	0
合计				¥	2	2	6	0	0	0	0	0	¥	2	2	6	0	0	0	0	0

（附件 1 张）

会计主管 李宏　记账 周云　出纳 周云　稽核 李宏　填制 孙娟

附件二

现金日记账　　　1

年		凭证编号	摘要	对应科目	借方								✓	贷方								✓	余额							
月	日				百	十	万	千	百	十	元	角	分		百	十	万	千	百	十	元	角	分		百	十	万	千	百	十	元	角	分

附件三

银行存款日记账

1

年		凭证编号	摘要	对应科目	借方									✓	贷方									✓	余额								
月	日				百	十	万	千	百	十	元	角	分		百	十	万	千	百	十	元	角	分		百	十	万	千	百	十	元	角	分